国学经典读本丛书

战国策

〔汉〕刘 向 编

梁方健 孙 蕴 译注

山东画报出版社

济 南

图书在版编目（CIP）数据

战国策 /（汉）刘向编；梁方健，孙蕴译注. —济南：山东画报出版社，2012.6（2024.5重印）
（国学经典读本丛书）
ISBN 978-7-5474-0338-9

Ⅰ.①战… Ⅱ.①刘… ②梁… ③孙… Ⅲ.①中国历史-战国时代-史籍②战国策-译文③战国策-注释 Ⅳ.①K231.04

中国版本图书馆CIP数据核字（2011）第062623号

ZHANGUOCE
战国策
〔汉〕刘 向编 梁方健 孙 蕴译注

丛书策划 尹奎友
责任编辑 怀志霄
装帧设计 王 芳
封面设计 博文斯创

主管单位 山东出版传媒股份有限公司
出版发行 山东画报出版社
社 址 济南市市中区舜耕路 517 号 邮编 250003
电 话 总编室（0531）82098472
市场部（0531）82098479
网 址 http://www.hbcbs.com.cn
电子信箱 hbcb@sdpress.com.cn
印 刷 金世嘉元（唐山）印务有限公司
规 格 140 毫米 ×203 毫米 32 开
13.625 印张 210 千字
版 次 2012 年 6 月第 1 版
印 次 2024 年 5 月第 2 次印刷
书 号 ISBN 978-7-5474-0338-9
定 价 45.00 元

出版说明

国学原指国家设立的学府，如小学、太学、国子监等。《周礼·春官·乐师》："乐师掌国学之政，以教国子小舞。"孙诒让《周礼正义》："国学者，在国城中王宫左之小学也。"由此可知，在周代，国学是国家所办的一种贵族子弟学校。到了汉代，在京师设太学，为中央最高学府。隋代以后的历朝历代都设国子监，而国子监内同时也设太学。

国学作为学问一说，始于20世纪初期西学东渐、文化转型的历史背景下。1902年秋，梁启超写信给黄遵宪提议创办《国学报》，"以保国粹为主义"，使用了"国学"一词。1906年9月，章太炎在东京发起国学讲习会，不久之后又在此基础上成立了国学振起社。到"五四"爱国运动前后，北京大学文科研究所设立了国学门，出版《国学季刊》；清华大学成立了国学研究院，编印《国学论丛》；章太炎在上海等地演讲国学，出版了《国学概论》，国学研究之风大盛。至此，"国学"一词完成了由"国家设立的学府"向"我国固有的文化学术"意义的转变。

20世纪90年代以来，国学再度复兴，国学热一浪高过一浪。民间出现了以传授国学为主的私塾和国学馆，有的中小学校开设了国学课，北京大学、清华大学、中国人民大学等诸多大学相继创办了国学研究机构。这些举措，既带动了系统而精深的专业化国学研究，也带动了面向社会大众的常识性国学教育。

国学作为我国固有的文化学术，其主要内容是什么呢？1906年，章太炎在日本主编同盟会的机关报《民报》，刊登《国学振起社广告》，圈定国学讲授内容为："一、诸子学；二、文史学；三、制度学；四、内典学；五、宋明理学；六、中国历史。"（按"内典"即佛典）按照传统的分类，国学包括经、史、子、集四部，以经部、子部为重，尤倾向于经部。现在我们通常所说的国学，是指以先秦经典及诸子学为根基，涵盖了两汉经学、魏晋玄学、宋明理学和同时期的汉赋、六朝骈文、唐诗、宋词、元曲与明清小说并历代史学等在内的一套完整的文化学术体系。

要学习国学、研究国学，首先要做的是回归国学经典文本的阅读。近代以来，胡适、梁启超、顾颉刚、鲁迅、汪辟疆、朱自清、钱穆等著名学者都曾为国人开列过国学必读书目。20世纪90年代，北京大学、清华大学的学者、教授们也为学生开列过应读书目。我们此次策划出版"国学经典读本丛书"，就充分参考了以上大家、学者的意见，推出了《周易》《诗经》《大学·中庸》《左传》《论语》《孟子》《国语》《战国策》《史记》《汉书》《后汉书》《三国志》《老子》《庄子》《韩非子》《列子》《荀子》《孙子兵法·孙膑兵法》

《世说新语》《颜氏家训》《金刚经·心经》《坛经》《百喻经》《近思录》《传习录》《楚辞》《古文观止》《唐诗三百首》《宋词三百首》《元曲三百首》等三十种，呈现给广大读者。本丛书充分借鉴前人的研究成果，对所选国学经典进行注释、翻译，对难字加以注音，有的还在篇前加以导读性质的题解。其中，古文辞类各书采用原文加注释和译文的形式，诗词类各书采用原文加注释、赏析和辑评的形式；对于大部头的原著采用选编的方式，选择其重要且可读性强的篇章。丛书追求注释简明，译文通达。本丛书的编辑出版，旨在为国学爱好者提供一套浅近晓畅的国学读本——通过难字注音，使读者诵读经典顺畅无碍；通过题解、注释、翻译和赏析，令读者领悟国学经典的内在魅力，彰显国学经典的现代价值。

山东画报出版社

2012年3月

前　言

《战国策》是战国时期的史料汇编，主要记载了战国时期各国谋臣策士的活动和他们的策谋权变，以及政治、军事大事等内容。此书原不是出于一人一时的作品，且传本不一，并无定名，有《国策》、《国事》、《短长》、《事语》、《长书》、《修书》等众多名称。这些名称不一的传本，殆由战国末年的史官或策士们编辑而成。西汉成帝时期，光禄大夫刘向奉诏主持校理宫廷藏书，对这类书籍进行了整理，将内容以国别相分，各国部分则略以时相次，并删除重复的内容，编定为三十三篇。因此书的主要内容是战国时的游士为所辅之国所出的策谋，故将书名定为《战国策》。全书分为东周、西周、秦、齐、楚、赵、魏、韩、燕、宋、卫、中山十二国策，记载了上起战国初期晋国的智氏灭亡，下讫秦二世即位，共二百四十五年的史事。

东汉末年，高诱曾为《战国策》作注。由于该书所载纵横家的言行多阴谋权诈，与儒家正统思想相左，被视为邪说，颇受诋毁，因而学者诵习不多，以致不断脱误散佚。流传至北宋时，正文与高诱注已散佚不全，正文仅存二十一篇，注文则仅存十篇。北宋学者曾巩访求士大夫藏本，进行校补重编，重定为三十三篇，大致恢复了原书的面目。然高诱注则未能复全，曾巩本故无注文。南宋时，在曾巩校补本的基础上，又出现了两种版本：一是剡川（今浙江嵊州市）姚宏的续注本。该本根据曾本及所存的高诱注重加校定，并将所存高诱残注收入，又增自己所作的续注，即今流行的三十三卷本。姚本以校勘精密，颇得好评。二是缙云（今浙江缙云）鲍彪的新注本。该本亦据曾本校定，重新作注，然对原书的编次作了较大的改动，按国别编为十卷，并对原文有所改动，故多受到后世学者的批评。至元代，吴师道在鲍彪新注本的基础上，进行补正，撰成《战国策校注》，即今所谓鲍吴本。姚本和鲍吴本实为《战国策》版本的两个系统。

1973年，长沙马王堆汉墓出土的帛书中，有与《战国策》内容相同及相似者，经整理定名为《战国纵横家书》。该书共二十七章，一万一千余字，其中十一章见于今本《战国策》和《史记》，其余十六章则为《战国策》逸文。此本当为刘向编订《战国策》前此类书籍的众多传本之一，可补充、订正《战国策》与《史记》的记载。

1978年，上海古籍出版社整理出版了《战国策》汇注本，该本以清黄丕烈覆刊宋剡川姚氏本为底本，汇集了姚本、鲍本、吴师道《战国策校注》、黄丕烈《重刻剡川战国策札记》中的校注，并参照姚本、鲍本，根据文义，对少数篇章重新作了分合，共分为四百九十七章，以每章正文首句作为章名。其后，缪文远《战国策新校注》、郭人民《战国策校注系年》、诸祖耿《战国策集注汇考》、范雍祥《战国策笺证》等相继出版，皆为善本。

《战国策》作为一部战国时期的史料汇编，有着较高的史料价值。本来在战国时代，各诸侯国都拥有相当数量的典籍文献，秦王朝统一之后，为了加强思想统治，下令焚烧《诗》、《书》、百家语等被认为不利于自己统治的书籍，而各诸侯国的史书，因对秦国多所贬抑，被毁尤为严重。秦国的史书《秦记》，对所记史事往往不载日月，内容也简略不备，所以造成了战国时期史料的严重匮乏。而《战国策》的内容，在一定程度上弥补了这一时期史料的不足。通过此书，不仅可对当时各诸侯国之间力量的消长变化、错综复杂的相互关系和斗争策略等窥其大概，也可对当时各国的政治、经济等方面有所了解。如《秦策二》中的"秦宣太后爱魏丑夫"、《齐策六》中的"齐负郭之民有孤狐咺者"、《宋卫策》中的"宋康王之时有雀生䲻"等章，揭露了统治者的荒淫残暴。《秦策一》中的"卫鞅亡入秦"、《赵策二》中的"武灵王平昼间居"等章，反映了一些国家在政治、军事方面所进行的改革。《齐策四》中的"齐王使使者问赵太后"等章，反映了重民的民本思想。还有很多篇章反映了当时各诸侯国为了富国强兵所采取的招贤纳士的用人政策。《齐策一》中的"苏秦为赵合从说齐宣王"章，则通过对齐国国都临淄的描述，在一定程度上反映了当时的经济状况。此外，《战国策》作为一部以记述谋臣策士言行为主要内容的书籍，对活跃于当时政治舞台的士阶层的活动更是作了充分的记载，对于了解、研究战国时期兴起的这类特殊的人物以及当时的文化都有重要的价值。总之，《战国策》从不同角度反映了战国时代的历史特点和社会风貌。西汉司马迁在撰写《史记》时，就大量使用了《战国策》的记载，有学者曾进行过统计，《史记》采用《战国策》内容的多达一百数十处。

但在肯定《战国策》史料价值的同时，还有一点应当注意，即该书的记载并不完全是信史，当时的一些策士在宣扬自己的政治主张和斗争策略时，往往夸大其词，有悖事实；还有些内容则似后世策士揣摩游说技巧而虚拟故事的仿作，与史实更不相符。所以用作史料时，还需进行考辨。缪文远著有《战国策考辨》一书，对《战国策》一书所涉之历史多有考订辨证，可资参考。

《战国策》还是一部有较高价值的文学名著。当时的谋臣策士为了使自己的主张让别人信服，都特别重视语言艺术，表现在《战国策》中，便是善于运用铺陈、排比、夸张、对偶、比喻等多种修辞方式，文辞优美，语言生动，结构紧凑，句式多变，具有鲜明的历史散文特色。《战国策》叙事，语言简洁，情节生动，如《燕策三》中的“燕太子丹质于秦亡归”章，对荆轲刺秦王这一事件的叙述，环环相扣，跌宕起伏，引人入胜，使读者犹如身临其境。《战国策》写人，则形象鲜明，栩栩如生，如《秦策一》中的“苏秦始将连横”章，将苏秦的颓丧和得志，以及庸俗的世态人情，刻画得淋漓尽致，使读者如亲睹其人。而《战国策》中所记载的谋臣策士的议论辩难，往往引类譬喻，鞭辟入理，观点鲜明，如《赵策四》“赵太后新用事”中的触龙、《秦策三》“蔡泽见逐于赵”中的蔡泽、《楚策四》“庄辛谓楚襄王”中的庄辛，对他们所劝谏的对象，或由己及人，或由远及近，或由小及大，皆入情入理。至于谋臣策士论辩时所引用的“画蛇添足”、“狐假虎威”、“亡羊补牢”、“南辕北辙”、“鹬蚌相争”等寓言故事，更是脍炙人口，被作为成语使用至今。

我们以上海古籍出版社 1978 年出版的《战国策》汇注本为底本，从中选取了一百三十九章可读性较强的内容，进行了注译。在选文中，对原文中明确的误字、衍文、脱文、倒文，根据各家之说，择善而从，作了改动，凡误字加（）表示，改、加的文字加【】表示，并皆在注释中说明。对于个别文句混乱的地方，则直接作了改正，亦在注释中加以说明。在注释方面，仅对人名、地名、官职、难懂的字词文句及部分与理解文义关系较为密切的史事等，进行简明注释。在译文方面，尽量采取直译，不便直译的内容则辅以意译。由于我们的水平有限，所作注译难免有误，恳请读者指正。

译注者

2010 年 12 月 15 日

目 录

卷一 东周

卷二 西周

卷三 秦一

卷四 秦二

卷五 秦三

卷六　秦四

卷七　秦五

卷八　齐一

卷九 齐二

卷十 齐三

卷十一 齐四

卷十二 齐五

卷十三　齐六

卷十四　楚一

卷十五　楚二

卷十六　楚三

卷十七　楚四

卷十八　赵一

卷十九　赵二

卷二十　赵三

卷二十一　赵四

卷二十二　魏一

卷二十三 魏二

卷二十四 魏三

卷二十五 魏四

卷二十六　韩一

卷二十七　韩二

卷二十八　韩三

卷二十九　燕一

卷三十　燕二

卷三十一　燕三

卷三十二　宋卫

卷三十三　中山

卷一　东　周

秦兴师临周而求九鼎

秦兴师临周而求九鼎〔1〕，周君患之，以告颜率〔2〕。颜率曰："大王勿忧，臣请东借救于齐。"颜率至齐，谓齐王曰："夫秦之为无道也，欲兴兵临周而求九鼎，周之君臣，内自尽计〔3〕，与秦，不若归之大国。夫存危国，美名也；得九鼎，厚宝也。愿大王图之。"齐王大悦，发师五万人，使陈臣思〔4〕将以救周，而秦兵罢。

【注释】

〔1〕九鼎：相传为夏禹所铸，象征天下九州，为夏商周三代的传国重器。　〔2〕颜率：周臣。　〔3〕尽计：尽心商议。　〔4〕陈臣思：又称田忌、田期、田臣思，齐人，齐威王时为将。

【译文】

秦国发兵到周索要九鼎，周君为此而担忧，就把此事告诉了颜率。颜率说："大王不必担忧，我愿到东方向齐国借取救兵。”颜率到了齐国，对齐王说：“秦国没有道义，要发兵到周索要九鼎。周国的君臣尽心商议，认为把九鼎送给秦国，还不如送给贵国。能使危难的国家免于灭亡，这是美名；得到九鼎，又是重宝。希望大王考虑此事。”齐王听了十分高兴，便发兵五万，派陈臣思率领救周，秦兵于是退回。

齐将求九鼎，周君又患之。颜率曰：“大王勿忧，臣请东解之。”颜率至齐，谓齐王曰：“周赖大国之义，得君臣父子相保也，愿献九鼎。不识大国何途之从而致之齐？”齐王曰：“寡人将寄径〔1〕于梁〔2〕。”颜率曰：“不可。夫梁之君臣欲得九鼎，谋之晖台〔3〕之下，少海〔4〕之上，其日久矣。鼎入梁，必不出。”齐王曰：“寡人将寄径于楚。”对曰：“不可。楚之君臣欲得九鼎，谋之于叶庭〔5〕之中，其日久矣。若入楚，鼎必不出。”王曰：“寡人终何途之从而致之齐？”颜率曰：“弊邑〔6〕固窃为大王患之。夫鼎者，非效〔7〕醯壶酱甀〔8〕耳，可怀挟提挈以至齐者；非效鸟集乌飞，兔兴马逝，漓然〔9〕止于齐者。昔周之伐殷，得九鼎，凡一鼎而九万人挽之，九九八十一万人，士卒师徒、器械被具所以备者称此。今大王纵有其人，何途之从而出？臣窃为大王私忧之。”齐王曰：“子之数来者，犹无与耳。”颜率曰：“不敢欺大国，疾定所从出，弊邑迁鼎以待命。”齐王乃止。

【注释】

〔1〕寄径：犹言借路。　〔2〕梁：即魏国。魏惠王时将国都由安

邑迁至大梁（今河南开封），故魏又称梁。〔3〕晖台：魏国台名。〔4〕少海：别本或作“沙海”，魏国地名，在今河南开封西北。〔5〕叶庭：楚国地名，在今湖北华容。〔6〕弊邑：古时对自己国家的谦称，犹言敝国、我国。〔7〕效：像……一样。〔8〕醯（xī）壶酱甀（zhuì）：醯，醋；甀，小口瓮。〔9〕漓然：本意为水渗入地的样子。此形容迅速。

【译文】

齐国准备向周索要九鼎，周君又为此担忧。颜率说：“大王不必担忧，我愿到东方去解决此事。”颜率到了齐国，对齐王说：“周国依赖贵国以义相救，使君臣父子得以保全，愿意献出九鼎，但不知道贵国将通过哪条路把九鼎从周运到齐国？”齐王说：“我准备向梁国借路。”颜率说：“不行。梁国的君臣想得到九鼎，已经在晖台之下、少海之上谋划很久了。如果九鼎进入梁国，一定会出不来。”齐王又说：“我准备向楚国借路。”颜率说：“也不行。楚国的君臣想得到九鼎，也已经在叶庭之中谋划很久了。如果九鼎进入楚国，也一定出不来。”齐王说：“那么我究竟通过哪条路才能把九鼎运到齐国呢？”颜率说：“敝国本来就私下替大王担忧这事。九鼎不像醋壶酱坛一样，可以怀揣手提地带到齐国；也不像鸟聚鸦飞、兔跳马奔那样，可以迅速运到齐国。昔日周朝伐殷，得到九鼎，一只鼎就要用九万人拉运，九只鼎共用了九九八十一万人，所需要的其他兵卒和器具装备也与此相当。今日大王即使有这么多人，又通过哪条路运过来呢？我私下真为大王担忧。”齐王说：“先生多次前来，就是不想把鼎给齐国罢了。”颜率说：“我不敢欺骗贵国，请赶快决定由哪条路运出，敝国迁出九鼎等候命令。”齐王这才作罢。

秦攻宜阳

秦攻宜阳[1]，周君谓赵累[2]曰：“子以为何如?”对曰：“宜阳必拔也。”君曰：“宜阳城方八里，材士十万，粟支数年，公仲[3]之军二十万，景翠[4]以楚之众，临山而救之，秦必无功。”对曰：“甘茂[5]，羁旅也[6]，攻宜阳而有功，则周公旦也[7]；无功，则削迹[8]于秦。秦王不听群臣父兄之义而攻宜阳，宜阳不拔，秦王耻之。臣故曰拔。”君曰：“子为寡人谋，且奈何?”对曰：“君谓景翠曰：‘公爵为执圭[9]，官为柱国[10]，战而胜，则无加焉矣；不胜，则死。不如背秦援宜阳[11]，公进兵，秦恐公之乘其弊也，必以宝事公；公中〔仲〕[12]慕公之为己乘秦也，亦必尽其宝。’”

【注释】

〔1〕宜阳：韩邑，在今河南宜阳。　〔2〕赵累：周臣。〔3〕公仲：韩相国，名侈，或作倗、朋。　〔4〕景翠：楚将。〔5〕甘茂：楚国下蔡（今安徽寿县）人，时为秦左丞相，率军攻打宜阳。　〔6〕羁旅：寓居他乡，此指寓居他乡之人。　〔7〕周公旦：周文王子，武王弟，名旦，因采邑在周，故称周公。曾佐武王灭商。武王死后，辅佐成王，对周王朝的稳固起了重大作用。　〔8〕削迹：匿迹、隐居，此指不能留在秦国。　〔9〕执圭：爵位名，为战国时楚国的最高爵位。　〔10〕柱国：官名，为战国时楚国的最高武官。〔11〕不如背秦援宜阳：此句与上下文意不合，或认为“秦”下当还有

一“秦”字，“援”字乃“拔”字之讹，句原为“不如背秦，秦拔宜阳”。意明且顺。〔12〕公中：即韩相国公仲。

【译文】

秦国攻打韩国的宜阳，周君对赵累说：“你认为结果会怎样?”赵累回答说：“宜阳必定会被攻克。”周君说：“宜阳城方圆八里，有勇士十万，储备的粮食可支用数年，另外韩相公仲还有二十万军队，楚将景翠又率军到达山边，相机救援，秦军一定会无功而返。”赵累回答说：“甘茂是寓居秦国之人，如果攻打宜阳有功，就会像周公旦的功勋一样，仍为秦相；如果不成功，就不能留在秦国了。秦王不听群臣父兄的意见而执意攻打宜阳，如不能攻克，秦王会以此为耻。所以我说宜阳一定会被攻克。”周君说：“你替我谋划一下，我们该怎么办?”赵累回答说：“您可对景翠说：‘你的爵位已经是执圭，官职已经是柱国，即使打了胜仗，官爵也不能再升了；如果不能取胜，就必定被处死。不如避开秦军，等秦军攻克宜阳，你再进兵，这样秦国就会害怕你乘秦军疲惫去攻打它，就一定会送宝物给你，韩相公仲也会认为你乘机攻打秦军是为了韩国，因而敬慕你，也一定会把所有宝物送给你。’”

秦拔宜阳，景翠果进兵。秦惧，遽效〔1〕煮枣〔2〕，韩氏果亦效重宝。景翠得城于秦，受宝于韩，而德东周。

【注释】

〔1〕效：献。〔2〕煮枣：地名，故城在今山东菏泽西南。原为魏地，后为秦所有。

【译文】

秦军攻取了宜阳，景翠果然进兵。秦国害怕了，马上献出了煮枣。韩国果然也献出了贵重的宝物。景翠得到了秦城，又得到了韩国的宝物，所以非常感激东周。

东周欲为稻

东周[1]欲为稻[2]，西周不下水[3]，东周患之。苏子[4]谓东周君曰："臣请使西周下水，可乎?"乃往见西周之君曰："君之谋过矣！今不下水，所以富东周也。今其民皆种麦，无他种矣。君若欲害之，不若一为下水，以病[5]其所种。下水，东周必复种稻；种稻而复夺之。若是，则东周之民可令一仰西周，而受命于君矣。"西周君曰："善。"遂下水。苏子亦得两国之金也。

【注释】

〔1〕东周：战国时由西周国分裂出来的小国。公元前440—前426年间，周考王封其弟揭于河南（今河南洛阳西），为西周桓公。公元前367年，西周威公死，公子根与太子朝争立，赵、韩两国以武力助公子根在东部自立，建都于巩（今河南巩义市），称为东周。 〔2〕为稻：种稻。 〔3〕下水：向下游放水。 〔4〕苏子：战国时的策士苏代或苏厉。 〔5〕病：害，破坏。

【译文】

东周想种水稻，西周不向下游放水，东周为此担忧。苏子对东周君说：“请让我去说服西周放水，可以吗?”于是前往见西周君说：“您的打算错了！不向下游放水，这是使东周富裕的做法。现在东周的百姓都种麦子，不种别的庄稼。您如果想害他们，不如给他放一下子水，来破坏他们的庄稼。放了水，东周必定又种水稻；等种上水稻，再断了他们的水。如此，就可使东周之民完全依赖西周，而听命于您了。”西周君说：“好。”于是就放水。苏子得到了两国的赠金。

温人之周

温[1]人之周，周不纳。问曰：“客耶?”对曰：“主人也。”问其巷而不知也，吏因囚之。君使人问之曰：“子非周人，而自谓非客何也?”对曰：“臣少而诵《诗》，《诗》曰：‘普天之下，莫非王土；率土之滨，莫非王臣。’今周君天下，则我天子之臣，而又为客哉？故曰主人。”君乃使吏出之。

【注释】

〔1〕温：西周邑，在今河南温县。

【译文】

温邑人前往东周，周人不准他入境，问他说：“你是客人吗?”他回答说：“我是主人。”但问他住在哪个里巷却不知道，官吏于是就把他关押起来。周君派人问他说：“你不是周人，而自称不是客人，这是为什么呢?”温人回答说：“我年少时诵读《诗经》，《诗经》中说：‘整个天下，无处不是君王的土地；

四海之内，无人不是君王的臣民。’如今周是天下之君，那么我就是天子的臣民，又怎么是客人呢？所以自称主人。”周君于是让官吏把他放了出来。

昌他亡西周

昌他[1]亡西周，之东周，尽输[2]西周之情于东周。东周大喜，西周大怒。冯且[3]曰：“臣能杀之。”君予金三十斤。冯且使人操金与书，间遗[4]昌他。书曰：“告昌他，事可成，勉成之；不可成，亟亡来（亡来）[5]。事久且泄，自令身死。”因使人告东周之候[6]曰：“今夕有奸人当入者矣。”候得而献东周，东周立杀昌他。

【注释】

〔1〕昌他：西周臣。　〔2〕输：告诉。　〔3〕冯且：西周臣。〔4〕间遗（wèi）：间，暗地里。遗，送。　〔5〕亡来：当为衍文。〔6〕候：侦察人员。

【译文】

昌他从西周逃亡，到了东周，把西周的机密全部告诉了东周君。东周君十分高兴，西周君则十分愤怒。冯且说：“我能杀掉昌他。”西周君给予冯且三十斤黄金。冯且派人拿着黄金和书信，暗地里送给昌他。信上写道：“告诉昌他，事情如果能办成，就努力办成；如果不能办成，就赶快逃回来。时间长了事情就会泄露，使自己遭到杀身之祸。”又派人告诉东周的侦察人员说："今晚会有奸细进入东周。"东周的侦察人员抓获了送信的人，搜出书信，上交给东周君，东周君立刻杀了昌他。

卷二　西　周

薛公以齐为韩魏攻楚

薛公[1]以齐为韩、魏攻楚，又与韩、魏攻秦，而藉兵乞食[2]于西周。韩庆[3]为西周谓薛公曰："君以齐为韩、魏攻楚，九年而取宛[4]、叶[5]以北以强韩、魏，今又攻秦以益之。韩、魏南无楚忧，西无秦患，则地广而益重，齐必轻矣。夫本末更盛，虚实有时，窃为君危之。君不如令弊邑阴合于秦而君无攻，又无藉兵乞食。君临函谷[6]而无攻，令弊邑以君之情谓秦王[7]曰：'薛公必〔不〕破秦[8]以张韩、魏，所以进兵者，欲王令楚割东国[9]以与齐也。'秦王出楚王[10]以为和，君令弊邑以此（忠）[11]【惠】秦，秦得无破，而以楚之东国自免也，必欲之。楚王出，必德齐，齐得东国而益强，而薛世世无患。秦不大弱，而处之三晋[12]之西，三晋必重齐。"薛公曰："善。"因令韩庆入秦，而使三国无攻秦，而使不藉兵乞食于西周。

【注释】

〔1〕薛公：即齐孟尝君田文，其父田婴封于薛（今山东滕州南四十里），田文袭封，故称薛公。　〔2〕藉兵乞食：借兵求粮。　〔3〕韩庆：西周臣。　〔4〕宛：楚地，在今河南南阳。　〔5〕叶：楚地，在今河南叶县南。　〔6〕函谷：即函谷关，在今河南灵宝东北，为秦国重要关隘。　〔7〕秦王：指秦昭襄王。　〔8〕必〔不〕破秦：《史记》"必"下有一"不"字。　〔9〕东国：靠近齐国南境的楚国东部地区。　〔10〕出楚王：楚王指楚怀王，熊氏，名槐，公元前328—前299年在位。公元前299年，楚怀王被秦诱至而遭扣留。出楚王即释放楚王。　〔11〕忠：当依别本作"惠"字。　〔12〕三晋：指韩、魏、赵三国。三国由瓜分晋国而来，故称三晋。

【译文】

薛公率领齐国与韩国、魏国的军队攻打楚国，又与韩、魏两国攻打秦国，并向西周借兵求粮。韩庆为西周对薛公说："您率领齐国与韩国、魏国的军队攻打楚国，九年之间夺取了宛、叶以北的土地，使韩、魏强大起来，如今又攻打秦国来增强他们的力量。韩、魏南边不用担心楚国，西边不用担心秦国，国土就会扩大，地位也会更高，它们就一定会轻视齐国。事物的主次是交替变化的，虚实也是随时转化的，我私下为您感到不安。您不如让我国暗中与秦联合，而您不攻打秦国，又不向我国借兵求粮。您兵临函谷关而不进攻，让我国把您的想法告示秦王，说：'薛公一定不会攻破秦国来扩张韩、魏的势力，他之所以进兵，是想使大王让楚国割出东部地区给予齐国。'秦王释放楚王来与楚国讲和，您使我国以此有恩于秦，秦国能因此不被攻破，而用楚国的东部地区来免除自己危难，一定会想这么办。楚王被释放，必定感激齐国，齐国得到楚国的东部地区会更强大，而薛邑也世代无忧了。秦国没受到大的削弱，而处在三晋的西边，三晋害怕秦国，必定重视齐国。”薛公说：“好。”于是让韩庆到秦国去，而使三国停止攻秦，也不向西周借兵求粮了。

秦令樗里疾以车百乘入周

秦令樗里疾[1]以车百乘入周，周君迎之以卒[2]，甚敬。楚王[3]怒，让[4]周，以其重秦客。游腾[5]谓楚王曰：“昔智伯[6]欲伐厹由[7]，遗之大钟，载以广车，因随入以兵，厹由卒亡，无备故也。桓公[8]伐蔡也，号言伐楚，其实袭蔡。今秦者，虎狼之国也，兼有吞周之意；使樗里疾以车百乘入周，周君惧焉，以蔡、厹由戒之，故使长兵在前，强弩在后，名曰卫疾，而实囚之也。周君岂能无爱国哉？恐一日之亡国，而忧大王。”楚王乃悦。

【注释】

〔1〕樗里疾：秦惠王之弟，名疾，居于樗里（今陕西渭南），因称樗里疾或樗里子。　〔2〕卒：古代军事编制，百人为一卒。　〔3〕楚王：楚怀王。　〔4〕让：责备。　〔5〕游腾：周臣。　〔6〕智伯：名瑶，战国初晋国执政之卿。　〔7〕厹（qiú）由：古国名，在今山西阳泉。　〔8〕桓公：指春秋时齐桓公。

【译文】

秦国派樗里疾率领一百辆兵车访问西周，周君动用一百名士卒出城迎接，十分恭敬。楚王知道此事大怒，责备西周，认为西周太重视秦国使者。周臣游腾向楚王解释说："过去智伯准备攻打厹由，就先赠送给厹由一口大钟，用大车载运，并趁机派兵尾随而入，厹由终于亡国，这是因为厹由没有防备的缘故。齐桓公攻打蔡国时，声称伐楚，其实是偷袭蔡国。如今秦国是虎狼一样的凶狠之国，并有吞灭西周的意图；派樗里疾率领一百辆兵车进入西周，周君当然害怕，以蔡和厹由的灭亡为戒，所以派手持长兵器的士卒在前面，手持强弩的士卒在后面，名义上是护卫樗里疾，其实是把他囚禁起来。周君难道不爱他的国家吗？是怕一旦亡国，而让大王您忧心。"楚王这才高兴起来。

雍氏之役

雍氏之役[1]，韩征甲与粟于周。周君患之，告苏代[2]。苏代曰："何患焉？代能为君令韩不征甲与粟于周，又能为君得高都[3]。"周君大悦曰："子苟能，寡人请以国听。"苏代遂往见韩相国公（中）【仲】，曰："公不闻楚计乎？昭应[4]谓楚王[5]曰：'韩氏罢[6]于兵，仓廪空，无以守城，吾收之以饥，不过一月必拔之。'今围雍氏五月不能拔，是楚病也。楚王始不信昭应之计矣，今公乃征甲及粟于周，此告楚病也。昭应闻此，必劝楚王益兵守雍氏，雍氏必拔。"公（中）【仲】曰："善。然吾使者已行矣。"代曰："公何不以高都与周。"公（中）【仲】怒曰："吾无征甲与粟于周，亦已多矣。何为与高都?”代曰:“与之高都,则周必折而入于韩,秦闻之必大怒,而焚周之节〔7〕,不通其使。是公以弊高都得完周也,何不与也?”公(中)【仲】曰:“善。”不征甲与粟于周而与高都,楚卒不拔雍氏而去。

【注释】

〔1〕雍氏之役:公元前300年,楚国攻打韩国雍氏(今河南禹州市东北)的战役。 〔2〕苏代:东周洛阳人。一说为苏秦之兄,一说为苏秦之弟。 〔3〕高都:韩邑,在今河南洛阳南。 〔4〕昭应:楚将。 〔5〕楚王:楚怀王。 〔6〕罢(pí):通“疲”,疲惫、疲敝。 〔7〕焚周之节:节为古时使臣所执的符节。焚节则表示断绝外交关系。

【译文】

雍氏战役之时,韩国向西周征调兵力和粮食。周君为此担忧,就告诉了苏代。苏代说:“有什么可担忧呢?我能为您做到让韩国不向周国征调兵力和粮食,又能为您得到韩国的高都。”周君十分高兴,说:“你如果能做到,我愿意把国事交给你管理。”苏代于是前去拜见韩相公仲,说:“您没有听说楚国的打算吗?昭应对楚王说:‘韩国因战争而疲敝,粮仓空虚,无法守城,我们趁它饥饿而攻打,不出一个月就必定把它拿下。’现在围攻雍氏已经五个月,仍不能拿下,这就使楚国难办了。楚王已经开始不相信昭应的计划了。现在您竟然向西周征调兵力和粮食,这就是告诉楚国,韩国已经疲敝困乏了。昭应闻知此事,必定会劝楚王增派兵力围攻雍氏,雍氏一定会攻破。公仲说:“好。但我们的使者已经前去了”。苏代说:“您为什么不把高都送给周呢?”公仲发怒说:“我不向周征调兵力、粮食，也已经很好了。为什么还要送它高都？”苏代说：“送给周国高都，那么它必定转而投向韩国，秦国闻知此事必定大怒，烧掉周国的符节，不和它通使。这是您用一个残破的高都换得了一个完整的周国，为什么不给呢？”公仲说：“好。”便不再向西周征调兵力和粮食，并把高都送给了西周。楚国最终没有攻取雍氏就撤军而去了。

苏厉谓周君

苏厉〔1〕谓周君曰：“败韩、魏，杀犀武〔2〕，攻赵，取蔺、离石、祁〔3〕者，皆白起〔4〕。是攻〔5〕用兵，又有天命也。今攻梁，梁必破，破则周危，君不若止之。谓白起曰：‘楚有养由基者，善射，去柳叶者百步而射之，百发百中。左右皆曰善。有一人过曰，善射，可教射也矣。养由基曰，人皆善。子乃曰可教射，子何不代我射之也？客曰，我不能教子支左屈右〔6〕。夫射柳叶者，百发百中，而不已善息〔7〕，少焉气力倦，弓拨矢钩〔8〕，一发不中，前功尽矣。今公破韩、魏，杀犀武，而北攻赵，取蔺、离石、祁者，公也。公之功甚多。今公又以秦兵出塞〔9〕，过两周，践韩而以攻梁，一攻而不得，前功尽灭。公不若称病不出也。’”

【注释】

〔1〕苏厉：东周洛阳人，苏秦之弟。　〔2〕犀武：魏将。

〔3〕蔺、离石、祁：皆赵地。蔺在今山西柳林。离石在今山西离石。祁在今山西祁县。　〔4〕白起：秦国名将，一称公孙起。　〔5〕攻：通“工”，善于、擅长。　〔6〕支左屈右：射箭时左手持弓，右手屈曲控弦的姿势。　〔7〕不已善息：不在射得好的时候休息。　〔8〕弓拨矢钩：弓歪箭弯。　〔9〕塞：指伊阙塞，在今河南洛阳南。

【译文】

苏厉对周君说：“打败韩、魏联军，斩杀魏将犀武，攻打赵国，夺取取蔺、离石、祁的，都是秦将白起。这是他善于用兵，又得到上天之助的缘故。现在他攻打魏国，魏国必被攻破，魏被攻破，周国就危险了。您不如制止他攻魏。对白起说：‘楚国有个叫养由基的人，善于射箭，距离柳树叶子百步而射，百发百中。旁观者都叫好。有一人从旁经过，说：“射得很好，可以教他射箭了。”养由基说：“人们都说我射得好，你竟然说可以教我射箭了，你为何不代我射射看？”此人说：“我不能教你左手持弓，右手控弦地去射。虽能百发百中射中柳叶，却不在这时及时休息，过一会儿就会身体疲倦，弓歪箭斜，一箭也射不中，前功尽弃了。”如今您击破韩、魏，斩杀犀武，向北攻赵，夺取蔺、离石、祁，您的功劳已经很多了。现在您又率秦兵出塞，经过东、西二周，踏过韩国而攻魏，一战不胜，就前功全无了，您不如称病不出。’”

司寇布为周最谓周君

司寇布〔1〕为周最〔2〕谓周君曰：“君使人告齐王以周最不

肯为太子也，臣为君不取也。函冶氏[3]为齐太公[4]买良剑，公不知善，归其剑而责之金。越人请买之千金，折[5]而不卖。将死，而属[6]其子曰：'必无独知。'今君之使最为太子，独知之契[7]也，天下未有信之者也。臣恐齐王之（为）【谓】[8]君实立果[9]而让[10]之于最，以嫁[11]之齐也。君为多巧，最为多诈。君何不买信货哉？奉养无有爱于最也，使天下见之。"

【注释】

〔1〕司寇布：周臣。官任司寇，名布。 〔2〕周最：周之公子，名最。 〔3〕函冶氏：人名，善于识剑者。 〔4〕齐太公：名田和，田齐的开国之君。 〔5〕折：折本。 〔6〕属（zhǔ）：同"嘱"，嘱咐。 〔7〕契：约定。 〔8〕为：别本或作"谓"，当是。〔9〕果：周太子。 〔10〕让：饰说，假称。 〔11〕嫁：欺骗。

【译文】

司寇布替周最对周君说："您派人把周最不肯做太子的事告诉齐王，我为您感到这是不合适的。从前函冶氏为齐太公买了一把好剑，太公不知道是好剑，就把剑退还给函冶氏并向其要回买剑之金。之后越国有人请求用千金购买此剑，函冶氏认为还没达到应有的价位而不卖。函冶氏临终时，嘱咐自己的儿子说：'出卖的时候，一定不能只有自己知道剑好。'如今您想让周最做太子，只有自己单方的约定，天下之人没有相信的。我怕齐王会认为您实际是想立果为太子却假称周最不肯做太子，以此欺骗齐国。会被人认为是您在玩弄手段，或周最言不由衷。您为什么不买人人都信的好货呢？供养周最的东西不要吝惜，要使天下之人都看到您的做法。"

卷三　秦　一

卫鞅亡魏入秦

卫鞅[1]亡魏入秦，孝公[2]以为相，封之于商[3]，号曰商君。商君治秦，法令至行，公平无私，罚不讳强大，赏不私亲近，法及太子[4]，黥劓[5]其傅。期年[6]之后，道不拾遗，民不妄取，兵革大强，诸侯畏惧。然刻深寡恩，特以强服之耳。

【注释】

〔1〕卫鞅：战国时法家代表人物，公孙氏，名鞅，卫国人，故称卫鞅。　〔2〕孝公：秦君，名渠梁，公元前361年—前338年在位。〔3〕商：秦地，在今陕西商县东南。　〔4〕太子：名驷。即孝公之后的秦惠王。　〔5〕黥劓：黥，刺面额之刑。劓，割鼻之刑。〔6〕期（jī）年：一周年。

【译文】

卫鞅从魏国逃亡到秦国，秦孝公任命他为秦相，把商地封给他，号称“商君”。商君治理秦国，法令大行，公平无私，惩罚不避开势力强大之人，奖赏不偏向亲近之人，法令执行到太子头上，将太子的师傅处以刺面割鼻之刑。一年之后，遗失在路上的东西没人拾取，百姓不乱取不该取的财物，兵力非常强大，诸侯感到害怕。但是商君苛刻缺乏恩德，只是用强力压服而已。

孝公行之八年[1]，疾且不起，欲传商君，辞不受。孝公已死，惠王代后，莅政有顷，商君告归。

【注释】

〔1〕八年：乃“十八年”之误。

【译文】

孝公实行商君之法十八年，一病不起，想把君位传给商君，商君推辞不受。孝公死后，惠王继位，执政不久，商君请求回到自己的封地。

人说惠王曰：“大臣太重者国危，左右太亲者身危。今秦妇人婴儿皆言商君之法，莫言大王之法。是商君反为主，大王更为臣也。且夫商君，固大王仇雠也，愿大王图之。”商君归还，惠王车裂[1]之，而秦人不怜。

【注释】

〔1〕车裂：以车辆撕裂肢体的酷刑。

【译文】

有人劝惠王说：“大臣的权势太大就会危及国家，身边的人过分亲近就会危及自身。现今秦国的妇女孩童都说秦法是商君之法，而没人说是大王的法令。这样商君就成为主人，大王反成为臣下了。况且商君那个人，本来就是大王的仇人，希望大王考虑如何对付他。”后来商君回到都城，惠王用车裂之刑将他处死，而秦国百姓没有可怜他的。

苏秦始将连横

苏秦〔1〕始将连横〔2〕说秦惠王曰：“大王之国，西有巴、蜀、汉中〔3〕之利，北有胡貉、代马〔4〕之用，南有巫山、黔中〔5〕之限，东有肴、函〔6〕之固。田肥美，民殷富，战车万乘，奋击〔7〕百万，沃野千里，蓄积饶多，地势形便。此所谓天府，天下之雄国也。以大王之贤，士民之众，车骑之用，兵法之教，可以并诸侯，吞天下，称帝而治。愿大王少留意，臣请奏其效。”

【注释】

〔1〕苏秦：东周洛阳人，著名纵横家。　〔2〕连横：指秦国联合某些东方诸侯国进攻其他国家。东西为横，秦国在西，故称连横。〔3〕巴、蜀、汉中：巴，今重庆一带。蜀，今四川中部。汉中，今陕西汉中一带。　〔4〕胡貉、代马：胡貉，北方游牧民族，分布于今内蒙古南部。代马，代郡和马邑，在今山西东北部。　〔5〕巫山、黔中：巫山，县名，在今重庆巫山。黔中，郡名，治所在今湖南常德。〔6〕肴、函：肴，同“崤”，山名，在今河南三门峡东。函，函谷关，

在今河南灵宝东北。　〔7〕奋击：能奋勇作战的士兵。

【译文】

苏秦开始用连横的策略去游说秦惠王，说："大王的国家，西边有巴、蜀、汉中的地利，北边有胡貉、代郡、马邑的物产，南边有巫山、黔中的险要，东边有崤山、函谷关的坚固。田地肥沃，百姓众多而富足。拥有战车万辆，勇士百万，沃野千里，储备丰富，地理形势既利于进攻又利于防守。这就是人们所说的天然府库，天下的强国啊。凭着大王您的才能，军民的众多，车骑的充足，战士的训练有素，能够以此兼并诸侯，统一天下，称帝而治理。希望大王稍加留意，我向您陈述连横之法的功效。

秦王曰："寡人闻之，毛羽不丰满者不可以高飞，文章[1]不成者不可以诛罚，道德不厚者不可以使民，政教不顺者不可以烦大臣。今先生俨然不远千里而庭教之，愿以异日。"

【注释】

〔1〕文章：此指法令。

【译文】

秦王说："我听说，羽毛不丰满的鸟不能高飞，法令不完备的国家不能实行刑罚，道德不高的人不能役使百姓，政令教化不顺畅的国君不能烦劳大臣。如今先生庄重地不远千里来到秦国当庭教导于我，我希望改日聆听。

苏秦曰："臣固疑大王之不能用也。昔者神农伐补遂，黄帝伐涿鹿而禽[1]蚩尤，尧伐驩兜，舜伐三苗，禹伐共工，汤伐有夏，文王伐崇，武王伐纣，齐桓任战而伯[2]天下。由此观之，恶有不战者乎？古者使车毂击驰[3]，言语相结，天下为一；约从[4]连横，兵革不藏；文士并餝[5]，诸侯乱惑；万端俱起，不可胜理；科条[6]既备，民多伪态；书策稠浊[7]，百姓不足；上下相愁，民无所聊；明言章理，兵甲愈起；辩言伟服，攻战不息；繁称文辞，天下不治；舌弊耳聋，不见成功；行义约信，天下不亲。于是，乃废文任武，厚养死士，缀甲厉兵[8]，效胜于战场。夫徒处而致利，安坐而广地，虽古五帝、三王、五伯，明主贤君，常欲坐而致之，其势不能，故以战续之。宽则两军相攻，迫则杖戟相橦[9]，然后可建大功。是故兵胜于外，义强于内；威立于上，民服于下。今欲并天下，凌万乘[10]，诎[11]敌国，制海内，子元元[12]，臣诸侯，非兵不可！今之嗣主，忽于至道，皆惛[13]于教，乱于治，迷于言，惑于语，沈于辩，溺于辞。以此论之，王固不能行也。”

【注释】

〔1〕禽：古“擒”字。　〔2〕伯（bà）：同“霸”。　〔3〕使车毂（gū）击驰：毂是车轮中心连接四周车辐的圆木。此言使者众多，以致在路上车毂相撞而驰。　〔4〕从（zòng）：通“纵”，“约纵”即订立合纵盟约。　〔5〕餝：同“饰”，巧饰。　〔6〕科条：法令条文。　〔7〕稠浊：繁多混乱。　〔8〕缀甲厉兵：缝制铠甲，磨利兵器。　〔9〕橦（tǒng）：刺。　〔10〕万乘：拥有万辆兵车的国家，指大国。　〔11〕诎（qū）：屈服。　〔12〕子元元：管理百姓、统治

百姓。元元，百姓，古时君主以爱民如子相标榜，故称子元元。
〔13〕惛：昏暗，不明。

【译文】

苏秦说："我本来就怀疑大王不能用我的策略。从前神农氏讨伐补遂，黄帝讨伐涿鹿而擒获蚩尤，唐尧讨伐驩兜，虞舜讨伐三苗，夏禹讨伐共工，商汤讨伐夏桀，周文王讨伐崇侯，周武王讨伐商纣，齐桓公凭借战争而称霸天下。由此来看，哪里有不经过战争的呢？古代各国派出的使者奔驰于路，用言语互相交结，谋求天下统一；但结果却是或合纵或连横，战争不能停息；策士们都巧言善饰，而使诸侯疑惑不定；各种主张纷纷而出，多得让人无法梳理；法令条文虽已完备，而百姓多行为虚伪；官府的文书簿籍杂乱，百姓被搞得生活贫困；君臣上下都愁不堪言，百姓更是无所依赖；言辞、道理越明显，战争却越频繁；能言善辩、身着奇服的策士们到处游说，而战争却不能停息；满口文辞，治理不好天下；说者口干舌疲，听者两耳欲聋，却看不到成效；实行道义讲究信用，天下各国却不相亲近。在这种情况下，诸侯才废弃文治而使用武力，以优厚的待遇豢养敢死之士，制造铠甲，磨利兵器，在战场上争取胜利。假如空待着就能获得利益，安居着就能使国土扩大，即使古代的五帝、三王、五霸，明主贤君，也会常想着坐着不动就得到这些，但是形势却不允许，所以继续用战争来完成它。战场上两军离得远就互相进攻，离得近就杖戟相刺，这样才能建立大功。所以军队在外得胜，国君的仁义就会在国内加强；国君在上面确立了威信，下面的民众就会服从。如今想吞并天下，凌驾于大国之上，使敌国屈服，控制海内，统治百姓，臣服诸侯，非使用武力不可！而当今的继位君主，忽视了这个最正确的道理，都教化不明，政治混乱，迷惑于言语，沉溺于辩辞。由此来说，大王您必定不会实行我的主张。”

说秦王书十上而说不行。黑貂之裘弊，黄金百斤尽，资用乏绝，去秦而归。羸縢履蹻[1]，负书担橐[2]，形容枯槁，面目犁[3]黑，状有归[4]色。归至家，妻不下纴[5]，嫂不为炊，父母不与言。苏秦喟叹曰：“妻不以我为夫，嫂不以我为叔，父母不以我为子，是皆秦之罪也。”乃夜发书，陈箧[6]数十，得《太公阴符》之谋，伏而诵之，简练以为揣摩[7]。读书欲睡，引锥自刺其股，血流至足。曰：“安有说人主不能出其金玉锦绣、取卿相之尊者乎?”期年揣摩成，曰：“此真可以说当世之君矣!”

【注释】

〔1〕羸縢履蹻（juē）：羸，通“累”，缠绕。縢，绑腿布。蹻，草鞋。　〔2〕橐：口袋，行囊。　〔3〕犁：同“黧”，黑中带黄的颜色。　〔4〕归：通“愧”。　〔5〕纴：纺织。此指织机。　〔6〕箧：小箱子。　〔7〕简练以为揣摩：简练，选择精要。揣摩，悉心研究。

【译文】

苏秦十次向秦王上书而建议未被采纳，身上的黑貂皮袄已破，所带的百斤黄金也已用完，钱物全无，只得离秦而归。一路之上，他打着裹腿，穿着草鞋，背着书籍，挑着行囊，形容憔悴，脸面黑黄，面带愧色。回到家里，妻子不下织机相迎，嫂子不给他做饭，父母也不跟他说话。苏秦长叹一声说：“妻子不把我当作丈夫，嫂子不把我当作小叔，父母不把我当作儿子，这都是我的过错。”于是夜里拿出书来，摆了几十箱子，从中找到一部名为《太公阴符》的谋略书，伏案诵读，选择其中的精要内容悉心研究。读得困意袭来时，就用锥子刺自己的大腿，以致血流至脚跟。他激励自己道：“哪里有大丈夫游说国君而不能让他们拿出金玉锦绣，获取卿相的尊贵地位的呢？”一年之后，他揣摩成功，说：“这次真可以用来游说当今的国君了。”

于是乃摩燕乌集阙〔1〕，见说赵王于华屋之下，抵掌〔2〕而谈。赵王大悦，封为武安君。受相印，革车百乘，锦绣千纯〔3〕，白（壁）【璧】〔4〕百双，黄金万溢〔5〕，以随其后，约从散横〔6〕，以抑强秦。

【注释】

〔1〕摩燕乌集阙：摩，靠近。燕乌集阙，古关塞名，在何处不详。〔2〕抵（zhǐ）掌：击掌。　〔3〕纯：匹。　〔4〕壁：“璧”字之误。〔5〕溢：通“镒”，古代重量单位，一说二十两为一镒，一说二十四两为一镒。　〔6〕约纵散横：约纵，订立合纵盟约，南北为纵，东方齐、楚、燕、赵、韩、魏联合抗秦为合纵。横，指连横。

【译文】

于是苏秦经过燕乌集阙，在华丽的宫殿之中游说赵王，击掌而谈。赵王非常高兴，便封苏秦为武安君，并授予相印，又赐给兵车百辆，锦缎千匹，白璧百双，黄金万镒，让他带着去游说诸侯，与东方各国订立合纵盟约，破坏秦国的连横联盟，以此抑制强大的秦国。

故苏秦相于赵而关不通。当此之时，天下之大，万民之众，王侯之威，谋臣之权，皆欲决苏秦之策。不费斗粮，未烦一兵，未战一士，未绝一弦，未折一矢，诸侯相亲，贤于兄弟。夫贤人在而天下服，一人用而天下从。故曰：式[1]于政，不式于勇；式于廊庙之内，不式于四境之外。当秦之隆，黄金万镒为用，转毂连骑，炫熿[2]于道，山东之国，从风而服，使赵大重。且夫苏秦特穷巷掘门[3]、桑户棬枢[4]之士耳，伏轼撙衔[5]，横历天下，廷说诸侯之王，杜左右之口，天下莫之能伉[6]。

【注释】

〔1〕式：用。　〔2〕炫熿：炫耀。　〔3〕掘门：掘，通“窟”。掘门即在墙上凿洞为门，喻贫穷。　〔4〕桑户棬枢：桑枝为门扇，曲木为门枢。　〔5〕伏轼撙衔：俯靠车轼控制马缰，指乘车。〔6〕伉：同“抗”，对等，对抗。

【译文】

因此在苏秦担任赵国相国时，秦国与东方各国的交往就被断绝了。在这个时期，天下那么广大，人民那么众多，王侯那么威风，谋臣那么权诈，都要取决于苏秦的策谋。没花费一斗粮食，没烦劳一支军队，没派出一兵出战，没拉断一根弓弦，没损失一支箭矢，诸侯们互相亲近，胜于兄弟之情。贤人在位而天下归服，一人得用而天下顺从。所以说：要运用政治手段，而不使用武力；要在朝廷上使用谋略，而不在境外使用战争。当苏秦显赫之时，黄金万镒由他使用，跟随的车骑相连成队，炫耀于道路，崤山之东各国，像草随风而倒一样服从，使赵国的地位大大提高。而苏秦只不过是位出身于穷巷陋室的贫寒之士人罢了，但他却乘着马车，行遍天下，在宫廷游说各国诸侯，使国君左右之人杜口不言，天下没有人能与他相抗了！

将说楚王，路过洛阳。父母闻之，清宫除道，张乐设饮，郊迎三十里。妻侧目而视，倾耳而听；嫂蛇行匍伏，四拜自跪而谢。苏秦曰："嫂，何前倨而后卑也？"嫂曰："以季子[1]之位尊而多金。"苏秦曰："嗟乎！贫穷则父母不子，富贵则亲戚畏惧。人生世上，势位富贵，盖[2]可忽乎哉！"

【注释】

〔1〕季子：指苏秦。一说苏秦字季子，一说嫂呼小叔为季子。〔2〕盖：通"盍"（hé），何。

【译文】

苏秦将前去游说楚王，路过洛阳，他的父母听说后，打扫房屋，整修道路，设乐摆宴，在郊外三十里迎接。见到他时，妻子不敢正眼看他，竖起耳朵听他说话；嫂子则像蛇一样爬到他面前，跪着向他认错。苏秦说："嫂子，你为什么以前那么傲慢而现在又这么低三下四呢？"嫂子说："因为现在你地位尊贵而财多。"苏秦感叹说："哎呀！一个人贫困不得志时，连父母都不把他当儿子，富有尊贵时，亲戚都畏惧他。由此可见，人生在世，权力富贵，怎么能忽视呢？"

司马错与张仪争论于秦惠王前

司马错[1]与张仪[2]争论于秦惠王前。司马错欲伐蜀，张仪曰："不如伐韩。"王曰："请闻其说。"

【注释】

〔1〕司马错：秦将。 〔2〕张仪：战国时著名纵横家，魏国人，曾先后担任秦、魏之相。

【译文】

司马错和张仪在秦惠王面前争论。司马错主张伐蜀，张仪说："不如攻打韩国。"秦惠王说："我愿听听你的意见。"

对曰："亲魏善楚，下兵三川[1]，塞轘辕、缑氏[2]之口，当屯留[3]之道，魏绝南阳[4]，楚临南郑[5]，秦攻新城[6]、宜阳，以临二周[7]之郊，诛周主之罪，侵楚、魏之地。周自知不救，九鼎宝器必出。据九鼎，桉[8]图籍，挟天子以令天下，天下莫敢不听，此王业也。今夫蜀，西辟之国，而戎狄之长也，弊兵劳众不足以成名，得其地不足以为利。臣闻：'争名者于朝，争利者于市。'今三川、周室，天下之市朝也，而王不争焉，顾[9]争于戎狄，去王业远矣。"

【注释】

〔1〕三川：韩地，其地有黄河、洛水、伊水，故名。 〔2〕轘

(huàn）辕、缑（gōu）氏：本皆山名，皆在今河南偃师。此指二山险道。〔3〕屯留：韩地，在今山西屯留。〔4〕南阳：魏地，相当今河南济源至朝歌镇一带。〔5〕南郑：韩都，在今河南新郑西。〔6〕新城：韩地，在今河南伊川西南。〔7〕二周：指战国时的东周国和西周国。〔8〕桉:“案”的异体字,考察。〔9〕顾：却，反而。

【译文】

张仪回答说：“秦国亲近魏国，与楚国搞好关系，然后出兵三川，阻断轘辕、缑氏两山的险路，堵塞屯留的要道，让魏国在南阳切断韩国的出兵之路，让楚国发兵到韩都南郑，秦国则攻打新城、宜阳，兵临东、西二周的郊外，声讨周君的罪过，并乘机侵占楚、魏的土地。两周国自知无人救援，一定会献出九鼎等宝器。我们占有了九鼎，并掌握了地图、户籍、物产档案，挟制周天子来号令天下诸侯，天下没有敢不听从的，这是王霸之业。而如今的蜀国，不过是一个西方偏远之地的国家，戎狄之邦的首领，劳兵动众打它，不能够成就王霸之名，得到它的土地，也没有多大好处。我听说：‘争取名声要在朝堂上，争取利益要在市场上。’当今三川、周王室，就是天下的市场朝堂，大王却不去争，反而去争戎狄之邦，这距离王霸之业太远了。”

司马错曰：“不然。臣闻之，欲富国者，务广其地；欲强兵者，务富其民；欲王者，务博其德。三资者备，而王随之矣。今王之地小民贫，故臣愿从事于易。夫蜀，西辟之国也，而戎狄之长也，而有桀、纣之乱。以秦攻之，譬如使豺狼逐群羊也。取其地，足以广国也；得其财，足以富民；缮兵[1]不伤众，而彼已服矣。故拔一国，而天下不以为暴；利尽西海，诸侯不以为贪。是我一举而名实两附，而又有禁暴正乱之名。今攻韩劫天子，劫天子，恶名也，而未必利也，又有不义之名，而攻天下之所不欲，危！臣请谒其故：周，天下之宗室也；齐，韩、周之与国也。周自知失九鼎，韩自知亡三川，则必将二国并力合谋，以因于齐、赵，而求解乎楚、魏。以鼎与楚，以地与魏，王不能禁。此臣所谓'危'，不如伐蜀之完也。”惠王曰：“善！寡人听子。”

【注释】

〔1〕缮兵：整治武备。

【译文】

司马错说：“不是这样。我听说，要想使国家富足，务必扩大领土；要想使兵力强盛，务必使民众富裕；要想建立王业，务必博得有德的名声。这三个条件具备了，王业也就随之而来了。现在大王的国土狭小而民众贫穷，所以我希望先从容易的地方着手。蜀国，是西方偏远之地的国家，戎狄之邦的首领，并且有夏桀、商纣那样的内乱。如果秦国攻打它，就像让豺狼追赶群羊一样。夺取它的土地，足以扩大国土；得到它的财富，足以使民众富足；筹集军用物资还没伤害民众，而蜀国就降服了。所以攻取这一国，天下之人不会认为我们残暴；得到西方的财富，天下之人不会认为我们贪婪。这是我们一举而名利双收，又得到禁暴正乱的名声。现在如果攻打韩国而劫持周天子，劫持周天子是一个恶名，而且未必有利可图，又会背上不义的名声。攻打天下都不同意攻打的国家，是危险的事！

请让我陈述一下理由：周王室，是天下所尊重的；齐国，是韩和周的同盟国。如果周知道将失去九鼎，韩知道将失去三川，两国就一定合力共谋，通过齐、赵两国说合，求楚、魏两国解除秦国攻打的危难。周把九鼎送给楚，韩把三川送给魏，您也无法制止。这就是我所说的‘危险’所在，不如攻打蜀国，可万全无失。”秦惠王说：“好！我听你的。”

卒起兵伐蜀，十月取之，遂定蜀。蜀主更号为侯，而使陈庄[1]相蜀。蜀既属，秦益强富厚，轻诸侯。

【注释】

〔1〕陈庄：秦臣。文献或作陈叔。

【译文】

秦终于起兵伐蜀，用了十个月攻下它，最终控制了蜀地的局势。秦把蜀王的名号改称为侯，派陈庄担任蜀相。蜀国归附以后，秦国更加强大富足，更加轻视天下诸侯。

陈轸去楚之秦

陈轸[1]去楚之秦。张仪谓秦王[2]曰：“陈轸为王臣，常以国情输楚。仪不能与从事，愿王逐之。即复之楚，愿王杀之。”王曰：“轸安敢之楚也。”

【注释】

〔1〕陈轸：殆为齐人，历仕齐、秦、楚等国。时为秦臣。〔2〕秦王：秦惠王，孝公之子，名驷，公元前337—前311年在位。

【译文】

陈轸离开楚国来到秦国。张仪对秦王说："陈轸作为大王的臣下，经常把秦国的机密透露给楚国，我不能和他共事，希望大王把他逐出秦国。如果他想再到楚国，请杀了他。"秦惠王说："陈轸怎么敢到楚国去。"

王召陈轸告之曰："吾能听子言，子欲何之？请为子（车约）【约车】[1]。"对曰："臣愿之楚。"王曰："仪以子为之楚，吾又自知子之楚。子非楚，且安之也！"轸曰："臣出，必故之楚，以顺王与仪之策，而明臣之楚与不也。楚人有两妻者，人谜[2]其长者，詈[3]之；谜其少者，少者许之。居无几何，有两妻者死。客谓谜者曰：'汝取长者乎？少者乎？''取长者。'客曰：'长者詈汝，少者和汝，汝何为取长者？'曰：'居彼人之所，则欲其许我也。今为我妻，则欲其为我詈人也。'今楚王[4]明主也，而昭阳[5]贤相也。轸为人臣，而常以国输楚王，王必不留臣，昭阳将不与臣从事矣。以此明臣之楚与不。"

【注释】

〔1〕车约：应为"约车"，准备车马。　〔2〕谜（tiǎo）：逗引，调戏。　〔3〕詈（lì）：骂。　〔4〕楚王：楚怀王。　〔5〕昭阳：楚怀王时令尹。

【译文】

秦惠王召见陈轸并告诉他说："我能听从你的意见，你打算到哪里去？我愿为你准备车马。"陈轸回答说："我想到楚国去。"秦惠王说："张仪认为你会去楚国，我也知道你去楚国。你除了楚国，还会去哪里呢！"陈轸说："我出了秦国，一定故意去楚国，以顺从大王和张仪的想法，并证明我是否把机密告诉了楚国。楚国有个人有两个妻子，有人调戏他年龄大的妻子，被她骂了一顿；调戏他年龄小的妻子，她就答应了。不久，有两个妻子的人死了。有人问调戏别人妻子的人说：'她们两个，你打算娶年龄大的呢？还是娶年龄小的呢？'此人答道：'娶年龄大的。'又问他：'年龄大的骂你，而小的顺从你，你为什么要娶大的呢？'此人又答道：'在别人家里为妻，就希望她顺从我。现在成了我的妻子，就希望她为我骂别人。'当今的楚王是一位英明之君，昭阳是一位贤能之相。我身为人臣，而经常把秦国的机密透露给楚王，楚王知道我是这样的人，必定不会留我，昭阳也将不会与我共事。我是想以此证明我是否把秦国的机密透露给了楚国。"

轸出，张仪入，问王曰："陈轸果安之？"王曰："夫轸天下之辩士也，孰视寡人曰：'轸必之楚。'寡人遂无奈何也。寡人因问曰：'子必之楚也，则仪之言果信矣。'轸曰：'非独仪之言也，行道之人皆知之。昔者子胥[1]忠其君，天下皆欲以为臣；孝己[2]爱其亲，天下皆欲以为子。故卖仆妾不出里巷而取者，良仆妾也；出妇嫁于乡里者，善妇也。臣不忠于王，楚何以轸为？忠尚见弃，轸不之楚而何之乎?’”王以为然，遂善待之。

【注释】

〔1〕子胥：名伍员，字子胥，春秋时楚人，后奔吴为大夫，因劝吴王夫差拒绝越国求和，被疏远，终被赐死。〔2〕孝己：殷高宗武丁之子，以孝著称。

【译文】

陈轸从秦王那里出来，张仪进去，问秦王说：“陈轸究竟要去哪里?”秦王说：“陈轸是天下有名的能言善辩之士，他注视着寡人说：‘我一定去楚国。’我就对他无可奈何了。我于是又问他说：‘如果你一定去楚国，那么张仪说的就果真是对的了!’他说：‘不仅张仪这么说，路上的行人都知道。从前伍子胥忠于他的国君，天下的国君都想让他做臣；孝己孝敬自己的父母，天下的父母都想让他做儿子。所以卖奴仆不出里巷就能被人买去的，是好奴仆；妇人被休后能嫁到本地的，是好妇人。如果我不忠于您，楚国又怎能让我做臣?忠心还被抛弃，我不去楚国，又去哪里呢?’”秦王认为陈轸说得对，便厚待他。

卷四　秦　二

齐助楚攻秦

齐助楚攻秦，取曲沃[1]。其后，秦欲伐齐，齐、楚之交善，惠王患之，谓张仪曰："吾欲伐齐，齐、楚方欢，子为寡人虑之，奈何?"张仪曰："王其为臣约车并币[2]，臣请试之。"

【注释】

〔1〕曲沃：在今河南三门峡市陕州区曲沃镇。　〔2〕币：礼品。

【译文】

齐国帮助楚国攻打秦国，夺取了曲沃。此后，秦国想攻齐报复，但齐、楚两国的关系很好，秦惠王为此担忧，对张仪说："我想攻打齐国，但齐、楚关系正密，你替我考虑考虑，该怎么办?"张仪说："请大王给我准备车马备上礼品，我愿意去试一下。"

张仪南见楚王[1]，曰："弊邑之王所说[2]甚者，无大[3]大王；唯仪之所甚愿为臣者，亦无大大王。弊邑之王所甚憎者，亦无（先）[4]【大】齐王[5]；唯仪之甚憎者，亦无大齐王。今齐王之罪，其于弊邑之王甚厚。弊邑欲伐之，而大国与之欢，是以弊邑之王不得事令[6]，而仪不得为臣也。大王苟能闭关绝齐，臣请使秦王献商於之地[7]，方六百里。若此，齐必弱，齐弱则必为王役矣。则是北弱齐，西德于秦，而私商於之地以为利也，则此一计而三利俱至。"

【注释】

〔1〕楚王：楚怀王。　〔2〕说（yuè）：同"悦"。　〔3〕大：超过。　〔4〕先："大"字之误。　〔5〕齐王：齐威王。　〔6〕令：善。　〔7〕商於之地：秦地，在今陕西商县至河南内乡一带。

【译文】

张仪南去见楚王，说："我国国君最喜欢的人，莫过于您了；我张仪最愿为他做臣下的人，也莫过于您。我国国君最憎恨的人，莫过于齐王；我张仪最憎恨的人，也莫过于齐王。如今齐王的罪过，对我国国君来说是最大的，我国准备攻打它，但贵国和它关系很好，所以我国国君不能为您效力，我张仪也不能做您的臣下。大王您如能关闭通齐的关塞而与它断交，我愿意劝说秦王献出方圆六百里的商於之地。如此，齐国必定衰弱，而齐国衰弱就必定听从您的调遣了。这样就在北方削弱了齐国，在西方有恩于秦国，而又得到了商於之地的好处，这一个办法就使三方面的利益都得到了。"

楚王大说，宣言之于朝廷，曰：“不榖[1]得商於之田，方六百里。”群臣闻见者毕贺。陈轸后见，独不贺。楚王曰：“不榖不烦一兵，不伤一人，而得商於之地六百里，寡人自以为智矣！诸士大夫皆贺，子独不贺，何也?”陈轸对曰：“臣见商於之地不可得，而患必至也，故不敢妄贺。”王曰：“何也?”对曰：“夫秦所以重王者，以王有齐也。今地未可得而齐先绝，是楚孤也，秦又何重孤国?且先出地绝齐，秦计必弗为也。先绝齐后责地，且必受欺于张仪。受欺于张仪，王必惋之。是西生秦患，北绝齐交，则两国兵必至矣。”楚王不听，曰：“吾事善矣！子其弭口[2]无言，以待吾事。”楚王使人绝齐。使者未来，又重绝之。

【注释】

〔1〕不榖：王侯自谦之称，犹言不德。 〔2〕弭口：住口。

【译文】

楚王十分高兴，在朝廷上宣称说：“我得到了商於之地，方圆达六百里。”听到此事的群臣都来祝贺，陈轸后到，唯独不祝贺。楚王说：“我不费一兵一卒，没死伤一人，就得到商於六百里的土地，我自认为此举非常明智！各位大夫都向我祝贺，唯独你不祝贺，这是为何呢?”陈轸回答说：“在我看来，商於之地不会得到，而灾祸一定会来，所以不敢随便祝贺。”楚王说：“为什么呢?”陈轸回答说：“秦国所以重视您，是因为您有齐国为同盟。现在还没有得到土地就先和齐国绝交，这就使楚国孤立无援，秦国又怎能重视一个孤立无援的国家呢?况且如果先让秦国割出土地我们再和齐国断交，秦国一定不想这么做。如果我们先和齐国断交再向秦索要土地，就一定会遭到张仪的欺骗。遭到张仪的欺骗，您一定懊悔。这样就在西方出现了秦国的麻烦，在北方与齐国断绝了交往，秦、齐两国的军队就必定会来攻打我们。”楚王不听陈轸的意见，说：“我的事已经办好了！请你住口不要再说，等着我把此事办完吧。”楚王派使者到齐国去断交，去的使者还没回来，又再次派使者前去断交。

张仪反[1]，秦使人使齐，齐、秦之交阴合。楚因使一将军受地于秦。张仪至，称病不朝。楚王曰：“张子以寡人不绝齐乎？”乃使勇士往詈齐王。张仪知楚绝齐也，乃出见使者，曰：“从某至某，广从[2]六里。”使者曰：“臣闻六百里，不闻六里。”仪曰：“仪固以小人，安得六百里？”使者反报楚王，楚王大怒，欲兴师伐秦。陈轸曰：“臣可以言乎？”王曰：“可矣。”轸曰：“伐秦非计也。王不如因而赂之一名都，与之伐齐。是我亡于秦而取偿于齐也，楚国不尚全事。王今已绝齐，而责欺于秦，是吾合齐、秦之交也，固必大伤。”

【注释】

〔1〕反：同“返”。　〔2〕广从：长宽，从，通“纵”。

【译文】

张仪启程返秦，秦国派人出使齐国，秦、齐两国暗中联合。楚国于是派一名将军到秦国接受土地。张仪回到秦国后，称病不上朝与楚使相见。楚王说："张先生认为我没和齐国断交吗?"于是派出一名勇士前去辱骂齐威王。张仪得知楚确实已和齐断交，才出来见使者说："割让给楚国的土地从某地到某地，方圆六里。"使者说："我听说是六百里，没听说六里。"张仪说："我本来是个小人物，怎么能给六百里土地。"使者回国报告给楚王，楚王大怒，想出兵伐秦。陈轸说："现在我可以说话了吗?"楚王说："可以了。"陈轸说："伐秦不是好主意。您不如趁这时送给秦国一座大城，和它一起攻打齐国，这样我们在秦国受到的损失就在齐国得到了补偿。楚国还没白白受到损失。现在大王已和齐国断交，而又责备秦国欺骗，这样我们就促成这两国的联合，楚国必然受到大的伤害。"

楚王不听，遂举兵伐秦。秦与齐合，韩氏从之，楚兵大败于杜陵[1]。故楚之土壤士民非削弱，仅以救亡者，计失于陈轸，过听于张仪。

【注释】

〔1〕杜陵：楚地，不详何处。

【译文】

楚王不听，于是起兵伐秦。秦国与齐国联合，韩国也追随它们。楚军在杜陵被打得大败。所以说，楚国的土地人民并不少弱，但到了只用这些力量来挽救灭亡的地步，是由于没有听从陈轸的意见，误信张仪谎言的缘故。

楚绝齐齐举兵伐楚

楚绝齐，齐举兵伐楚。陈轸谓楚王[1]曰："王不如以地东解于齐，西讲[2]于秦。"

【注释】

〔1〕楚王：楚怀王。　〔2〕讲：和解，讲和。

【译文】

楚国和齐国断交，齐国出兵攻打楚国。陈轸对楚王说："您不如送土地在东方与齐国和解，在西方与秦国讲和。"

楚王使陈轸之秦。秦王[1]谓轸曰："子秦人也，寡人与子故也。寡人不佞[2]，不能亲国事也，故子弃寡人事楚王。今齐、楚相伐，或谓救之便，或谓救之不便，子独不可以忠为子主计，以其余为寡人乎？"陈轸曰："王独不闻吴人之游楚者乎？楚王甚爱之，病，故使人问之，曰：'诚病乎？意亦思乎？'左右曰：'臣不知其思与不思，诚思则将吴吟[3]。'今轸将为王吴吟。王不闻管与[4]之说乎？有两虎诤[5]人而斗者，管庄子[6]将刺之，管与止之曰：'虎者，戾虫；人者，甘饵也。今两虎诤人而斗，小者必死，大者必伤。子待伤虎而刺之，则是一举而兼两虎也。无刺一虎之劳，而有刺两虎之名。'齐、楚今战，战必败。败，王起兵救之，有救齐之利，而无伐楚之害。计听知覆逆者，唯王可也。计者，事之本也；听者，存亡之机。计失而听过，能有国者寡也。故曰：'计有一二者难悖也，听无失本末者难惑。'"

【注释】

〔1〕秦王：秦惠王。　〔2〕不佞：自谦之词，犹不才。　〔3〕吴吟：吴人的呻吟，一说吴人的歌吟。　〔4〕管与：春秋时鲁人。〔5〕诤：通"争"。　〔6〕管庄子：春秋时鲁卞邑大夫，又称卞庄子，以勇著称。

【译文】

楚王派陈轸前往秦国，秦王对陈轸说："你本来是秦国人，我和你是故交，可寡人不才，不知道国家大事，因此你抛弃了我而去侍奉楚王。现在齐、楚两国相攻，有人说救援有利，有人说救援不利，你难道不能在忠心为你的国君谋划之外，用剩余的心思为我谋划一下吗？"陈轸说："您难道没听过吴人在楚国做官的故事吗？楚王很喜欢这个吴人，有一天，吴人生病，楚王就派身边的人去问候他。身边的人回来后，楚王问：'他是真生病了？还是思念吴国了？'身边的人回答：'我不知道他思念不思念吴国，如果他思念吴国，就会发出吴人的呻吟之声。'现在我就为您发出'吴吟'。您没听过管与的故事吗？有两只老虎为争吃一人而打斗，管庄子准备刺杀这两只虎，管与制止他说：'老虎，是猛兽；人，是老虎的美食。现在两只老虎为争人而打斗，个小的必定会死，个大的会伤。你等着刺杀那只受伤的虎，这就一下子得到两只虎，没有刺杀一只虎的劳累，而有杀掉两只虎的名声。'现在齐、楚开战，齐国必败。

等齐国败了，您再出兵救它，既可以得到救齐的好处，又没有伐楚的危害。如谋划周到而善于听从意见，就知道我说的合不合理，这只有您能做得到。谋划，是做事的根本；善听，是存亡的关键。谋划失误而又听从错误的意见，能保住国家的国君很少。所以说：‘反复谋划就难出错误；抓住根本问题听别人的意见就难被迷惑。’”

医扁鹊见秦武王

医扁鹊〔1〕见秦武王〔2〕，武王示之病。扁鹊请除。左右曰：“君之病，在耳之前，目之下，除之未必已也，将使耳不聪，目不明。”君以告扁鹊。扁鹊怒而投其石〔3〕：“君与知之者谋之，而与不知者败之。使此知秦国之政也，则君一举而亡国矣。”

【注释】

〔1〕扁鹊：战国时名医，名秦越人。　〔2〕秦武王：秦惠王子，名荡，公元前310—前307年在位。　〔3〕石：治病用的石针。

【译文】

医生扁鹊拜见秦武王，武王把自己的病情告诉他，扁鹊请求为武王治疗。武王身边的人说：“国君的病，在耳朵之前，眼睛之下，治疗未必能好，弄不好反而会使耳朵听不清，眼睛看不清。”秦武王把这话告诉扁鹊。扁鹊生气地把石针一扔，说：“您和懂医的人商量这件事，又和不懂医的人破坏它。由此就知道秦国的政治如何了，国君您一有行动就会有亡国的危险。”

秦武王谓甘茂

秦武王谓甘茂曰：“寡人欲车通三川，以窥[1]周室，而寡人死不朽乎?”甘茂对曰：“请之魏，约伐韩。”王令向寿[2]辅行。

【注释】

〔1〕窥：偷视，此暗指夺取。　〔2〕向寿：秦臣。

【译文】

秦武王对甘茂说：“我想使兵车通往韩国的三川，来伺机夺取周王室，这样我会死了也名声永存了吧?”甘茂回答说：“我愿前往魏国，和它订约共同攻韩。”武王命向寿做甘茂的副手一起前往。

甘茂至魏，谓向寿：“子归，告王曰：‘魏听臣矣，然愿王勿攻也。’事成，尽以为子功。”向寿归以告王，王迎甘茂于息壤[1]。

【注释】

〔1〕息壤：秦邑，据顾颉刚《息壤考》，在今陕西咸阳东郊。

【译文】

甘茂到了魏国，对向寿说："你回去告诉大王说：'魏国接受我的意见了，但我希望大王不要攻打韩国。'事情成功，全部功劳都算作你的。"向寿回国告诉了武王，武王到息壤迎接甘茂。

甘茂至，王问其故。对曰："宜阳，大县也，上党[1]、南阳积之久矣，名为县，其实郡也。今王倍[2]数险，行千里而攻之，难矣。臣闻张仪西并巴、蜀之地，北取西河[3]之外，南取上庸[4]，天下不以为多[5]张仪而贤先王[6]。魏文侯[7]令乐羊[8]将，攻中山[9]，三年而拔之，乐羊反而语功，文侯示之谤书一箧，乐羊再拜稽首曰：'此非臣之功，主君之力也。'今臣羁旅之臣也，樗里疾、公孙衍[10]二人者，挟韩而议，王必听之，是王欺魏，而臣受公仲侈之怨也。昔者曾子[11]处费[12]，费人有与曾子同名族者而杀人，人告曾子母曰："曾参杀人。'曾子之母曰：'吾子不杀人。'织自若。有顷焉，人又曰：'曾参杀人。'其母尚织自若也。顷之，一人又告之曰：'曾参杀人。'其母惧，投杼逾墙而走。夫以曾参之贤，与母之信也，而三人疑之，则慈母不能信也。今臣之贤不及曾子，而王之信臣又未若曾子之母也，疑臣者不适[13]三人，臣恐王为臣之投杼也。"王曰："寡人不听也，请与子盟。"于是与之盟于息壤。

【注释】

〔1〕上党、南阳：皆韩地，上党在今山西东南部的长治、晋城一

带。南阳在今河南获嘉，以地处太行山之南而得名。〔2〕倍：同“背”。〔3〕西河：魏地，在今陕西东部黄河西岸地区。〔4〕上庸：楚地，在今湖北竹山西南。〔5〕多：称赞。〔6〕先王：指秦惠王。〔7〕魏文侯：战国时魏国的建立者，名斯，公元前445—前396年在位。〔8〕乐羊：魏将。〔9〕中山：国名，鲜虞所建，活动中心在今河北定州。〔10〕公孙衍：魏国阴晋人，时为秦臣，后入魏为将，任犀首之职，故又称犀首。〔11〕曾子：孔子弟子，名参。〔12〕费：春秋时鲁邑，在今山东费县。〔13〕适（chì）：通“啻”，仅仅。

【译文】

甘茂到了息壤，秦王问他为何不希望攻韩。他回答说：“韩国的宜阳，是个大县，上党、南阳的财赋都储存在那里很久了，它名义上是县，实际上相当于郡。现在您要冒着多种危险，远行千里而攻打它，实在太难了。我听说张仪在西边吞并巴、蜀，在北边夺取西河之外的土地，在南部夺取上庸，天下的人却不因此称赞张仪而认为先王贤明。魏文侯任命乐羊为将，攻打中山，历时三年攻占了它，乐羊回国后言称自己的功劳，文侯拿出一箱毁谤乐羊的上书给他看，乐羊再拜叩头说：‘这不是我的功劳，而是您的功劳。’如今我只是一个旅居于秦的臣子，如果樗里疾、公孙衍二人，用攻韩的事来议论我，您一定听信，这样您就欺骗了魏国，而我也遭到韩相公仲侈的怨恨。从前曾子居住在费地，费地有个和曾子同名同姓的人杀了人，有人告诉曾子的母亲说：‘曾参杀人了。’曾母说：‘我的儿子不会杀人。’仍像原来一样织布。不一会儿，又有人说：‘曾参杀人了。’曾母还是像原来一样织布。又过了一会儿，又有一人告诉曾母说：‘曾参杀人了。’曾母害怕了，扔掉织梭翻墙而逃。凭曾子的贤德，母亲对他的信任，在三个人的迷惑下，就连慈母也信不过儿子了。如今我的贤德不如曾子，大王对我的信任也不如曾母对儿子的信任，而让您怀疑我的又不止三人，我担心您因为我扔掉织梭啊。”秦王说：“我不听信别人对你的议论，愿意和你盟誓。”于是与甘茂在息壤盟誓。

果攻宜阳，五月而不能拔也。樗里疾、公孙衍二人在，争[1]之王。王将听之，召甘茂而告之。甘茂对曰：“息壤在彼。”王曰：“有之。”因悉起兵，复使甘茂攻之，遂拔宜阳。

【注释】

〔1〕争：通“诤”，谏诤。

【译文】

甘茂终于攻打宜阳，用了五个月不能攻下。樗里疾、公孙衍二人以此事向武王进谏，武王差不多要相信了，就召回甘茂，告诉他这些事。甘茂回答说：“盟誓的息壤就在那边。”武王说：“有这回事。”于是动用全部兵力，再让甘茂指挥攻打，终于攻取了宜阳。

甘茂亡秦且之齐

甘茂亡秦，且之齐，出关遇苏子[1]，曰：“君闻夫江上之处女乎？”苏子曰：“不闻。”曰：“夫江上之处女，有家贫而无烛者，处女相与语，欲去之。家贫无烛者将去矣，谓处女曰：‘妾以无烛，故常先至，扫室布席，何爱余明之照四壁者？幸以赐妾，何妨于处女？妾自以有益于处女，何为去我？’处女相与语以为然而留之。今臣不肖，弃逐于秦而出关，愿为足下扫室布席，幸无我逐也。”苏子曰：“善。请重公于齐。”

【注释】

〔1〕苏子：指苏代。

【译文】

甘茂从秦国逃亡，将要前往齐国，出函谷关的时候遇到苏代，说：“您听说过江上未嫁女子的故事吗？”苏代说：“没听说过。”甘茂说：“在那些江上女子中，有一个家中贫穷没有灯烛的，其他女子一起商量，要把她赶走。家贫无烛的女子将要离去，对其他女子说：‘我因为没有灯烛，所以常常先到，打扫房屋，铺好坐席，为什么吝惜照在四壁的余光呢？赐一点儿余光给我，又妨碍你们什么呢？我自认为对你们有好处，为什么要赶走我呢？’这些女子一起商量，认为她说的对，就留下了她。现在我因不才，被秦国抛弃而出关，愿意为您打扫房屋，铺好坐席，希望您不要把我赶走。”苏代说：“好。我设法让齐国尊重您。”

乃西说秦王曰：“甘茂，贤人，非恒士也。其居秦累世重矣，自殽塞〔1〕、谿谷〔2〕，地形险易尽知之。彼若以齐约韩、魏，反以谋秦，是非秦之利也。”秦王曰：“然则奈何？”

苏代曰："不如重其贽[3]、厚其禄以迎之。彼来则置之槐谷，终身勿出，天下何从图秦？"秦王曰："善。"与之上卿，以相迎之齐。

【注释】

〔1〕殽塞：即崤山。 〔2〕谿谷：与下文"槐谷"，《史记》并作"鬼谷"，在今陕西淳化。 〔3〕古代相见时所送的礼物。

【译文】

于是苏代西行游说秦王，说："甘茂是个有才能的人，不是平常之士。他在秦国得到几代国君的重用，从崤山到谿谷，秦国的地理形势他都知道。他如果通过齐国联合韩、魏，回来图谋秦国。这就对秦国非常不利。"秦王说："那么该怎么办？"苏代说："不如用贵重的礼物、丰厚的俸禄把他迎回来。他来到就把他安置在槐谷，一生不让他出来，天下各国又靠什么图谋秦国呢？"秦王说："好。"于是就给甘茂上卿的爵位，派人拿着相印到齐国迎接他。

甘茂辞不往。苏秦[1]伪谓王[2]曰："甘茂，贤人也。今秦与之上卿，以相迎之，茂德王之赐，故不往，愿为王臣。今王何以礼之？王若不留，必不德王。彼以甘茂之贤，得擅用强秦之众，则难图也！"齐王曰："善。"赐之上卿，命而处之。

【注释】

〔1〕苏秦：《史记》作苏代。 〔2〕王：指齐闵王。

【译文】

甘茂推辞不去秦国。苏代假意对齐王说："甘茂是个有才能的人。现在秦国给他上卿的爵位，用相印来迎接他，他由于感激您的恩赐，所以不去，而愿意做您的臣子。现在您准备用什么样的礼节对待他？您如果不留他，他一定不感激您。凭借甘茂的才能，又能使用强秦的军队，秦国就难以对付了。"齐王说："好。"就赐给甘茂上卿的爵位，安排他在齐国住下。

秦宣太后爱魏丑夫

秦宣太后〔1〕爱魏丑夫〔2〕。太后病将死，出令曰："为我葬，必以魏子为殉。"魏子患之。庸芮〔3〕为魏子说太后曰："以死者为有知乎？"太后曰："无知也。"曰："若太后之神灵，明知死者之无知矣，何为空以生所爱，葬于无知之死人哉！若死者有知，先王〔4〕积怒之日久矣。太后救过不赡〔5〕，何暇乃私魏丑夫乎？"太后曰："善。"乃止。

【注释】

〔1〕秦宣太后：秦惠王之后，昭王之母，号芈八子。 〔2〕魏丑夫：魏人，仕于秦。 〔3〕庸芮：秦臣。 〔4〕先王：指已死去的秦惠王。 〔5〕不赡：不足，此指来不及。

【译文】

秦宣太后喜爱魏丑夫。宣太后病重将死，发下命令说："为我安葬时，一定要用魏丑夫来殉葬。"魏丑夫非常担忧此事。庸芮为魏丑夫劝说宣太后说：“您认为死人有知觉吗？”太后说：“没知觉。”庸芮说：“像太后这么聪明的人，明知死人没有知觉，为什么还白白地用活着时所喜爱的人，来为没有知觉的死人殉葬呢！如果死人有知觉，先王早就对您发怒了，您改正过失还来不及，哪里有空闲和魏丑夫私通呢？”太后说：“好。”于是不再让魏丑夫殉葬。

卷五　秦　三

秦客卿造谓穰侯

秦客卿[1]造[2]谓穰侯[2]曰："秦封君以陶[3]，藉君天下数年矣。攻齐之事成，陶为万乘，长小国，率以朝天子，天下必听，五伯之事也；攻齐不成，陶为邻恤[4]，而莫之据也。故攻齐之于陶也，存亡之机也。

【注释】

〔1〕客卿：在本国任官的外国人。　〔2〕造：人名。　〔3〕穰侯：名魏冉，秦宣太后异父弟。昭王时为相，封于穰。　〔3〕陶：穰侯的封邑之一，在今山东定陶西北。　〔4〕邻恤：被邻国所夺之忧。

【译文】

秦国的客卿造对穰侯说："秦国把陶封给您，借用您控制天下局势已经几年了。如果攻打齐国的事成功，陶就会成为拥有万辆兵车的大国，小国的首领，率领着他们去朝见周天子，天下各国一定听从您的，这如同春秋五霸的事业一样；如果攻打齐国的事不成功，陶就有被邻国所夺的忧患，就不能依靠它了。所以攻打齐国的事对陶来说，是关系到生死存亡的关键。

“君欲成之，何不使人谓燕相国曰：‘圣人不能为时，时至而弗失。舜虽贤，不遇尧也，不得为天子；汤、武虽贤，不当桀、纣不王。故以舜、汤、武之贤，不遭时不得帝王。(令)〔1〕【今】攻齐，此君之大时也已。因天下之力，伐雠国之齐，报惠王之耻〔2〕，成昭王〔3〕之功，除万世之害，此燕之长利，而君之大名也。《书》云，树德莫若滋，除害莫如尽。吴不亡越，越故亡吴〔4〕；齐不亡燕，燕故亡齐〔5〕。齐亡于燕，吴亡于越，此除疾不尽也。以非此时也，成君之功，除君之害，秦卒〔6〕有他事而从齐，齐、赵合，其仇君必深矣。挟君之雠以诛于燕，后虽悔之，不可得也矣。君悉燕兵而疾（僣）〔7〕【攻】之，天下之从君也，若报父子之仇。诚能亡齐，封君于河南，为万乘，达途于中国，南与陶为邻，世世无患。愿君之专志于攻齐，而无他虑也。’”

【注释】

〔1〕令：“今”字之误。　〔2〕惠王之耻：惠王，指燕惠王。燕惠王之父燕昭王时，以乐毅为将，率五国联军攻齐，占领齐国七十余城，几乎灭齐。燕惠王继位后，改用骑劫为将，后被齐将田单所败。惠王之耻，即指燕军战败之事。　〔3〕昭王：即燕昭王。　〔4〕吴不亡越，越故亡吴：公元前 494 年，吴军大败越军，攻入越都，越王勾践称臣求和，吴王夫差许之。后勾践卧薪尝胆，励精图治，终在公元前 473 年灭掉吴国。　〔5〕齐不亡燕，燕故亡齐：公元前 315 年，

齐军乘燕国内乱攻占燕国，后燕昭王复国，派乐毅率吴国联军攻齐，几乎灭齐。〔6〕卒：同“猝”，突然。〔7〕偕：“攻”字之误。

【译文】

“您如果想使这件事成功，为何不派人对燕相国说：‘圣人不能创造时机，但是时机到来就不失去。舜虽然贤明，如果不遇到尧，也不能做天子；商汤、周武王虽然贤明，如果不处在夏桀、商纣时代，也不能称王。所以凭着舜、汤、武的贤明，遇不到时机也不能称帝称王。现在攻打齐国，这是您的大好时机。依靠天下的力量，讨伐敌对的齐国，报复燕惠王时被齐国打败的耻辱，完成燕昭王的灭齐大业，除去万世之害，这是燕国的长久利益，也是您建立盛大名声的时机。《书》上说：“树立德行莫如使德日益增长，除去祸害莫如一下去根。”吴国没有灭了越国，越国反而灭了吴国；齐国没有灭了燕国，燕国反而几乎灭了齐国。齐国被燕国灭掉，吴国被越国灭掉，这都是除害不彻底的缘故。如果您不乘这个时机，成就您的功业，除去您的祸害，秦国突然因其他原因支持齐国，齐、赵两国联合，齐国就更仇视您了。以您敌对齐国为由，要求燕国杀掉您，到时您即使后悔，也来不及了。您应当动用燕国的全部兵力疾速攻齐，天下各国追随您，就会像子报父仇那样积极。如果灭了齐国，把你封在河南，成为万乘大国，位于四通八达的中原，南边与陶地相邻，就世代没有忧患。希望您一心一意地攻打齐国，不要有其他考虑。’”

范雎至秦

范雎〔1〕至秦，王〔2〕庭迎。谓范雎曰：“寡人宜以身受令久矣。今者义渠[3]之事急，寡人日自请太后[4]。今义渠之事已，寡人乃得以身受命。躬窃闵然不敏，敬执宾主之礼。”范雎辞让。

【注释】

〔1〕范雎：字叔，魏人，原为大夫须贾家臣，因被诬受刑，后逃出，化名张禄入秦游说昭王，后被任为相国，封于应，号应侯。〔2〕王：指秦昭王，名稷，公元前 306—前 251 年在位。〔3〕义渠：古西戎国名，在今甘肃庆阳西南，后被秦所灭。〔4〕太后：指秦昭王生母宣太后，时掌秦权。

【译文】

范雎来到秦国，秦昭王在庭中迎接，对范雎说：“我早就该亲身听受你的教诲了。但近来正遇到义渠的事需要急速处理，我每天都要亲自向太后请示。现在义渠的事已处理完了，我才能亲身听受你的教诲。我对此深感不安。请让我向你恭行宾主之礼。”范雎谦让不受。

是日见范雎，见者无不变色易容者。秦王屏左右，宫中虚无人。秦王跪[1]而请曰：“先生何以幸教寡人?”范雎曰：“唯唯。”有间，秦王复请，范雎曰：“唯唯。”若是者三。

【注释】

〔1〕跪：古人席地而坐，坐时两膝着地，以臀部压在脚跟上，跪时则挺起腰股。会见时，以跪表示对对方的尊敬。

【译文】

这天，秦昭王接见范雎，在场的人无不被此情景感动得变了脸色。秦王让身边的人退下，宫中没有他人，秦王挺腰直跪，向范雎请教说："先生以什么教导我？"范雎说："是是。"过了一会儿，秦王又请教，范雎仍说："是是。"再三如此。

秦王跽[1]曰："先生不幸教寡人乎？"

【注释】

〔1〕跽：即跪。

【译文】

秦王跪着说："先生不愿意教导我吗？"

范雎谢曰："非敢然也。臣闻始时吕尚[1]之遇文王也，身为渔父而钓于渭阳之滨耳，若是者，交疏也。已一说而立为太师，载与俱归者，其言深也。故文王果收功于吕尚，卒擅天下而身立为帝王。即使文王疏吕望而弗与深言，是周无天子之德，而文、武无与成其王也。今臣，羁旅之臣也，交疏于王，而所愿陈者，皆匡君之事，处人骨肉之间，愿以陈臣之陋忠，而未知王心也，所以王三问而不对者是也。臣非有所畏而不敢言也，知今日言之于前，而明日伏诛于后，然臣弗敢畏也。大王信行臣之言，死不足以为臣患，亡不足以为臣忧，漆身而为厉[2]，被发而为狂，不足以为臣耻。五帝之圣而死，三王之仁而死，五伯之贤而死，乌获[3]之力而死，奔、育[4]之勇焉而死。死者，人之所必不免也。处必然之势，可以少有补于秦，此臣之所大愿也，臣何患乎？

伍子胥橐载而出昭关，夜行而昼伏，至于蔆水，无以饵其口，坐行蒲服[5]，乞食于吴市，卒兴吴国，阖庐[6]为霸。使臣得进谋如伍子胥，加之以幽囚，终身不复见，是臣说之行也，臣何忧乎？箕子[7]、接舆[8]，漆身而为厉，被发而为狂，无益于殷、楚。使臣得同行于箕子、接舆，漆身可以补所贤之主，是臣之大荣也，臣又何耻乎？臣之所恐者，独恐臣死之后，天下见臣尽忠而身蹶也，是以杜口裹足，莫肯即秦耳。足下上畏太后之严，下惑奸臣之态；居深宫之中，不离保傅之手；终身暗惑，无与照奸；大者宗庙灭覆，小者身以孤危。此臣之所恐耳！若夫穷辱之事，死亡之患，臣弗敢畏也。臣死而秦治，贤于生也。”

【注释】

〔1〕吕尚：即姜太公，吕氏，名望，辅助周文王、武王灭商有功，封于齐。 〔2〕漆身而为厉（lài）：在身上涂漆形成癞疮。 〔3〕乌获：战国时秦国力士。 〔4〕奔、育：战国时卫国勇士孟奔、夏育。〔5〕坐行蒲服：跪地爬行。蒲服同“匍匐”，伏地前行。 〔6〕阖庐：春秋时吴王。 〔7〕箕子：商纣王的叔父，因劝谏纣王，被囚禁。〔8〕接舆：春秋末楚人，因不满当时政治，披发装疯。

【译文】

范雎道歉说：“不敢如此。我听说当初吕尚遇到周文王时，只是一个在渭水边上钓鱼的渔夫罢了。像他俩的这种关系，是交情疏远的关系。而吕尚在一番言论之后便被任命为太师，和文王一起坐着车回去，这是因为他们谈得深入。所以文王最终依靠吕尚建立了功业，终于拥有天下而称王。假如当时文王疏远吕尚而不和他深谈，这样周国就没有天子之德，而文王、武王也无人辅佐完成王业。现在我只是一个寄居于秦的臣子，和您的交情疏远，但所想陈述的，都是辅助您的大事，我处在您和太后的骨肉亲情之间，愿意献出我鄙陋的忠心，但不知道您的心意如何，所以您再三垂问我没有回答。我并不是有所畏惧而不敢说出我的主张，我明知今天在您面前说了，明天就会被处死，但我并不畏惧。您如果听信实行我的主张，死亡都不足以成为我的忧患，在身上涂漆长出癞疮，披头散发而疯癫，也不足以成为我的耻辱。五帝那么圣明也终究死去，三王那么仁爱也终究死去，五霸那么贤能也终究死去，乌获那么有力也终究死去，孟奔、夏育那么勇猛也终究死去。死亡，是人们所不能避免的。处在必然要死的形势之下，能够对秦国稍有补益，这是我最大的愿望，我有什么担忧呢？当初，伍子胥被藏在口袋里逃出昭关，夜晚赶路，白天躲藏，到了蔆水，没有食物充饥，就跪地爬行，在吴国街市上讨饭，但终于振兴了吴国，使阖庐成为霸主。如果我能像伍子胥那样把谋略进献给您，就是把我囚禁起来，一生都不再让我见您，这样我的主张实行了，又有什么可忧的呢？过去，箕子、接舆，身上涂漆而生疮，披头散发而疯癫，但对商朝、楚国无所补益。如果我能有箕子、接舆那样的遭遇，涂漆于身而可以对自己认为贤明的君主有所补益，这是我最大的荣耀，我又有什么耻辱呢？我所担心的，只是我死了以后，天下之人看到我尽忠而死，因此都杜口不言，裹足不前，没人愿到秦国来了。您在上面畏惧太后的威严，在下面被奸臣的假态所迷惑；居住在深宫之中，离不开侍臣的照顾；终身迷惑不清，无人帮助辨明奸臣；长此以往，从大处说会使国家灭亡，从小处说会使您孤立无援，身处危境。

这才是我所害怕的！至于穷苦耻辱的事，死亡的祸患，我全不害怕。假如我死了而秦国治理得很好，就远胜于我活在世上。”

秦王跽曰：“先生是何言也！夫秦国僻远，寡人愚不肖，先生乃幸至此，此天以寡人慁[1]先生，而存先王之庙也。寡人得受命于先生，此天所以幸先王而不弃其孤也，先生奈何而言若此！事无大小，上及太后，下至大臣，愿先生悉以教寡人，无疑寡人也。”范雎再拜，秦王亦再拜。

【注释】

〔1〕慁（hùn）：烦劳，打扰。

【译文】

秦王跪着说：“先生这是什么话！秦国地处偏远，我愚昧无能，竟有幸得先生来此，这是上天让我烦劳先生，而保存先王的宗庙。我能够听受先生的教导，这是上天眷顾先王而不抛弃他的儿子。先生为何说出这样的话呢！事情无论大小，上到太后之事，下到大臣之事，希望先生全都教导我，不要怀疑我。”范雎向秦王行再拜之礼，秦王也再拜回礼。

范雎曰：“大王之国，北有甘泉[1]、谷口[2]，南带泾[3]、渭[4]，右陇[5]、蜀，左关[6]、阪[7]；战车千乘，奋击百万。以秦卒之勇，车骑之多，以当诸侯，譬若驰韩卢[8]而逐蹇兔[9]也，霸王之业可致。今反闭而不敢窥兵于山东者，是穰侯为国谋不忠，而大王之计有所失也。”

【注释】

〔1〕甘泉：山名，在今陕西淳化西北。 〔2〕谷口：秦地，在今陕西礼泉东北。 〔3〕泾：河流名，在今陕西中部。 〔4〕渭：河流名，在今陕西中部。 〔5〕陇：山名，在今陕西陇县至甘肃平凉一带。 〔6〕关：指函谷关。 〔7〕阪：指崤阪，即崤山。 〔8〕韩卢：韩国所产的名犬，色黑，故名卢。 〔9〕蹇兔：跛足兔。

【译文】

范雎说："大王的国家，北边有甘泉、谷口，南边环绕泾、渭二水，西边有陇山、蜀山，东边有函谷、崤阪；拥有战车千辆，精兵万人。凭着秦国兵卒的勇猛，车骑的众多，来对付诸侯，就好像放出猛犬韩卢追赶瘸兔一样，霸王之业唾手可得。现在反而闭上关门，不敢向崤山以东各诸侯国用兵，这是因为穰侯魏冉没有忠心为国家谋划，而您的决策有所失误啊。"

王曰："愿闻所失计。"

【译文】

秦王说："我想知道都有哪些失误。"

雎曰："大王越韩、魏而攻强齐，非计也。少出师，则不足以伤齐；多之则害于秦。臣意王之计欲少出师，而悉韩、魏之兵则不义矣。今见与国之不可亲，越人之国而攻，可乎？疏于计矣。昔者，齐人伐楚，战胜，破军杀将，再辟千里，肤寸之地无得者，岂齐不欲地哉？形弗能有也。诸侯见齐之罢露〔1〕，君臣之不亲，举兵而伐之，主辱军破，为天下笑。所以然者，以其伐楚而肥韩、魏也。此所谓藉贼兵而赍[2]盗食者也。王不如远交而近攻，得寸则王之寸，得尺亦王之尺也。今舍此而远攻，不亦缪乎？且昔者，中山之地，方五百里，赵独擅之，功成、名立、利附，则天下莫能害。今韩、魏，中国之处，而天下之枢也。王若欲霸，必亲中国而以为天下枢，以威楚、赵。赵强则楚附，楚强则赵附，楚、赵附则齐必惧，惧必卑辞重币以事秦，齐附而韩、魏可虚[3]也。”

【注释】

〔1〕罢（pí）露：罢，通“疲”；露指处在野外。　〔2〕赍（lài）：送给。　〔3〕虚：废墟、丘墟。

【译文】

范雎说：“您越过韩、魏两国去进攻强盛的齐国，这不是好的策略。如果少出兵，就不足以伤到齐国；多出兵，就会损害秦国。我估计您的想法是自己少出兵，而使韩、魏两国出动全部兵力，这种做法是不当的。现在明知同盟的韩、魏不可以信任，而又越过它们去攻打齐国，这合适吗？从前，齐国攻打楚国，取得胜利，打败楚军，斩杀楚将，再次开拓千里领土，但最终尺寸土地也没得到，难道是齐国不想得到这些土地吗？是形势不允许它拥有。诸侯们看到齐国军队疲惫，暴露于荒野，君臣之间又不和睦，于是兴兵攻齐，结果齐君受辱，齐军崩溃，被天下人所耻笑。所以会这样，是因为它攻打楚国反而使韩、魏壮大。这就是所谓的借给贼寇武器而送给强盗粮食。您不如和远方的国家结盟而进攻临近的国家，这样，得到一寸土地就是您的一寸土地，得到一尺土地就是您的一尺土地。现在舍弃这个策略而攻打远国，不是大错特错了吗？还有过去，中山国的土地方圆五百里，被相邻的赵国独自占有，结果功业建成、名声树立、利益归附，天下各国都没有侵害赵国的。如今韩、魏两国，地处中原，是天下的枢纽。您如果想称霸于天下，一定要亲近地处中原的国家以便控制天下的枢纽，以此威胁楚、赵两国。如果赵国强盛，楚国就会依附秦国，楚国强盛，赵国就会依附秦国。楚、赵依附秦国，齐国就一定害怕，害怕就一定用卑下的言辞、丰厚的礼物来侍奉秦国，齐国归附，韩、魏就可以攻破了。”

王曰：“寡人欲亲魏，魏多变之国也，寡人不能亲。请问亲魏奈何？”范雎曰：“卑辞重币以事之。不可，削地而赂之。不可，举兵而伐之。”于是举兵而攻邢丘[1]，邢丘拔，而魏请附。

【注释】

〔1〕邢丘：魏地，在今河南温县东。

【译文】

秦王说：“我想亲近魏国，但魏国是态度多变的国家，我无法亲近它。请问怎么亲近它？”范雎说：“您用卑下的言辞、丰厚的礼物来侍奉它。这样不行，就割出土地送给它。还不行，就兴兵攻打它。”于是秦国兴兵攻打魏国的邢丘，邢丘被攻取，魏国请求归附。

曰："秦、韩之地形，相错如绣。秦之有韩，若木之有蠹，人之病心腹。天下有变，为秦害者莫大于韩，王不如收韩。"王曰："寡人欲收韩，不听，为之奈何？"

【译文】

范雎说："秦、韩两国的地形，相互交错如同绣花。韩国的存在对于秦国来说，就如同树木有蠹虫，人有心腹之病一样。天下发生变故，危害到秦国的没有比他再大的了。您不如收服韩国。"秦王说："我想收服韩国，他不听从，该怎么办？"

范雎曰："举兵而攻荥阳[1]，则成皋[2]之路不通；北斩太行[3]之道，则上党之兵不下；一举而攻荥阳，则其国断而为三。（魏）[4]韩见必亡，焉得不听？韩听而霸事可成也。"王曰："善。"

【注释】

〔1〕荥阳：韩地，在今河南荥阳。 〔2〕成皋：韩地，在今河南荥阳汜水。 〔3〕太行：太行山。 〔4〕魏：衍文。

【译文】

范雎说："兴兵攻打韩国的荥阳，成皋的道路就不通了；在北边截断太行的道路，韩国上党的军队就不能南下了；一举而攻占荥阳，韩国就被断为三截。韩国看到必将亡国，怎能不顺从？韩国一顺从霸业就可成功了。"秦王说："好。"

范雎曰："臣居山东，闻齐之内有田单〔1〕，不闻其王。闻秦之有太后、穰侯、泾阳〔2〕、华阳〔3〕，不闻其有王。夫擅国之谓王，能专利害之谓王，制杀生之威之谓王。今太后擅行不顾，穰侯出使不报，泾阳、华阳击断〔4〕无讳，四贵备而国不危者，未之有也。为此四者，下乃所谓无王已。然则权焉得不倾，而令焉得从王出乎？臣闻：'善为国者，内固其威，而外重其权。'穰侯使者操王之重，决裂诸侯，剖符〔5〕于天下，征敌伐国，莫敢不听。战胜攻取，则利归于陶；国弊，御于诸侯；战败，则怨结于百姓，而祸归社稷。《诗》曰：'木实繁者披其枝，披其枝者伤其心。大其都者危其国，尊其臣者卑其主。'淖齿〔6〕管齐之权，缩闵王之筋，悬之庙梁，宿昔而死。李兑〔7〕用赵，减食主父，百日而饿死。今秦，太后、穰侯用事，高陵〔8〕、泾阳佐之，卒无秦王，此亦淖齿、李兑之类（已）〔9〕【也】。臣今见王独立于庙朝矣，且臣将恐后世之有秦国者，非王之子孙也。"

【注释】

〔1〕田单：齐将，燕破齐后，他一举收复七十余城，被任为相，封安平君。　〔2〕泾阳：秦昭王同母弟，名悝，封于泾阳，号泾阳君。　〔3〕华阳：秦宣太后同父弟，名芈戎，封于华阳，号华阳君。〔4〕击断：处人死刑。　〔5〕剖符：指与他国结盟。符为古时作为凭信的工具，剖为左右两半，结盟双方各执其一，以备勘验。　〔6〕淖齿：楚将，燕破齐，淖齿救齐，被任为相。　〔7〕李兑：赵臣，曾与公子成将主父（赵武灵王）困于沙丘宫饿死。　〔8〕高陵：秦昭王同母弟，名显，封于高陵，号高陵君。　〔9〕已：当依别本作"也"。

【译文】

范雎说："我在山东时，只知齐国有田单，不知有齐国的君王。只知秦国有太后、穰侯、泾阳君、华阳君，不知有大王您。能独掌国政的称为王，能专管利害的称为王，能控制生杀大权的称为王。如今太后独断专行而不顾及您，穰侯遣使出访而不向您报告，泾阳君、华阳君动刑杀人也无所顾忌，同时有四个权贵而国家不危险的，还不曾有。正因为有此四人，臣下才认为没有大王您。如此，大权怎能不旁落，而政令怎能由您发出呢？我听说：'善于治国的国君，对内加强他的权威，对外重视他的权谋。'穰侯派出的使者利用您的权力，让诸侯之间决裂断交，或剖符结盟，征伐敌国，没有敢不听从的。打了胜仗占领土地，利益就归于穰侯的陶邑；而战争导致国力衰疲，就使国家受制于诸侯；一旦战败，就使百姓心生怨恨，灾祸则由国家承受。《诗》中说：'树上果实多了就会压断树枝，树枝断了就会伤到树心。扩大封君的封邑就会危及国家，大臣尊贵了就会使君权下降。'淖齿掌握齐国大权，结果抽了齐闵王的筋，并把他吊在庙堂梁上，一夜而死。李兑在赵国当权，结果减少主父的食物，过了百天饿死了他。如今太后、穰侯当权，高陵君、泾阳君辅佐他们，最终会没有秦王，这些人都是淖齿、李兑之类的人。我今日是看到您独立在庙堂之上了，但我担心后世拥有秦国的，不是您的子孙。"

秦王惧，于是乃废太后，逐穰侯，出高陵，走泾阳于关外。

【译文】

秦王非常害怕，于是废黜太后，把穰侯、高陵君、泾阳君、华阳君放逐到函谷关外。

昭王谓范雎曰："昔者齐公得管仲[1]，时以为仲父。今吾得子，亦以为父。"

【注释】

〔1〕齐公得管仲：齐公，即春秋时齐桓公。管仲，名夷吾，字仲，辅佐齐桓公，使之成为春秋时第一个霸主。

【译文】

秦昭王对范雎说："从前齐桓公得到管仲，当时称他为仲父。今天我得到你，也称你为父。"

应侯曰郑人谓玉未理者璞

应侯曰："郑人谓玉未理[1]者璞，周人谓鼠未腊[2]者朴。周人怀朴过郑贾曰：'欲买朴乎？'郑贾曰：'欲之。'出其朴，视之，乃鼠也。因谢不取。今平原君[3]自以贤，显名于天下，然降其主父[4]沙丘[5]而臣之，天下之王尚犹尊之，是天下之王不如郑贾之智也。眩[6]于名，不知其实也。"

【注释】

〔1〕理：加工玉石。　〔2〕腊（xī）：晾制肉干。　〔3〕平原君：名赵胜，赵惠文王弟，封于东武，号平原君。　〔4〕主父：即赵

武灵王。　〔5〕沙丘：赵地，在今河北广宗。此指建于沙丘的宫殿。公元前295年，赵国内讧，武灵王被困沙丘宫饿死。平原君殆参与其事。　〔6〕眩：迷惑。

【译文】

应侯范雎说："郑国人称没经过加工的玉石叫璞，周地人称没有晾干的老鼠叫朴。有个周人怀揣着没晾干的老鼠到郑国商人那里，说：'想买朴吗？'郑商说：'想买。'周人拿出他的朴来，一看，竟然是老鼠。于是郑商推辞不买。现今平原君自认为贤明，在天下名声显著，但是他把国君主父困在沙丘宫中而控制起来，天下的君主还尊重他，这是天下的君主还不如郑国商人聪明。被虚名迷惑，不了解实际情况。"

蔡泽见逐于赵

蔡泽[1]见逐于赵，而入韩、魏，遇夺釜鬲于途。闻应侯任郑安平[2]、王稽[3]，皆负重罪，应侯内惭。乃西入秦。将见昭王，使人宣言以感怒应侯曰："燕客蔡泽，天下骏雄弘辩之士也。彼一见秦王，秦王必相之而夺君位。"

【注释】

〔1〕蔡泽：燕人，曾游说各国，后任秦相。　〔2〕郑安平：魏人，与范雎一起入秦，后率军攻赵，被围，以两万兵士降赵。〔3〕王稽：秦人，任河东守时与诸侯暗通，被杀。

【译文】

蔡泽被赵国驱逐，前往韩国、魏国，在路上被人夺走炊锅。他听说秦相应侯范雎任用的郑安平、王稽都身负重罪，应侯心中惭愧。就西行进入秦国。蔡泽将去拜见秦昭王，让人放话激怒应侯说："燕国的蔡泽，是天下最出众的善辩之士。他一旦见到秦王，秦王一定用他为相而免去您的相位。"

应侯闻之，使人召蔡泽。蔡泽入，则揖应侯，应侯固不快，及见之，又倨[1]。应侯因让之曰："子常[2]宣言代我相秦，岂有此乎？"对曰："然。"应侯曰："请闻其说。"蔡泽曰："吁！何君见之晚也。夫四时之序，成功者去。夫人生手足坚强，耳目聪明圣知，岂非士之所愿与？"应侯曰："然。"蔡泽曰："质仁秉义，行道施德于天下，天下怀乐敬爱，愿以为君王，岂不辩智之期与？"应侯曰："然。"蔡泽复曰："富贵显荣，成理万物，万物各得其所；生命寿长，终其年而不夭伤；天下继其统，守其业，传之无穷，名实纯粹，泽流千世，称之而毋绝，与天下终。岂非道之符，而圣人所谓吉祥善事与？"应侯曰："然。"泽曰："若秦之商君，楚之吴起[3]，越之大夫种[4]，其卒亦可愿矣。"应侯知蔡泽之欲困己以说，复曰："何为不可？夫公孙鞅事孝公，极身毋二，尽公不还私，信赏罚以致治，竭智能，示情素[5]，蒙怨咎，欺旧交，虏魏公子卬[6]，卒为秦禽将，破敌军，攘地千里。吴起事悼王，使私不害公，谗不蔽忠，言不取苟合，行不取苟容，行义不固[7]毁誉，必有伯主强国，不辞祸凶。大夫种事越王，主离困辱，悉忠而不解，主虽亡绝，尽能而不离，多功而不矜[8]，贵富不骄怠。若此三子者，义之至，忠之节也。故君子杀身以成名，义之所在，身虽死，无憾悔，何为不可哉?”蔡泽曰：“主圣臣贤，天下之福也；君明臣忠，国之福也；父慈子孝，夫信妇贞，家之福也。故比干[9]忠，不能存殷；子胥知，不能存吴；申生[10]孝，而晋惑乱。是有忠臣孝子，国家灭乱，何也?无明君贤父以听之。故天下以其君父为戮辱，怜其臣子。夫待死而后可以立忠成名，是微子[11]不足仁，孔子不足圣，管仲不足大也?”于是应侯称善。

【注释】

〔1〕倨：傲慢。　〔2〕常：通“尝”，曾经。　〔3〕吴起：战国初卫人，曾仕鲁、魏，后奔楚，辅佐悼王变法，悼王死后被杀害。〔4〕大夫种：春秋末年越国大夫，名文种，曾辅佐越王勾践灭吴，后被勾践赐剑自杀。　〔5〕情素：真心，本心。　〔6〕公子卬：魏将，商鞅旧交，率兵迎击秦兵时，被商鞅诱捕，致魏军大败。　〔7〕固：当作“顾”。　〔8〕矜：夸耀。　〔9〕比干：商纣王叔父，因劝谏纣王，被剖心而死。　〔10〕申生：春秋时晋献公太子，因遭献公宠姬骊姬陷害，被逼自缢。　〔11〕微子：名启，商纣王庶兄，因劝谏纣王不听，出走。商亡，被封于宋。

【译文】

应侯听说后，派人召见蔡泽。蔡泽来到，只向应侯拱手一拜。应侯本来就不高兴，到相见时，蔡泽又很傲慢。应侯责备他说：“你曾扬言取代我任秦相，有这事吗?”蔡泽回答：“有。”应侯说：“愿闻其详。”蔡泽说：“为什么您的见识这么落后呢?四季运行的次序，是成功的就要离去。人活在世上，手足强劲，耳聪目明，头脑聪慧，难道不是人人所期望的吗?”应侯说："是。"蔡泽说："以仁为本，秉持道义，在天下遵行道义，实施恩德，使天下人满怀喜悦地敬爱他，都希望让他做君主，这难道不是善辩明智之士所期望的吗？"应侯说："是。"蔡泽又说："富贵荣耀，治理好一切事情，使万物各得其所；寿命长久，善终而不夭折；天下都继承他的传统，守住他的事业，永远流传下去，名声与实际两全其美，恩泽流传千世，称赞永不断绝，与天地一样长久。这难道不是遵行道义、实施恩德的效果，圣人所说的吉祥善事吗？"应侯说："是的。"蔡泽说："像秦国的商鞅，楚国的吴起，越国的大夫种，他们的结局可作为祈求的愿望吗？"应侯知道蔡泽是想用话堵住自己的嘴，又说："为什么不可以呢？商鞅奉事秦孝公，竭尽自己的能力而没有二心，一心为公而不顾私利，赏罚分明使秦国大治，竭尽才智，显露真心，蒙受责怨，欺骗朋友，诱捕公子卬，终于为秦国擒获敌将，打败敌军，开拓千里领土。吴起奉事楚悼王，使私事不能妨害公务，谗言不能遮蔽忠良，说话不随声附和，做事不曲意逢迎，遵行大义而不顾个人的毁誉，倘若能使君主称霸、国家富强，决不躲避祸难凶险。大夫种奉事越王，君主遭困受辱，进尽忠心而不懈怠，君主虽然亡国，仍竭尽才能而不躲避，功劳众多而不自夸，地位显赫也不骄傲。像这三个人，称得上道义达到极点，是忠臣的典范。所以君子牺牲自己来成就名声，为了大义所在，即使死了，也没有遗憾，为什么不可以呢？"蔡泽说："君主圣明，臣下贤能，是天下之福；君主明智，臣下忠心，是一国之福；父亲慈爱，儿子孝顺，丈夫诚实，妻子贞洁，是一家之福。所以比干忠心，却不能维系殷商；伍子胥有智慧，却不能保住吴国；申生孝顺，而晋国内乱。这都是有忠臣孝子，而国家灭亡内乱，这是为什么呢？是因为没有明君贤父听他们的。所以天下人如蔑视受刑受辱的人一般，来蔑视这样的君父，而可怜他们的臣子。如果必须死，然后才能现出忠心成就名声，这样，微子就不足以称仁，孔子不足以称圣，管仲也不足以称伟大了。”这时，应侯称蔡泽说得好。

蔡泽得少间，因曰：“商君、吴起、大夫种，其为人臣，尽忠致功，则可愿矣。闳夭〔1〕事文王，周公辅成王也，岂不亦忠乎？以君臣论之，商君、吴起、大夫种，其可愿孰与闳夭、周公哉?”应侯曰：“商君、吴起、大夫种不若也。”蔡泽曰：“然则君之主，慈仁任忠，不欺旧故，孰与秦孝公、楚悼王、越王乎?”应侯曰：“未知何如也。”蔡泽曰：“主固亲忠臣，不过秦孝、越王、楚悼。君之为主，正乱、批患、折难，广地殖谷，富国、足家、强主，威盖海内，功章万里之外，不过商君、吴起、大夫种。而君之禄位贵盛、私家之富过于三子，而身不退，窃为君危之。语曰：‘日中则移，月满则亏。’物盛则衰，天之常数也；进退、盈缩、变化，圣人之常道也。昔者，齐桓公九合诸侯，一匡天下，至葵丘之会，有骄矜之色，畔者九国〔2〕。吴王夫差无适〔3〕于天下，轻诸侯，凌齐、晋，遂以杀身亡国。夏育、太史启〔4〕叱呼骇三军，然而身死于庸夫。此皆乘至盛不及道理也。夫商君为孝公平权衡〔5〕、正度量、调轻重，决裂阡陌〔6〕，教民耕战，是以兵动而地广，兵休而国富，故秦无敌于天下，立威诸侯。功已成，遂以车裂。楚地持戟百万，白起〔7〕率数万之师，以与楚战，一战举鄢[8]、郢[9]，再战烧夷陵[10]，南并蜀、汉，又越韩、魏攻强赵，北阬[11]马服[12]，诛屠四十余万之众，流血成川，沸声若雷，使秦业帝。自是之后，赵、楚慑服，不敢攻秦者，白起之势也。身所服者，七十余城，功已成矣，赐死于杜邮[13]。吴起为楚悼罢无能，废无用，损不急之官，塞私门之请，壹楚国之俗，南攻杨越[14]，北并陈、蔡，破横散从，使驰说之士无所开其口。功已成矣，卒支解。大夫种为越王垦草创邑，辟地殖谷，率四方士，上下之力，以禽劲吴，成霸功。勾践终棓[15]而杀之。此四子者，成功而不去，祸至于此。此所谓信[16]而不能诎、往而不能反者也。范蠡[17]知之，超然避世，长为陶朱。君独不观博[18]者乎？或欲分大投，或欲分功。此皆君之所明知也。今君相秦，计不下席，谋不出廊庙，坐制诸侯，利施三川，以实宜阳，决羊肠[19]之险，塞太行之口，又斩范、中行之途[20]，栈道千里于蜀、汉，使天下皆畏秦。秦之欲得矣，君之功极矣。此亦秦之分功之时也！如是不退，则商君、白公、吴起、大夫种是也。君何不以此时归相印，让贤者授之，必有伯夷[21]之廉；长为应侯，世世称孤，而有乔、松[22]之寿。孰与以祸终哉！此则君何居焉？”应侯曰：“善。”乃延入坐为上客。

【注释】

〔1〕闳夭：西周初大臣，辅佐文王、武王灭商有功。　〔2〕畔：通“叛”。　〔3〕适（dí）：通“敌”。　〔4〕太史启：战国时勇士，

其事不详。 〔5〕平权衡：权为秤砣，衡为秤杆。此句与下文“正度量、调轻重”，指统一秦国的度量衡。 〔6〕决裂阡陌：田间小路南北为阡，东西为陌，周时井田以阡陌相隔，此指废除井田制。 〔7〕白起：秦国名将，因功封武安君。 〔8〕鄢：楚邑，在今湖北宜昌东南。 〔9〕郢：楚都，在今湖北江陵西北。 〔10〕夷陵：楚邑，在今湖北宜昌东南。 〔11〕阬：活埋。指长平之战，白起阬杀四十余万赵国降卒之事。 〔12〕马服：赵将赵括，袭父号称马服君，长平之战时为赵军主帅，战败突围时被射杀。 〔13〕杜邮：秦地，在今陕西咸阳东。 〔14〕杨越：今两广一带。 〔15〕棓（bàng）：《史记》作“负”，“棓”为“负”音转。 〔16〕信（shēn）：通“伸”。 〔17〕范蠡：越国大夫，佐越王勾践灭吴，功成身退，居陶，改称陶朱公，以经商致富。 〔18〕博：赌博。 〔19〕羊肠：指羊肠坂，在今河南沁阳与山西泽州交界处，是太行陉最险要的地段。 〔20〕范、中行之途：范、中行本晋国贵族，此指三晋往来之路。 〔21〕伯夷：商末孤竹君长子，曾与其弟叔齐互让君位，后皆奔周。 〔22〕乔、松：传说的仙人王子乔、赤松子。

【译文】

蔡泽得到一个可乘之隙，趁机说：“商君、吴起、大夫种，他们做为人臣，在尽忠建功上，是达到愿望了。闳夭奉事周文王，周公辅佐周武王，难道不也是尽忠吗？以君臣关系而论，商君、吴起、大夫种，他们所期望的与闳夭、周公相比，谁的结果好呢？”应侯说：“商君、吴起、大夫种不如闳夭、周公。”蔡泽说：“那么您的君主，在慈爱仁厚，信任忠臣，不欺凌旧故方面，与秦孝公、楚悼王、越王勾践相比，谁做得好呢？”应侯说：“不知道怎么样。”蔡泽说：“您的君主亲近忠臣，比不过秦孝公、越王勾践和楚悼王。您为君主在平定动乱、排除祸患、消灭灾难、扩大疆土、发展农业、使国富民丰、加强君权、威震天下、功扬万里方面，比不过商君、吴起、大夫种。但您的官爵尊贵，家里的富有超过了那三位，却不功成身退，我私下替您感到危险。谚语说：‘太阳到正午就要西下，月亮圆了就要亏缺。’事物达到鼎盛就会衰落，这是上天运行的必然规律；根据具体情况而进退、伸缩、变化，这是圣人遵循的常规。过去，齐桓公九次会盟诸侯，使天下一切都得到匡正，到葵丘之会时，他表现出骄傲自负的态度，结果有九个诸侯国背叛了他。吴王夫差曾无敌于天下，但因轻视诸侯，欺凌齐、晋，最终身死国亡。夏育、太史启呼喊一声可吓到三军，后来却死在普通人手里。这都是因为功名达到极盛而不能认识到处世的常理。商君为秦孝公统一度量衡，废除井田制，教导民众耕种、作战，所以秦国一出兵就扩大国土，一停兵就国家富裕，从而使秦国天下无敌，扬威诸侯。而他建立大功之后，终遭车裂之刑。楚国有兵士百万，白起率数万秦军，与楚军相战，一战夺取鄢、郢，再战烧掉夷陵，南边吞并蜀、汉，又越过韩、魏攻打强大的赵国，北边活埋马服君，屠杀四十多万赵国降卒，血流成河，呼声如雷，使秦国成就帝业。从此之后，赵、楚两国畏惧而屈服，不敢进攻秦国，这都是白起之功。白起亲自攻取的，多达七十余城。而他在功成之后，被赐死在杜邮。吴起为楚悼王废掉无用之官，除去无能之臣，裁减不需要的冗员，禁止私门的请托，统一楚国的风俗，南边攻占杨越，北边兼并陈、蔡，破坏对付楚国的诸侯同盟，使游说之士不能开口。而他在功成之后，终遭肢解。大夫种为越王勾践开辟荒地，创建城邑，开垦土地，种植粮食，率领四方军队，用上下之力，战胜强大的吴国，成就了霸主功业。而越王勾践最终负义而杀了他。这四个人，成功而不引退，才遭到如此灾祸。这就是所谓的能伸不能屈，能往而不能返啊。范蠡明白这个道理，超然退身而去，长做陶朱公。您难道没有见过赌博的人吗？他们有的想获胜独吞，有的想分胜者所获。这都是您所明知的。如今您担任秦相，出计不必离开坐席，谋划不必走出朝堂，坐着就控制诸侯，取得三川之地，以充实宜阳的守备，控制羊肠坂的险要，堵塞太行山的道口，又截断三晋的往来之路，修筑栈道千里通往蜀、汉，使天下各国都畏惧秦国。秦国的欲望已达到了，您的功劳也到了顶点了。这正是在秦国分胜者之利的时候！您如果这时不及时引退，就会像商君、白起、吴起、大夫种的下场一样。您为何不在此时归还相印，让位于贤人，这样一定会有像伯夷一样廉让的名声；长期身为应侯，世代自称为孤，并像王子乔、赤松子一样长寿。这与最终遭祸相比，哪个做法好呢！您选择哪个做法呢？”应侯说：“好。”于是请蔡泽入座，待为上客。

后数日，入朝，言于秦昭王曰：“客新有从山东来者蔡泽，其人辩士。臣之见人甚众，莫有及者，臣不如也。”秦昭王召见，与语，大说之，拜为客卿。

【译文】

过了几天，应侯入朝，对秦昭王说：“有个刚从崤山以东来的客人蔡泽，此人是能言善辩之士。我见过的人很多，没有能比上他的，我也不如他。”于是昭王召见蔡泽，与他谈论，十分喜欢他，就拜他做了客卿。

应侯因谢病[1]，请归相印。昭王强起应侯，应侯遂称笃[2]，因免相。昭王新说蔡泽计画，遂拜为秦相，东收周室。

【注释】

〔1〕谢病：以病为由请求辞职。　〔2〕笃：病重。

【译文】

应侯趁机称病辞职，请求归还相印。昭王勉强起用他，他竟称病重，便免去了他的相位。昭王一开始就喜欢蔡泽的谋划，于是任命蔡泽担任相国，向东灭掉了周王室。

蔡泽相秦王数月，人或恶之，惧诛，乃谢病归相印，号为刚成君。【居】秦〔1〕十余年，【事】昭王〔2〕、孝文王、庄襄王，卒事始皇帝。为秦使于燕，三年而燕使太子丹入质于秦。

【注释】

〔1〕【居】秦：别本“秦”上或有“居”字。　〔2〕【事】昭王：《史记》“昭”上有“事”字。

【译文】

蔡泽担任了几个月的秦相，有人恶意中伤他，他害怕被诛杀，就称病归还了相印，被封为刚成君。蔡泽在秦国十余年，曾奉事昭王、孝文王、庄襄王，最后奉事秦始皇。曾为秦国出使燕国，三年后使燕国派太子丹到了秦国作人质。

卷六　秦　四

秦王欲见顿弱

秦王[1]欲见顿弱[2]，顿弱曰："臣之义不参拜，王能使臣无拜，即可矣。不，即不见也。"秦王许之。于是顿子曰："天下有【有】[3]其实而无其名者，有无其实而有其名者，有无其名又无其实者。王知之乎？"王曰："弗知。"顿子曰："有其实而无其名者，商人是也。无把铫推耨[4]之势，而有积粟之实，此有其实而无其名者也。无其实而有其名者，农夫是也。解冻而耕，暴[5]背而耨，无积粟之实，此无其实而有其名者也。无其名又无其实者，王乃是也。已立为万乘，无孝之名；以千里养，无孝之实[6]。"秦王悖然而怒。

【注释】

〔1〕秦王：名嬴政，即秦始皇，时未称皇帝，故称秦王。〔2〕顿弱：秦人。〔3〕有：据别本，"有"字下当再有一"有"字。

〔4〕把铫（yáo）推耨：持铫挥锄，此指耕种田地。铫、耨皆锄草农具。 〔5〕暴：同“曝”，晒。 〔6〕无孝之实：指秦王政因其母与嫪毐私通、并阴谋作乱，将其母软禁于雍地之事。

【译文】

秦王政想见顿弱，顿弱说：“我的原则是不向君主行参拜之礼，大王能让我不行参拜之礼，就可以见。否则，就不见。”秦王同意了。于是顿弱说：“天下有有实而无名的，有无实而有名的，有既无名而又无实的。大王知道吗？”秦王说：“不知道。”顿弱说：“有实而无名的，就是商人。他们没有耕种田地之劳，而有储存粮食的实际利益，这就是有实而无名。无实而有名的，就是农夫，他们刚解冻就要耕作，背曝烈日锄草，而没有积蓄粮食的实际利益，这就是有名而无实。既无实又无名的，就是大王您。已经立为大国之君，而没有孝亲之名；用千里土地奉养母亲，而没有孝亲的实际。”秦王听了，勃然大怒。

顿弱曰：“山东战国有六，威不掩于山东，而掩于母，臣窃为大王不取也。”秦王曰：“山东之建国可兼与？”顿子曰：“韩，天下之咽喉；魏，天下之胸腹。王资臣万金而游，听之韩、魏，入其社稷之臣于秦，即韩、魏从。韩、魏从，而天下可图也。”秦王曰：“寡人之国贫，恐不能给也。”顿子曰：“天下未尝无事也，非从即横也。横成，则秦帝；从成，即楚王。秦帝，即以天下恭养；楚王，即王虽有万金，弗得私也。”秦王曰：“善。”乃资万金，使东游韩、魏，入其将相。北游于燕、赵，而杀李牧〔1〕。齐王入朝，四国(必)〔2〕【毕】从，顿子之说也。

【注释】

〔1〕李牧：赵国名将，因功封武安君，后因赵王中秦反间计而被杀。〔2〕必：当依别本作“毕”。

【译文】

顿弱说：“崤山以东能打仗的国家有六个，您的威势不能压倒崤山以东的国家，而压倒了自己的母亲，我私下认为这种做法是不可取的。”秦王说：“崤山以东的国家能兼并吗?”顿弱说：“韩国，是天下的咽喉；魏国，是天下的腹胸。大王给我万斤黄金出去游说，听任我到韩、魏，我说服他们的重臣来秦国朝见，那么韩、魏就服从了。韩、魏服从，天下就可以夺取了。”秦王说：“我的国家贫穷，恐怕不能给这么多金子。”顿弱说：“天下没有平安无事的时候，不是合纵就是连横。连横成功，秦就称帝；连横成功，楚就称王。秦国称帝，就可用天下来恭敬地供养；楚国称王，即使您拥有万金，也不能享用。”秦王说：“好。”于是给予顿弱万金，让他往东游说韩、魏，结果韩、魏的将相入秦朝见。往北游说燕、赵，使赵将李牧被杀。后来齐王也入秦朝见，四国全服从了秦国，这都是顿弱游说的结果。

或为六国说秦王

或为六国说秦王曰：“土广不足以为安，人众不足以为强。若土广者安，人众者强，则桀、纣之后将存。昔者，赵氏亦尝强矣。曰赵强何若？举左案〔1〕齐，举右案魏，厌〔2〕

案万乘之国，二国，千乘之宋也。筑刚平[3]，卫无东野，刍牧薪采莫敢窥东门。当是时，卫危于累卵，天下之士相从谋曰：‘吾将还其委质[4]而朝于邯郸之君[5]乎！’于是天下有称伐邯郸者，莫[6]（不）令朝行。魏伐邯郸，因退为逢泽之遇[7]，乘夏车，称夏王，朝为天子，天下皆从。齐太公闻之，举兵伐魏，壤地两分，国家大危。梁王[8]身抱质执璧，请为陈侯[9]臣，天下乃释梁。郢威王[10]闻之，寝不寐，食不饱，帅天下百姓，以与申缚[11]遇于泗水之上，而大败申缚。赵人闻之至枝桑[12]，燕人闻之至格道。格道不通，平际绝。齐战败不胜，谋则不得，使陈毛释剑掫[13]，委南听罪，西说赵，北说燕，内喻其百姓，而天下乃齐释。于是夫积薄而为厚，聚少而为多，以同言郢威王于侧（纣）【牖】之间[14]。臣岂以郢威王为政衰谋乱以至于此哉？郢为强，临天下诸侯，故天下乐伐之也！”

【注释】

〔1〕案：压。　〔2〕厌（yā）：同“压”。　〔3〕刚平：原卫地，后被赵夺取。在今河南清丰西南。　〔4〕还其委质：古时为臣，先将其名写于简策，表示为君主献身，称委质。“还其委质”即要回委质，指不再为其臣。　〔5〕邯郸之君：赵君。　〔6〕莫：“暮”的本字。“莫”下“不”字为衍文。　〔7〕逢泽之遇：公元前 344 年，魏惠王召集诸侯在逢泽（今河南开封东）举行的大会。　〔8〕梁王：即魏王，指魏惠王。魏惠王时将国都由安邑（今山西夏县北）迁至大梁（今河南开封西北），故魏又称梁。　〔9〕陈侯：即齐侯，齐侯为陈氏，故称。　〔10〕郢威王：即楚威王。楚都郢，故称。　〔11〕申

缚：齐将。 〔12〕枝桑：与下文格道、平际皆齐地，均不详何处。〔13〕掫（zōu）：巡夜打更的工具，此指警卫。 〔14〕郢威王于侧（纣）【牖】之间：纣，当为“牖”，窗。此句言楚威王势力渐强，引起各国警惕，如同在人窗旁被别人警惕。

【译文】

有人为六国游说秦王说：“国土广大不一定安定，人民众多也不一定强盛。假如土地广大一定安定，人民众多一定强盛，那么夏桀、商纣的后代将延续到现在。从前，赵国也曾经强盛。赵国强盛的情况怎样呢？向左兴兵就压服齐国，向右兴兵就压服魏国，压服这两个万乘大国，就如同压服千乘小国宋国一样。它修筑起刚平，使卫国国都没有了东郊，放牧打柴的无人敢出东门。在这时，卫国危若累卵，天下的游说之士在一起商议说：‘难道我们要辞去所在国的官职，到赵君那里为臣吗！’于是天下有说攻伐邯郸的，晚上发出命令，第二天早上就有人行动。魏国攻打邯郸，接着回来举行逢泽之会，魏王乘着夏车，自称夏王，率领诸侯朝见周天子，诸侯全都服从。齐太公听说此事，兴兵攻打魏国，使魏国国土一分为二，国家十分危险。魏王怀抱礼物，手持玉璧，请求做齐侯之臣，天下才放过了魏国。楚威王听说此事，睡不着，吃不好，率领天下的百姓，与齐将申缚战于泗水之上，大败申缚。赵人听说，出兵打到齐国的枝桑，燕人听说，打到齐国的格道。格道不通，平际与外联系断绝。齐国打了败仗，也没有什么好办法，只好派陈毛除去佩剑、警卫，南到楚国请罪，又西北游说赵国，北边游说燕国，在国内向百姓解释，天下才放过了齐国。积薄为厚，聚少成多，楚威王势力又逐渐强大，引起各国的警惕而商议攻打他，同这是一个道理。我难道认为这是楚威王政治腐败谋略错乱而造成的吗？是因为楚国强盛，威胁天下诸侯，所以天下诸侯想要攻打它！”

卷七　秦　五

秦王与中期争论

秦王与中期[1]争论，不胜。秦王大怒，中期徐行而去。或为中期说秦王曰："悍[2]人也。中期适遇明君故也，向者遇桀、纣，必杀之矣。"秦王因不罪。

【注释】

〔1〕中期：秦辩士。　〔2〕悍：勇，敢于说话。

【译文】

秦王与中期争论，说不过中期。秦王非常恼怒，中期缓步离去。有人为中期劝说秦王说："中期是个敢说话的人。这是他正遇到圣明之君的缘故，要是在从前遇到夏桀、商纣，一定会杀了他。"秦王因此不加罪于他。

濮阳人吕不韦贾于邯郸

濮阳[1]人吕不韦[2]贾于邯郸[3]，见秦质子[4]异人[5]，归而谓父曰："耕田之利几倍？"曰："十倍。""珠玉之赢几倍？"曰："百倍。""立国家之主赢几倍？"曰："无数。"曰："今力田疾作，不得暖衣余食；今建国立君，泽可以遗世。愿往事之。"

【注释】

〔1〕濮阳：卫邑。在今河南濮阳西南。 〔2〕吕不韦：原赵国阳翟巨商，以助子楚为太子之功，在子楚继位后任秦相，封文信侯。〔3〕邯郸：赵都，在今河北邯郸。 〔4〕质子：两国为表示信守盟约，互派到对方的人质，多由国君世子或公子充当，故称质子。〔5〕异人：秦孝文王子，初名异人，后改为楚，即后来的庄襄王。

【译文】

濮阳人吕不韦在邯郸经商，见到秦国的人质异人，回家问父亲说："种田的利益有几倍？"父亲说："有十倍。"又问："经营珠玉的赢利有几倍？"父亲说："百倍。"再问："如果拥立国君，能赢利几倍？"父亲说："那就无数了。"吕不韦说："如今努力种田，还不能穿暖吃饱；而如今拥立国君，利益可流传后世。我想前去做这件事。"

秦子异人质于赵，处于扇城[1]。故往说之曰："子傒[2]

有承国之业，又有母在中。今子无母[3]于中，外托于不可知之国，一日倍约，身为粪土。今子听吾计事，求归，可以有秦国。吾为子使秦，必来请子。”

【注释】

〔1〕鄗（jiǎo）城：赵邑。即聊城，在今山东聊城西北。〔2〕子傒：秦孝文王子，异人异母兄弟。〔3〕无母：异人之母夏姬无宠，故曰无母。

【译文】

秦公子异人在赵国做人质，住在鄗城。吕不韦前去游说他说：“公子傒有继承君位的资格，又有母亲在宫中相助。如今您没有母亲在宫中相助，又寄身在祸福不可预料的国家，一旦赵国背弃盟约，就会性命不保。现在您按我的安排去做，谋求回国，这样就可以拥有秦国。我为您出使秦国，秦国必定派使者来请求赵国，放您回去。”

乃说秦王后[1]弟阳泉君曰：“君之罪至死，君知之乎？君之门下无不居高尊位，太子[2]门下无贵者。君之府藏珍珠宝玉，君之骏马盈外厩，美女充后庭。王之春秋高，一日山陵崩[3]，太子用事，君危于累卵，而不寿于朝生[4]。说有可以一切而使君富贵千万岁，其宁于太山四维[5]，必无危亡之患矣。”阳泉君避席，请闻其说。不韦曰：“王年高矣，王后无子，子傒有承国之业，士仓[6]又辅之。王一日山陵崩，子傒立，士仓用事，王后之门必生蓬蒿。子异人贤材也，弃在于赵，无母于内，引领西望，而愿一得归。王后诚请而立之，是子异人无国而有国，王后无子而有子也。”阳泉君曰：“然。”入说王后，王后乃请赵而归之。

【注释】

〔1〕秦王后：秦孝文王后，本楚女，称华阳夫人。　〔2〕太子：指子傒。　〔3〕山陵崩：喻君主死。　〔4〕朝生：木槿，其花朝开夕落。故以喻寿短。　〔5〕太山四维：太山即泰山，古时以泰山为维系四隅的四维之一。　〔6〕士仓：秦臣。

【译文】

于是吕不韦游说秦王后的弟弟阳泉君说：“您罪已至死，您知道吗？您的门下之人无不身居高位，太子门下却没有地位尊贵的。您的仓库储放着珍珠宝玉，骏马充满马厩，美女充满后宫。如今秦王年事已高，一旦去世，太子掌权，您将十分危险，性命不保。有一权宜之策可使您永久富贵，安如泰山，必定没有危亡的忧患。”阳泉君离开坐席，请听教导。吕不韦说：“秦王年事已高，王后没有儿子，公子傒有继承王位的资格，士仓又帮助他。秦王一旦去世，子傒继位，士仓当权，王后一定会被冷落得门庭长草。公子异人是贤能的人，被抛弃在赵国，没有母亲在宫中相助，伸着脖子遥望秦国，希望回去。王后如果请秦王立他为太子，这样，公子异人就由不能拥有国家的而成为能够拥有国家的，王后由没有儿子的而成为有儿子的了。”阳泉君说：“是这样。”就进宫劝说王后，王后于是派人去请求赵国放异人回来。

赵未之遣，不韦说赵曰：“子异人，秦之宠子也，无母于中，王后欲取而子之。使秦而欲屠赵，不顾一子以留计，是抱空质也。若使子异人归而得立，赵厚送遣之，是不敢倍德畔施[1]，是自为德讲[2]。秦王老矣，一日晏驾，虽有子异人，不足以结秦。”赵乃遣之。

【注释】

〔1〕倍德畔施：倍，通“背”，畔，通“叛”。谓背弃别人对自己的恩德、施舍。　〔2〕讲：和解，此指友好。

【译文】

赵国不肯放异人回国，吕不韦游说赵王说：“公子异人，是秦国受宠的公子，没有母亲在宫中相助，王后想以他做自己的儿子。假如秦国想灭赵国，是不会顾及一个公子而犹豫不决的，这样，赵国只是扣留着一个没有作用的人质。如果让异人回去被立为太子，赵国用厚礼送他回去，他一定不会背弃赵国的恩德，自然会因恩德与赵国友好。如若不然，当今的秦王已经老了，一旦去世，即使有公子异人在赵国当人质，也不足以使秦、赵关系牢固。”赵国于是送异人返秦。

异人至，不韦使楚服而见。王后悦其状，高其知，曰：“吾楚人也。”而自子之，乃变其名曰楚。王使子诵，子曰：“少弃捐在外，尝无师傅所教学，不习于诵。”王罢之，乃留止。间曰：“陛下尝轫车于赵[1]矣，赵之豪杰，得知名者不少。今大王反国，皆西面而望。大王无一介之使以存之，臣恐其皆有怨心。使边境早闭晚开。”王以为然，奇其计。王后劝立之。王乃召相，令之曰：“寡人子莫如楚。”立以为太子。

【注释】

〔1〕轫车于赵：轫车，停车。此指在赵国为人质。

【译文】

异人回到秦国，吕不韦让他穿上楚人的服装去拜见王后。王后很喜欢他的形貌，认为他很聪明，说："真像我们楚国人。"就以他做自己的儿子，给他改名叫"楚"。秦王让异人背诵所读之书，异人说："我自幼被抛弃在国外，不曾有师傅教我学习，不知道读书。"秦王作罢，把他留在宫中。不久，异人说："陛下曾在赵国做过人质，对赵国的豪杰，您认识的不少。现在您返回秦国，他们都面向西方而想念您。但您没派一个使者去慰问他们。我担心他们都会抱怨，从而使秦国边关不宁。"秦王认为他说得对，想法不同寻常。王后劝秦王立子楚为太子，秦王于是召见丞相，下令说："我的儿子中没有比得上子楚的。"就立他做了太子。

子楚立，以不韦为相，号曰文信侯，食蓝田〔1〕十二县。王后为华阳太后，诸侯皆致秦邑。

【注释】

〔1〕蓝田：秦地，在今陕西蓝田。

【译文】

子楚做了秦王，任命吕不韦为丞相，号称文信侯，封蓝田十二县作为食邑，王后称华阳太后，诸侯各国都向秦赠送城邑，作为奉养太后之地。

文信侯欲攻赵以广河间

文信侯欲攻赵以广河间[1]，使刚成君蔡泽事燕三年，而燕太子[2]质于秦。文信侯因请张唐[3]相燕，欲与燕共伐赵，以广河间之地。张唐辞曰："燕者必径于赵，赵人得唐者，受百里之地。"文信侯去而不快。少庶子[4]甘罗[5]曰："君侯何不快甚也？"文信侯曰："吾令刚成君蔡泽事燕三年，而燕太子已入质矣。今吾请张卿相燕，而不肯行。"甘罗曰："臣行之。"文信君叱去，曰："我自行之而不肯，汝安能行之也？"甘罗曰："夫项橐[6]生七岁而为孔子师，今臣生十二岁于兹矣！君其试臣，奚[7]以遽言叱也？"

【注释】

〔1〕河间：吕不韦的封地，在今河北献县东南。　〔2〕燕太子：燕王喜太子，名丹。　〔3〕张唐：秦将，曾多次率军攻占赵地，为赵王所恨。　〔4〕庶子：官名。　〔5〕甘罗：甘茂孙，时为吕不韦家臣，后因功拜上卿。　〔6〕项橐：传说中春秋末年的神童。
〔7〕奚：为什么。

【译文】

文信侯吕不韦想攻打赵国来扩大河间的封地，派刚成君蔡泽在燕国活动了三年，使燕太子到秦国做了人质。文信侯于是又请张唐到燕国做相国，想与燕国共同攻打赵国来扩大河间的封地。张唐推辞说："去燕国必须经过赵国，赵国人谁能抓到我，就可得到赵王奖给的百里土地。”文信侯很不高兴地离开了。少庶子甘罗问文信侯说：“您为什么这么不高兴呢？”文信侯说：“我让刚成君蔡泽在燕国任职三年，燕太子已经入秦当人质了。今天我请张唐到燕国为相，他却不肯前往。”甘罗说：“我能让他到赵国去。”文信侯叱责甘罗离开，说：“我亲自让他前往他都不肯，你怎么能让他前往呢？”甘罗说：“项橐七岁就当了孔子的老师，现在我已经十二岁了！您不妨让我试一下，为什么这样急着叱责我呢？”

甘罗见张唐曰：“卿之功，孰与武安君[1]？”唐曰：“武安君战胜攻取，不知其数；攻城堕邑，不知其数。臣之功不如武安君也。”甘罗曰：“卿明知功之不如武安君欤？”曰：“知之。”“应侯之用秦也，孰与文信侯专[2]？”曰：“应侯不如文信侯专。”曰：“卿明知为不如文信侯专欤？”曰：“知之。”甘罗曰：“应侯欲伐赵，武安君难之，去咸阳[3]七里，绞而杀之。今文信侯自请卿相燕，而卿不肯行，臣不知卿所死之处矣！”唐曰：“请因孺子而行！”令库具车，厩具马，府具币，行有日矣。甘罗谓文信侯曰：“借臣车五乘，请为张唐先报赵。”

【注释】

〔1〕武安君：秦将白起。　〔2〕专：权重。　〔3〕咸阳：秦都，在今陕西咸阳东北。

【译文】

甘罗见到张唐说：“您的功劳，与武安君相比怎么样？”张唐说："武安君打的胜仗，不知其数；攻占的城邑，也不知其数。我的功劳不如他。"甘罗说："您确实知道功劳不如武安君吗?"张唐说："确实知道。"甘罗说："应侯在秦国执政，与文信侯相比谁的权大?"张唐说："应侯不如文信侯的权大。"甘罗说："您确实知道应侯不如文信侯的权大吗?"张唐说："确实知道。"甘罗说："应侯想攻打赵国，武安君认为困难，结果武安君离开咸阳七里，就被应侯绞死。现在文信侯请你到燕国为相，你却不肯前往，我不知道您将死在哪里!"张唐说："请你告诉文信侯，我愿意前往!"于是让车库准备车辆，马厩准备马匹，府库准备礼物，定下行期。甘罗对文信侯说："请借给我五辆车，我请先去通报赵王。"

见赵王[1]，赵王郊迎。谓赵王曰："闻燕太子丹之入秦与?"曰："闻之。""闻张唐之相燕与?"曰："闻之。""燕太子入秦者，燕不欺秦也。张唐相燕者，秦不欺燕也。秦、燕不相欺，则伐赵，危矣。燕、秦所以不相欺者，无异故，欲攻赵而广河间也。今王赍臣五城以广河间，请归燕太子，与强赵攻弱燕。"赵王立割五城以广河间，归燕太子。赵攻燕，得上谷[2]三十六县，与秦什一。

【注释】

〔1〕赵王：悼襄王，公元前244—前236年在位。　〔2〕上谷：郡名，治所在沮阳（今河北怀来东南）。

【译文】

甘罗去见赵王，赵王在郊外相迎。甘罗对赵王说："您听说燕太子到秦国做人质的事了吗?”赵王说:“听说了。”甘罗说:“您听说张唐到燕国任相的事了吗?”赵王说:“听说了。”甘罗接着说:“燕太子到秦国做人质,表明燕国不欺骗秦国。张唐到燕国为相,表明秦国不欺骗燕国。秦、燕不互相欺骗,就要攻打赵国,赵国就危险了。秦、燕所以不互相欺骗,没其他原因,就是想攻打赵国来扩大河间的地盘。现在您送给我五座城来扩大河间的地盘,我请秦国让燕太子回国,而和势强的赵国攻打弱小的燕国。”赵王马上割让出五座城,以扩大河间的地盘,秦国也让燕太子回了国。赵国攻打燕国,夺取上谷郡三十六县,送给秦国十分之一。

四国为一将以攻秦

四国〔1〕为一,将以攻秦。秦王〔2〕召群臣宾客六十人而问焉,曰:“四国为一,将以图秦,寡人屈于内,而百姓靡于外,为之奈何?”群臣莫对。姚贾〔3〕对曰:“贾愿出使四国,必绝其谋,而安其兵。”乃资车百乘,金千斤,衣以其衣,冠(舞)【带】以其剑〔4〕。姚贾辞行,绝其谋,止其兵,与之为交以报秦。秦王大悦。贾封千户,以为上卿。

【注释】

〔1〕四国:指燕、赵、吴、楚。 〔2〕秦王:即秦始皇,时为秦王。 〔3〕姚贾:魏人,时为秦臣。 〔4〕冠(舞)【带】以其剑:使戴己之冠,佩己之剑。“舞”为“带”字形讹。

【译文】

燕、赵、吴、楚四国联合在一起，准备攻打秦国。秦王召集群臣宾客六十人，询问对策，说："四国联合在一起，准备攻秦，而寡人是在内财力困乏，在外百姓贫穷，该怎么办?"群臣没有回答的。只有姚贾答道："我愿意出使四国，一定能断绝他们的想法，让他们停止用兵。"于是秦王给予姚贾车辆百辆，黄金千斤，并让他穿上自己的衣服，戴上自己的帽子，佩带自己的宝剑。姚贾辞别而去，断绝了四国攻秦的想法，使他们停止用兵，并与他们建立了私人交情而还。秦王十分高兴，封赏姚贾食邑千户，并拜他为上卿。

韩非〔1〕知之，曰："贾以珍珠重宝，南使荆、吴，北使燕、代〔2〕之间三年，四国之交未必合也，而珍珠重宝尽于内。是贾以王之权，国之宝，外自交于诸侯，愿王察之。且梁监门子，尝盗于梁，臣于赵而逐。取世监门子、梁之大盗、赵之逐臣，与同知社稷之计，非所以厉群臣也。"

【注释】

〔1〕韩非：战国末法家代表人物，韩国公子，时为使至秦。〔2〕代：赵郡，此指赵国。

【译文】

韩非得知此事，对秦王说："姚贾带着珍珠重宝，南边出使楚、吴，北边出使燕、代，历时三年，四国与秦国的关系未必亲近，但国家的珍珠重宝都用完了。这是姚贾凭着您的权势、国家的珍宝，在外私自交结诸侯，希望您明察。而且姚贾本是大梁守门卒的儿子，曾在大梁为盗，后在赵国为臣，又被驱逐。任用世代守门之卒的儿子、魏国的大盗、赵国的逐臣，与他一起商议国家大计，这不是用来勉励群臣的办法。”

王召姚贾而问曰：“吾闻子以寡人财交于诸侯，有诸?”对曰：“有。”王曰：“有何面目复见寡人?”对曰：“曾参孝其亲，天下愿以为子；子胥忠于君，天下愿以为臣；贞女工巧，天下愿以为妃。今贾忠王而王不知也。贾不归四国，尚焉之？使贾不忠于君，四国之王尚焉用贾之身？桀听谗而诛其良将，纣闻谗而杀其忠臣，至身死国亡。今王听谗，则无忠臣矣。”

【译文】

秦王召见姚贾而问他：“我听说你利用我的财宝私自交结诸侯，有这事吗?”姚贾回答：“有。”秦王说：“你怎么还有脸再见我?”姚贾回答说：“曾参孝敬父母，天下的父母都愿以他为儿子；伍子胥忠于国君，天下的君主都愿以他为臣；贞洁的女子善于女工，天下的男子都愿以她为妻子。如今我忠于您而您却不知道。我不到四国，还到哪里去呢？假如我不忠于您，四国的国君还凭什么信任我？夏桀听信谗言而杀了他的良将，商纣听信谗言而杀了他的忠臣，结果都身死国亡。如今您听信谗言，就再没有忠臣为您效力了。”

王曰：“子监门子，梁之大盗，赵之逐臣。”姚贾曰：“太公望〔1〕，齐之逐夫，朝歌之废屠〔2〕，子良〔3〕之逐臣，棘津之雠不庸[4]，文王[5]用之而王。管仲，其鄙人之贾人也，南阳之弊幽[6]，鲁之免囚，桓公[7]用之而伯。百里奚[8]，虞之乞人，传卖以五羊之皮，穆公[9]相之而朝西戎。文公[10]用中山盗，而胜于城濮。此四士者，皆有诟丑，大诽天下，明主用之，知其可与立功。使若卞随、务光、申徒狄[11]，人主岂得其用哉！故明主不取其污，不听其非，察其为己用。故可以存社稷者，虽有外诽者不听，虽有高世之名，无咫尺之功者不赏。是以群臣莫敢以虚愿望于上。”

【注释】

〔1〕太公望：即齐太公姜尚。 〔2〕朝歌之废屠：相传姜尚曾于朝歌为屠，无人买而肉臭。 〔3〕子良：不详。 〔4〕棘津之雠不庸：雠，同“售”。庸，受雇出卖劳力。 〔5〕文王：周文王。 〔6〕弊幽：贫困且无人任用。 〔7〕桓公：齐桓公，春秋五霸之一。 〔8〕百里奚：原春秋时虞国大夫，晋灭虞时被俘，作为陪嫁之臣至秦，后逃至楚，秦穆公以五张羊皮将其赎回，用为大夫。 〔9〕穆公：秦穆公，春秋五霸之一。 〔10〕文公：晋文公，春秋五霸之一。 〔11〕卞随、务光、申徒狄：前二人为商汤时隐士，汤灭夏，以国让二人，二人不受。后者为商纣时人，不忍见纣无道，投水自尽。

【译文】

秦王说：“你是守门卒的儿子，魏国的大盗，赵国的逐臣。”姚贾说：“当年的太公望，本是在齐国被妻子所逐之夫，在朝歌卖不出去肉的屠夫，子良所弃的下属，在棘津无人雇用的佣工，但周文王任用他而称王。管仲，本是乡下的商贩，南阳的穷汉，鲁国释放的囚徒，但齐桓公任用他而称霸。百里奚，本是虞国的乞丐，以五张羊皮转卖到秦，但秦穆公任用他为相而臣服西戎。晋文公任用中山的盗贼，取得城濮之战的胜利。这四个人，都有过耻辱，被天下之人所诽谤，英明的君主之所以任用他们，因为知道他们可以一起建立功业。假如像卞随、务光、申徒狄那样的隐士，君主怎么能使用他们呢？所以英明的君主不理会他们的污点，不听对他们的非议，只看他们能为己所用的方面。所以能使国家安定的君主，即使外边有诽谤的也不听信，即使有很高的名声，而没有尺寸之功的，也不奖赏。所以群臣就没人敢靠着虚名来期望君主的任用。”

秦王曰：“然。”乃（可）[1]复使姚贾而诛韩非。

【注释】

〔1〕可：衍文。

【译文】

秦王说：“说得对。”于是再派姚贾出使而杀了韩非。

卷八　齐　一

靖郭君将城薛

靖郭君[1]将城薛，客多以谏。靖郭君谓谒者[2]，无为客通。齐人有请者曰："臣请三言而已矣！益一言，臣请烹。"靖郭君因见之。客趋[3]而进曰："海大鱼。"因反走。君曰："客有于此。"客曰："鄙臣不敢以死为戏。"君曰："亡，更言之。"对曰："君不闻大鱼乎？网不能止，钩不能牵，荡而失水，则蝼蚁得意焉。今夫齐，亦君之水也。君长有齐阴[4]，奚以薛为？（夫）[5]【失】齐，虽隆薛之城到于天，犹之无益也。"君曰："善。"乃辍城薛。

【注释】

〔1〕靖郭君：齐威王少子，名田婴，任齐相，封于薛（今山东滕州南），号靖郭君。　〔2〕谒者：掌传达之官。　〔3〕趋：快步走。〔4〕阴：同"荫"，庇护。　〔5〕夫："失"字之讹。

【译文】

靖郭君将要修筑薛城，门客多来劝阻。靖郭君告诉谒者，不要为门客通报。有个齐国门客请求说：“我只说三个字就完！多一个字，我情愿被烹煮而死。”靖郭君于是接见他。门客快步走到前面说：“海大鱼。”接着转身就走。靖郭君说：“请留步。”门客说：“我不敢拿死当儿戏。”靖郭君说：“没这事儿，请继续说。”门客说：“您没听说过海里的大鱼吗？网捕不上，钩钓不出，一旦离开了水，连蝼蛄蚂蚁都能吃它。现在齐国，也就是您的水。您长期有齐国的庇护，要薛有何用？如失去齐国，即使薛城加高到天上，仍然不起作用。”靖郭君说：“好。”就停止修筑薛城。

靖郭君善齐貌辨

靖郭君善齐貌辨〔1〕。齐貌辨之为人也多疵〔2〕，门人弗说。士尉〔3〕以证〔4〕靖郭君，靖郭君不听，士尉辞而去。孟尝君〔5〕又窃以谏，靖郭君大怒曰：“刬〔6〕而类，破吾家，苟可慊〔7〕齐貌辨者，吾无辞为之。”于是舍之上舍，令长子御〔8〕，旦暮进食。

【注释】

〔1〕齐貌辨：齐人，靖郭君门客。　〔2〕疵：毛病，过失。〔3〕士尉：齐人，靖郭君门客。　〔4〕证：谏。　〔5〕孟尝君：靖郭君之子田文，封号孟尝君。　〔6〕刬（chàn）而类：刬，灭。而，你。类，种类。　〔7〕慊（qiè）：满足，惬意。　〔8〕御：侍。

【译文】

靖郭君田婴对门客齐貌辨很好。齐貌辨的为人有很多毛病，门客们都不喜欢他。门客士尉为此劝谏靖郭君把齐貌辨赶走，靖郭君不听，于是士尉告辞而去。孟尝君田文又私下以此劝谏，靖郭君大怒说："就是杀了你们这些东西，灭了我的家族，如果能使齐貌辨满足，我也不会拒绝这么做。"于是让齐貌辨住进上等客舍，并派长子去服侍他，早晚进献美食。

数年，威王[1]薨，宣王[2]立。靖郭君之交，大不善于宣王，辞而之薛，与齐貌辨俱留。无几何，齐貌辨辞而行，请见宣王。靖郭君曰："王之不说婴甚，公往必得死焉。"齐貌辨曰："固不求生也，请必行。"靖郭君不能止。

【注释】

〔1〕威王：名田婴齐，公元前356—前320年在位。 〔2〕宣王：威王之子，名田辟疆，公元前319—前301年在位。

【译文】

过了几年，威王去世，宣王继位。靖郭君与宣王的关系很不好，于是靖郭君就辞去官职回到封地薛邑，和齐貌辨一起留在那里。过了不久，齐貌辨向靖郭君辞行，请求去见宣王。靖郭君说："大王很不喜欢我，您去了肯定会被处死。"齐貌辨说："我本来就没想活，一定要去。"靖郭君不能阻止他。

齐貌辨行至齐，宣王闻之，藏[1]怒以待之。齐貌辨见宣王，王曰："子，靖郭君之所听爱夫！"齐貌辨曰："爱则有之，听则无有。王之方为太子之时，辨谓靖郭君曰：‘太子相不仁，过颐豕视[2]，若是者信[3]反。不若废太子，更立卫姬[4]婴儿郊师[5]。’靖郭君泣而曰：‘不可，吾不忍也。’若听辨而为之，必无今日之患也。此为一。至于薛，昭阳[6]请以数倍之地易薛。辨又曰：‘必听之。’靖郭君曰：‘受薛于先王[7]，虽恶于后王[8]，吾独谓先王何乎！且先王之庙在薛，吾岂可以先王之庙与楚乎！’又不肯听辨。此为二。”宣王大息，动于颜色曰：“靖郭君之于寡人一至此乎！寡人少，殊不知此。客肯为寡人来靖郭君乎？”齐貌辨对曰：“敬诺。”

【注释】

〔1〕藏：怀。　〔2〕过颐豕视：过颐，面腮肥大，即所谓耳后见腮。豕视，像猪一样下斜偷视。　〔3〕信：“倍”字之讹，通“背”。〔4〕卫姬：齐威王姬妾，卫女。　〔5〕郊师：威王与卫姬之子。〔6〕昭阳：楚将。　〔7〕先王：指威王。　〔8〕后王：指宣王。

【译文】

齐貌辨到了齐都，宣王听说他来，心怀怒气等着他。齐貌辨拜见宣王，宣王说：“你，不就是那个靖郭君所言听计从，非常喜爱的人吗！”齐貌辨说：“说靖郭君喜爱我是确有其事，但说对我言听计从则并非如此。在大王刚被立为太子的时候，我曾对靖郭君说：‘太子的相貌不仁爱，耳后见腮，像猪一样下斜偷视，像这样的人会违背正道。不如废掉太子，改立卫姬的幼子郊师为太子。’而靖郭君流着泪说：‘不可，我不忍心这样做。’假如当初靖郭君听我的，就一定不会有今天的祸患了。

这是其一。靖郭君回到薛邑之后，楚将昭阳请求用数倍的土地来交换薛邑。我又说：‘一定答应他。’而靖郭君说：‘我从先王那里接受了薛邑，尽管我被当今的齐王所厌恶，但我这样做，将怎么向先王交代呢！何况先王的宗庙就在薛邑，我怎么能把先王的宗庙给楚国呢！’他又不肯听我的。这是其二。”宣王听了，长叹一声，为之动容，说：“靖郭君对我竟好到这种地步啊！我年轻，对此很不了解。你能为我把靖郭君请回来吗?”齐貌辨回答说：“遵命。”

靖郭君衣威王之衣，冠舞[1]其剑。宣王自迎靖郭君于郊，望之而泣。靖郭君至，因请相之。靖郭君辞，不得已而受。七日，谢病强辞。靖郭君辞不得，三日而听。

【注释】

〔1〕舞：当作“带”，佩带。

【译文】

靖郭君身穿威王赐给的衣服，戴着威王赐给的帽子，身佩威王赐给的宝剑，前往齐都。宣王亲自到郊外迎接他，望见他就流出了眼泪。靖郭君到了之后，宣王就请他担任齐相。靖郭君推辞不受，不得已才接受下来。过了七天，又称病坚决辞职。开始靖郭君辞职没得到批准，三天后宣王才答应了他的要求。

当是时，靖郭君可谓能自知人矣！能自知人，故人非之不为沮[1]。此齐貌辨之所以外生[2]乐患趣[3]难者也。

【注释】

〔1〕沮：止。　〔2〕外生：以生为外物，不惜生命。　〔3〕趣：奔赴。

【译文】

在那时，靖郭君可以称得上有主见而识人啊！有主见而识人，所以有人非议某人，他不停止与某人的交往。这也正是齐貌辨所以把生死置之度外，乐于为他解除忧患奔赴祸难的原因。

成侯邹忌为齐相

成侯邹忌〔1〕为齐相，田忌〔2〕为将，不相说。公孙闬〔3〕谓邹忌曰："公何不为王〔4〕谋伐魏？胜，则是君之谋也，君可以有功；战不胜，田忌不进，战而不死，曲挠〔5〕而诛。"邹忌以为然，乃说王而使田忌伐魏。

【注释】

〔1〕邹忌：齐相国，封于下邳（今江苏邳州市西南），称成侯。〔2〕田忌：齐将，又称田期、田臣思、陈臣思。　〔3〕公孙闬（hàn）：齐臣。　〔4〕王：齐威王。　〔5〕曲挠：不敢前进而战败。

【译文】

成侯邹忌担任齐相，田忌担任齐将，两人不和。公孙闬对邹忌说："您为什么不为齐王谋划攻打魏国？如果获胜，就是您谋划的结果，您可以有功；如果战败，就是田忌不敢进攻，只要他没战死，就会因不敢勇往直前而打了败仗被诛杀。”邹忌认为说得对，于是劝说齐王派田忌伐魏。

田忌三战三胜，邹忌以告公孙闬。公孙闬乃使人操十金而往卜[1]于市，曰：“我田忌之人也，吾三战而三胜，声威天下，欲为大事[2]，亦吉否?”卜者出，因令人捕为人卜者，亦验其辞于王前。田忌遂走。

【注释】

〔1〕卜：占卜。　〔2〕大事：指叛齐称王。

【译文】

田忌三战三胜，邹忌把此事告诉公孙闬。于是公孙闬指使一人拿着十斤黄金，到街市去占卜，对占卜的人说：“我是田忌的人，我家主人三战三胜，声势震动天下，想叛齐称王，这事吉凶如何?”去占卜的人出来，公孙闬接着命人逮捕了占卜的人，又用他的话，在齐王面前做田忌想造反的证据。田忌于是逃走。

邹忌修八尺有余

邹忌修八尺有余，身体昳丽[1]。朝服衣冠窥镜，谓其妻曰：“我孰与城北徐公美?”其妻曰：“君美甚，徐公何能及公也!”城北徐公，齐国之美丽者也。忌不自信，而复问其妾曰："吾孰与徐公美?"妾曰："徐公何能及君也!"旦日，客从外来，与坐谈，问之客曰："吾与徐公孰美?"客曰："徐公不若君之美也。"

【注释】

〔1〕昳丽：容貌漂亮。

【译文】

邹忌身长八尺有余，形貌漂亮。一天早晨，他穿戴好衣帽，照着镜子，问他的妻子说："我与城北的徐公相比，谁更漂亮?"妻子说："您漂亮极了，徐公怎么能比得上您呢!"城北的徐公，是齐国有名的美男子。所以邹忌不自信，又问他的妾说："我与徐公相比，谁更漂亮?"妾说："徐公怎么能比得上您呢!"第二天，有位客人到来，邹忌与他坐着谈话，又问客人说："我与徐公相比，谁更漂亮?"客人说："徐公不如您漂亮。"

明日，徐公来，孰[1]视之，自以为不如；窥镜而自视，又弗如远甚。暮，寝而思之曰："吾妻之美我者，私我也；妾之美我者，畏我也；客之美我者，欲有求于我也。"

【注释】

〔1〕孰：通"熟"，仔细。

【译文】

第二天，徐公来了，邹忌仔细察看，自认为不如徐公漂亮；对着镜子自看，又觉得与徐公相差很远。晚上，邹忌躺在床上思考此事，说："我的妻子说我美，是因为偏爱我；我的妾说我美，是因为害怕我；客人说我美，是因为有求于我啊。"

于是入朝见威王曰："臣诚知不如徐公美，臣之妻私臣，臣之妾畏臣，臣之客欲有求于臣，皆以美于徐公。今齐地方千里，百二十城，宫妇左右，莫不私王；朝廷之臣，莫不畏王；四境之内，莫不有求于王。由此观之，王之蔽[1]甚矣！"王曰："善。"乃下令："群臣吏民，能面刺[2]寡人之过者，受上赏；上书谏寡人者，受中赏；能谤议于市朝，闻寡人之耳者，受下赏。"

【注释】

〔1〕蔽：蒙蔽。　〔2〕刺：指责。

【译文】

于是邹忌入朝拜见齐威王，说："我确实知道自己不如徐公漂亮，我的妻子偏爱我，我的妾害怕我，我的客人有求于我，他们都说我比徐公漂亮。如今齐国土地方圆千里，有一百二十座城，您的后妃近侍，没有不偏爱您的；朝廷大臣，没有不害怕您的；国内之人，没有不有求于您的。由此看来，您被蒙蔽得太严重了！"威王说："好。"于是颁布命令："凡群臣百姓，能当面指责我的过失的，受上等奖赏；上书劝谏我的，受中等奖赏；能在公共场合指责议论我，传到我耳朵中的，受下等奖赏。

令初下，群臣进谏，门庭若市。数月之后，时时而间进。期年之后，虽欲言，无可进者。燕、赵、韩、魏闻之，皆朝于齐。此所谓战胜于朝廷。

【译文】

命令刚刚颁布，群臣纷纷进谏，使朝堂如同闹市。几个月后，时而有人找机会进谏。一年之后，即使有人想进谏，也没什么可说的了。燕、赵、韩、魏几国听说此事，都到齐国朝见。这就是所说的不出朝廷就战胜他人。

秦假道韩魏以攻齐

秦假道韩、魏以攻齐，齐威王使章子〔1〕将而应之。与秦交和而舍〔2〕，使者数相往来。章子为变其徽章〔3〕，以杂秦军。候者言章子以齐入秦，威王不应。顷之间，候者复言章子以齐兵降秦，威王不应。而此者三。有司请曰："言章子之败者，异人而同辞，王何不发将而击之?"王曰："此不叛寡人明矣，曷为击之!"

【注释】

〔1〕章子：齐将，名匡章，又称匡子。　〔2〕交和而舍：营门相对而驻扎。和，军门；舍，驻扎。　〔3〕徽章：旗帜与军服标识。

【译文】

秦国向韩、魏借道来攻打齐国，齐威王派章子率兵应战。

与秦军营门相对驻扎，双方使者多次往来。章子把齐军的徽章换成秦军的徽章，混杂在秦军中。侦察人员报告说章子率齐军投降了秦军，齐威王没有反应。不一会儿，侦察人员又说章子率齐军投降了秦军，威王仍无反应。如此再三。有关官员请示说："说章子失败投降的，众口同词，您为何不遣将攻打他？"威王说："很明显他不会背叛，为何要攻打他呢？"

顷间，言齐兵大胜，秦军大败，于是秦王拜西藩之臣而谢于齐。左右曰："何以知之？"曰："章子之母启得罪其父，其父杀之而埋马栈之下。吾使（者）[1]章子将也，勉之曰：'夫子之强，全兵而还，必更葬将军之母。'对曰：'臣非不能更葬先妾[2]也。臣之母启[3]得罪臣之父。臣之父未教而死。夫不得父之教而更葬母，是欺死父也。故不敢。'夫为人子而不欺死父，岂为人臣欺生君哉？"

【注释】

〔1〕者：衍文。　〔2〕先妾：自称已故的母亲。　〔3〕启：章子母名。

【译文】

不久，报来齐军大胜，秦军大败的消息，于是秦王自称西方的属国之臣，向齐国请罪。身边的人问威王说："您凭什么知道章子不会背叛？"威王说："章子的母亲启因为得罪了他的父亲，被他父亲杀死埋在马棚之下。我任命章子率兵时，勉励他说：'以你的勇猛，凯旋之时，我一定重新安葬你的母亲。'他回答说：'我不是不能重新安葬母亲。我的母亲得罪了我的父亲。父亲没有给我什么教导就去世了。没有父亲的教令而重新安葬母亲，是欺骗死去的父亲。所以不敢这么做。’作为儿子不欺骗死去的父亲，难道作为臣下会欺骗活着的国君吗？”

苏秦为赵合从说齐宣王

苏秦为赵合从，说齐宣王曰：“齐南有太山，东有琅邪[1]，西有清河[2]，北有渤海，此所谓四塞之国也。齐地方二千里，带甲数十万，粟如丘山。齐车之良，五家之兵[3]，疾如锥矢，战如雷电，解如风雨，即有军役，未尝倍太山、绝清河、涉渤海也。临淄[4]之中七万户，臣窃度之，下户三男子，三七二十一万，不待发于远县，而临淄之卒，固以二十一万矣。临淄甚富而实，其民无不吹竽、鼓瑟、击筑[5]、弹琴、斗鸡、走犬、六博[6]、蹹踘[7]者；临淄之途，车轚[8]击，人肩摩，连衽[9]成帷，举袂[10]成幕，挥汗成雨；家敦而富，志高而扬。夫以大王之贤与齐之强，天下不能当。今乃西面事秦，窃为大王羞之。

【注释】

〔1〕琅邪：山名，在今山东胶南境内。　〔2〕清河：古河名，时介于齐、赵两国间。　〔3〕五家之兵：又称“五都之兵”，战国时齐置五都，类似于郡。　〔4〕临淄：齐都，在今山东淄博临淄。　〔5〕筑：古代乐器，形似筝。　〔6〕六博：古代博戏之一，两人相博，每人六棋，故名。　〔7〕蹹踘：亦称蹴鞠，古代踢球游戏。蹹，同

“蹋”，蹴，踢。〔8〕轚：“毂”字异体。〔9〕衽：衣襟。〔10〕袂（mèi）：衣袖。

【译文】

苏秦为赵国组织合纵联盟，游说齐宣王说：“齐国南有泰山，东有琅邪山，西有清河，北有渤海，这就是所说的四面险阻的牢固之国。齐国方圆两千里，兵士数十万，粮食堆积如山。齐国兵车精良，五都的军队，行动迅猛，如同锥箭入物，作战声威，如同雷电，解散迅速，如同风雨，假如有战事发生，征发兵役，也不曾征到泰山之下，清河之畔，渤海之滨。国都临淄有七万民户，我私下估计，一般每户有三名男子，三七就是二十一万，不需在远县征调，临淄的兵力本来就二十一万了。临淄富有充实，这里的百姓没有不吹竽、鼓瑟、击筑、弹琴、斗鸡、走犬、六博、踏蹴的；临淄的道路上，车轮相撞，人肩相碰，人们连起衣襟就能成为帷幔，举起衣袖就能成为幕帐，挥一下汗水就如同下雨；家家殷实富足，人人志向高远。以大王您的贤能和齐国的强盛，天下无人可敌。而如今竟向西服从秦国，我私下为您感到羞耻。

“且夫韩、魏之所以畏秦者，以与秦接界也。兵出而相当，不至十日，而战胜存亡之机决矣。韩、魏战而胜秦，则兵半折，四境不守；战而不胜，以亡随其后。是故韩、魏之所以重与秦战而轻为之臣也。

【译文】

况且韩、魏之所以害怕秦国，是因为与秦国接壤。双方出兵相攻，不到十天，胜败存亡就决定了。如果韩、魏战胜秦国，兵力就会损失一半，边境将不能守卫；如果不能战胜秦国，灭亡就随之而来了。所以韩、魏不敢轻易与秦国开战，而轻易地臣服于秦国。

“今秦攻齐则不然，倍韩、魏之地，至（闱）【卫】阳晋〔1〕之道，径亢父〔2〕之险，车不得方轨〔3〕，马不得并行，百人守险，千人不能过也。秦虽欲深入则狼顾〔4〕，恐韩、魏之议其后也。是故恫疑虚猲〔5〕，高跃而不敢进，则秦不能害齐，亦已明矣。夫不深料秦之不奈我何也，而欲西面事秦，是群臣之计过也。今无臣事秦之名，而有强国之实，臣固愿大王少留计。”

【注释】

〔1〕（闱）【卫】阳晋：“闱”应为“卫”。阳晋，卫地，在今山东鄄城西。　〔2〕亢父：齐邑，在今山东济宁南。　〔3〕方轨：两车并行。　〔4〕狼顾：狼怕有追其后者，且行且顾。此喻心中不安。〔5〕猲：同“喝”，恐吓。

【译文】

如今秦国攻打齐国则不是这样，它背后有韩、魏，还要穿过卫国的阳晋之路，经过亢父的险要，那里两车不能并进，两马不能并行，百人守卫险要，千人也不能通过。秦兵即使想深入齐地，也会心中不安，害怕韩、魏在背后袭击。所以虚声恐吓，虚张声势而不敢前进。那么秦国不能危害齐国，也就很明显了。不认真考虑秦国不能把我怎么样，而就要向西服从秦国，这是群臣的策谋失误。现在没有臣事秦国的名声，而有强国的实利，我希望大王您稍加考虑。

齐王曰："寡人不敏，今主君以赵王之教诏之，敬奉社稷以从。"

【译文】

齐宣王说："寡人不明，今天您把赵王的教导告诉我，我敬以国家听从。"

卷九　齐　二

昭阳为楚伐魏

昭阳[1]为楚伐魏，覆军杀将得八城，移兵而攻齐。陈轸[2]为齐王使，见昭阳，再拜贺战胜，起而问："楚之法，覆军杀将，其官爵何也？"昭阳曰："官为上柱国[3]，爵为上执珪[4]。"陈轸曰："异贵于此者何也？"曰："唯令尹[5]耳。"陈轸曰："令尹贵矣！王非置两令尹也。臣窃为公譬可也。楚有祠者，赐其舍人[6]卮[7]酒。舍人相谓曰：'数人饮之不足，一人饮之有余。请画地为蛇，先成者饮酒。'一人蛇先成，引酒且饮之，乃左手持卮，右手画蛇，曰：'吾能为之足。'未成，一人之蛇成，夺其卮曰：'蛇固无足，子安能为之足？'遂饮其酒。为蛇足者，终亡其酒。今君相楚而攻魏，破军杀将得八城，不弱兵，欲攻齐。齐畏公甚，公以是为名（居）[8]足矣，官之上非可重也。战无不胜而不知止者，身且死，爵且后归，犹为蛇足也。"昭阳以为然，解军而去。

【注释】

〔1〕昭阳：楚怀王将。 〔2〕陈轸：时为秦使至齐。 〔3〕上柱国：官名，为战国时楚国最高武官。 〔4〕上执圭：爵名，为战国时楚国最高爵位。 〔5〕令尹：官名，为春秋、战国时楚国最高官职，地位相当于别国的相。 〔6〕舍人：亲近的侍从宾客。 〔7〕卮(zhī)：盛酒器，类似酒杯。 〔8〕居：衍文。

【译文】

昭阳为楚国攻打魏国，大败魏军，斩杀魏将，夺取八城，又转兵攻打齐国。陈轸为齐王出使，去见昭阳。他向昭阳行再拜之礼祝贺得胜，起身说："按照楚国的法律，战败敌军、斩杀敌将的，将得到什么官爵？"昭阳说："官职是上柱国，爵位是上执圭。"陈轸说："比这更尊贵的官爵是什么？"昭阳说："只有令尹了。"陈轸说："令尹最尊贵了！但楚王不会设置两个令尹。我请给你打个比方。楚国有一个举行祭祀的人，祭祀完了，赏赐给他的亲近侍从一杯酒。侍从们一起商量说：'这些酒几个人喝不够，一个人喝有余。让我们在地上画蛇，先画完的喝这杯酒。'有个人蛇先画完，拿过酒杯将要喝，就左手拿杯，右手画蛇，嘴里说：'我还能给蛇添上脚呢。'还没画完脚，另外一人画完了蛇，就夺过他的酒杯说：'蛇本来就没有脚，你怎么能给它画脚呢？'就把酒喝了。那个给蛇添脚的人，结果失去了已经得到的酒。如今您辅佐楚国攻打魏国，破军杀将，夺取八城，兵势没有减弱，又准备攻打齐国。齐国非常畏惧您，您以此建立的名声已经够大了，您的官职已无可复加了。战无不胜却不知适可而止的人，将会遭杀身之祸，死后爵位也将归还国家，这就如同画蛇添足一样呀。"昭阳认为他说得对，就撤兵回国。

秦攻赵长平

秦攻赵长平[1]，齐、楚救之。秦计曰："齐、楚救赵，亲，则将退兵；不亲，则且遂攻之。"

【注释】

〔1〕长平：赵城，在今山西高平西北。

【译文】

秦国攻打赵国的长平，齐、楚救援赵国。秦国谋划说："齐、楚救援赵国，如果他们与赵国的关系亲近，积极救援，我们就退兵；如果不亲近，我们就继续攻打。"

赵无以食，请粟于齐，而齐不听。苏秦谓齐王[1]曰："不如听之以却秦兵，不听则秦兵不却，是秦之计中，而齐、燕[2]之计过矣。且赵之于燕、齐，隐蔽[3]也，【犹】[4]齿之有唇也，唇亡则齿寒。今日亡赵，则明日及齐、楚矣。且夫救赵之务，宜若奉漏瓮，沃焦釜[5]。夫救赵，高义也；却秦兵，显名也。义救亡赵，威却强秦兵，不务为此，而务爱粟，则为国计者过矣。"

【注释】

〔1〕齐王：齐闵王。　〔2〕齐、燕：当为"齐、楚"。下同。

〔3〕隐蔽：屏障，屏蔽。 〔4〕犹：字原脱。 〔5〕沃焦釜：浇烧焦的锅。

【译文】

赵国缺乏粮食，请求齐国援助粮食，但齐国不答应。苏秦对齐王说："不如答应他以使秦国退兵，不答应他秦国就不会退兵，这样就是秦国的谋划得当，齐、楚的谋划失误了。况且赵国对于齐、楚来说，起到屏障作用，就像牙齿有了嘴唇一样，失去了嘴唇，牙齿就会感到寒冷。今天秦国灭了赵国，明天就要轮到齐、楚。而且救援赵国的事情，应当像捧着漏瓮去浇烧焦的锅一样急切。救援赵国，是高尚的道义；使秦兵退走，是显赫的名声。以道义救援将要灭亡的赵国，以威力使强大的秦兵退走，不致力于此却舍不得粮食，这是为国家谋划之人的失误。"

卷十　齐　三

孟尝君将入秦

孟尝君将入秦，止者千数而弗听。苏秦欲止之，孟尝曰："人事者，吾已尽知之矣；吾所未闻者，独鬼事耳。"苏秦曰："臣之来也，固不敢言人事也，固且以鬼事见君。"

【译文】

孟尝君将要到秦国去，劝阻他的有上千人，而他不听。苏秦想劝阻他，孟尝君说："关于人的事，我已经都知道了；我所不知道的，只有关于鬼的事了。"苏秦说："我来这里，本来就不敢说关于人的事，本来就是为了说鬼的事见您。"

孟尝君见之。谓孟尝君曰："今者臣来，过于淄〔1〕上，有土偶人〔2〕与桃梗〔3〕相与语。桃梗谓土偶人曰：'子，西岸之土也，挺〔4〕子以为人，至岁八月，降雨下，淄水至，则汝残矣。'土偶曰：'不然。吾西岸之土也，土则复西岸耳。

今子，东国之桃梗也，刻削子以为人，降雨下，淄水至，流子而去，则子漂漂者将何如耳。’今秦四塞之国，譬若虎口，而君入之，则臣不知君所出矣。”孟尝君乃止。

【注释】

〔1〕淄：河名，在今山东淄博境内。 〔2〕土偶人：用泥土所捏的人。 〔3〕桃梗：用桃树枝刻成的人，古时用来驱鬼避邪。〔4〕挺：揉捏。

【译文】

孟尝君接见苏秦。苏秦对孟尝君说：“今天我来的时候，路过淄河之旁，见到一个土偶和一个桃木人在说话。桃木人说：‘你原是淄河西岸的泥土，被揉捏成人形，到了八月，大雨降下，淄河之水流来，你就被冲坏了。’土偶说：‘不对。我本来就是淄河西岸的泥土所捏，被冲成泥土，还在西岸。而你原是齐国的桃树枝，被刻成人形，大雨降下，淄水流来，就会把你冲走，那么你漂漂荡荡的将要到什么地方？’如今秦国是四面险塞之国，如同虎口，您进入秦国，我不知道您将怎么出来。”孟尝君才不再前去。

孟尝君舍人有与君之夫人相爱者

孟尝君舍人有与君之夫人相爱者。或以问孟尝君曰：“为君舍人而内与夫人相爱，亦甚不义矣。君其杀之。”君曰：“睹貌而相悦者，人之情也，其错〔1〕之勿言也。”

【注释】

〔1〕错：通“措”，放置、搁置。

【译文】

孟尝君的亲近侍从中，有个人和孟尝君的夫人私通。有人把这事告诉孟尝君，还说：“做您的侍从，却在房内和您的夫人私通，这也太不讲道义了。您要杀了他。”孟尝君说：“看到相貌而互相喜欢，这是人之常情，请把这事放置一边，不要再提了。”

居期年，君召爱夫人者而谓之曰：“子与文〔1〕游〔2〕久矣，大官未可得，小官公又弗欲。卫君与文布衣交〔3〕，请具车马皮币〔4〕，愿君以此从卫君游。”于卫甚重。

【注释】

〔1〕文：孟尝君名。　〔2〕游：交往。　〔3〕布衣交：未尊贵时就就有交往。此指老交情。　〔4〕皮币：毛皮和布帛，古时用作礼品。

【译文】

一年之后，孟尝君召见和他夫人私通的人，对他说：“你跟随我很久了，大的官职没有得到，小的官职你又不想做。卫国国君和我是老交情，我愿为你准备车马礼品，希望你从此跟随卫君。”此人到了卫国后，很受卫君的重视。

齐、卫之交恶，卫君甚欲约天下之兵以攻齐。是人谓卫君曰：“孟尝君不知臣不肖，以臣欺君。且臣闻齐、卫先君，刑马压羊[1]，盟曰：‘齐、卫后世无相攻伐，有相攻伐者，令其命如此。’今君约天下之兵以攻齐，是足下倍先君盟约而欺孟尝君也。愿君勿以齐为心。君听臣则可，不听臣，若臣不肖也，臣辄以颈血湔[2]足下衿。”卫君乃止。

【注释】

〔1〕刑马压羊：杀马杀羊。　〔2〕湔（jiàn）：通“溅”，迸溅。

【译文】

齐、卫两国之间的关系恶化，卫君很想约集各国军队攻打齐国。这个人对卫君说：“孟尝君不知道我不贤，把我推荐给您。而且我听说齐、卫两国的前代国君，曾杀马杀羊举行盟誓，盟约说：‘齐、卫两国的后世子孙不相互攻伐，有攻伐对方的，就让他的命如同此马、羊。’如今您约集各国军队攻打齐国，这是您违背了先君的盟约而欺骗了孟尝君。希望您不要再想着伐齐。您听从我的劝告便罢了，如不听从，就是认为我不贤，我就用剑自刎，把脖颈之血迸溅在您的衣襟上。”卫君于是停止了行动。

齐人闻之，曰：“孟尝君可语善为事矣，转祸为功。”

【译文】

齐国人得知此事，说：“孟尝君可以说是善于办事了，能把祸难转变成功劳。”

孟尝君有舍人而弗悦

孟尝君有舍人而弗悦，欲逐之。鲁连[1]谓孟尝君曰："猿猕猴错木据水[2]，则不若鱼鳖；历险乘危，则骐骥不如狐狸。曹沫[3]之奋三尺之剑，一军不能当；使曹沫释其三尺之剑，而操铫鎒与农夫居垅亩之中，则不若农夫。故物舍其所长，之其所短，尧亦有所不及矣。今使人而不能，则谓之不肖；教人而不能，则谓之拙。拙则罢之，不肖则弃之，使人有弃逐，不相与处，而来害相报者，岂非世之立教首[4]也哉!"孟尝君曰："善。"乃弗逐。

【注释】

〔1〕鲁连：即鲁仲连，齐国策士，一生不仕，以好为人排难解患著称。　〔2〕错木据水：离开树木而处在水里。错，置，指舍置，离开。据，处。　〔3〕曹沫：又称曹刿。春秋时鲁国大夫，曾在鲁庄公与齐桓公盟会之时，以剑劫持齐桓公，逼其退还所侵占的鲁国土地。〔4〕教首：教训的先例。

【译文】

孟尝君不喜欢身边的一个侍从，想把他赶走。鲁连对孟尝君说："猴子离开树木到了水里，就不如鱼鳖；经历险地爬上高处，千里马就不如狐狸。曹沫举起三尺之剑，一支军队也不能抵挡；假如曹沫丢掉他的三尺长剑，而拿着铁锹锄头与农夫处在田地之中，就不如农夫。所以如果让人舍弃他所擅长的，来做他不擅长的事，即使是尧这样的圣人也会有做不到的事。现在让人做事而他做不了，就认为他没有才能；教人做事而他学不会，就认为他笨。认为笨的就不用他，认为没有才能的就抛弃他，假如有人因为被抛弃赶走，别人不屑和他相处，他就可能用伤害来报复你，这难道不是在世上做了让后人引以为戒的事吗！”孟尝君说：“好。”就不再赶走那个侍从了。

淳于髡一日而见七人于宣王

淳于髡〔1〕一日而见〔2〕七人于宣王。王曰：“子来，寡人闻之，千里而一士，是比肩而立；百世而一圣，若随踵而至也。今子一朝而见七士，则士不亦众乎？”淳于髡曰：“不然。夫鸟同翼者而聚居，兽同足者而俱行。今求柴葫、桔梗〔3〕于沮泽〔4〕，则累世不得一焉。及之睾黍、梁父〔5〕之阴，则郄车而载〔6〕耳。夫物各有畴〔7〕，今髡贤者之畴也。王求士于髡，譬若挹水于河而取火于燧〔8〕也。髡将复见之，岂特七士也？”

【注释】

〔1〕淳于髡：齐人，赘婿出身，任齐大夫，以滑稽善辩著称。〔2〕见：使之见，此指推荐。〔3〕柴葫、桔梗：皆中药材名。〔4〕沮泽：水草所聚的低湿之地。〔5〕睾黍、梁父：皆山名。睾黍未详何处；梁父在今山东泰安东南。〔6〕郄（xì）车而载：多得尽车装载。郄，同“郤”，空。〔7〕畴：同类。〔8〕燧：古代取火

的器具。

【译文】

淳于髡一天向齐宣王推荐了七个人。齐宣王说：“你过来，我听说，千里范围之内有一位士，士多得就如同肩并肩站着了；百代出一位圣人，圣人多得就如同一位接着一位而来了。今天你一个早上就推荐了七士，那士不是也太多了吗?”淳于髡说：“不是这样。翅膀相同的鸟聚集在一起，四足一样的兽行走在一起。如果在低湿之地采摘柴葫、桔梗，就几辈子也得不到一棵。如果到了睾黍、梁父的北面去采，就多得尽车装载。万物各有他的同类，如今我就是贤士的同类。您通过我寻求贤士，就好像从河里舀水、燧中取火一样。我将再向您推荐，怎么能只有七位士呢?”

齐欲伐魏

齐欲伐魏。淳于髡谓齐王〔1〕曰：“韩子卢〔2〕者，天下之疾犬也。东郭逡〔3〕者，海内之狡兔也。韩子卢逐东郭逡，环山者三，腾山者五，兔极于前，犬废于后，犬兔俱罢，各死其处。田父见之，无劳倦之苦，而擅其功。今齐、魏久相持，以顿其兵，弊其众，臣恐强秦大楚承其后，有田父之功。”齐王惧，谢将休士也。

【注释】

〔1〕齐王：齐威王。　〔2〕韩子卢：韩国所产的名犬，名卢，又

称韩卢。〔3〕东郭逡：狡兔名。

【译文】

齐国想攻打魏国。淳于髡对齐王说："韩子卢，是天下速度最快的狗，东郭逡，是天下行动最敏捷的兔子。韩子卢逐东郭逡，绕山转了三圈，翻山跑了五次，兔子在前边力气用尽，狗在后边疲惫至极，狗兔都停了下来，死在地上。农夫见到了，没有劳累之苦，就有独获狗兔之功。如今齐、魏两国长期相持，使军士疲惫，百姓劳敝，我担心强大的秦国、楚国乘机在我们后边，得到农夫那样的功劳。"齐王感到害怕，便辞将休兵。

卷十一　齐　四

齐人有冯谖者

齐人有冯谖[1]者，贫乏不能自存，使人属[2]孟尝君，愿寄食门下。孟尝君曰："客何好？"曰："客无好也。"曰："客何能？"曰："客无能也。"孟尝君笑而受之，曰："诺。"左右以君贱之也，食以草具[3]。

【注释】

〔1〕冯谖（xuān）：又作"冯煖"或"冯驩"。　〔2〕属（zhǔ）：同"嘱"，嘱托。　〔3〕草具：粗劣的饮食。

【译文】

齐国有个名叫冯谖的人，家中贫困不能养活自己，请人把自己托付给孟尝君，希望能在孟尝君门下做一名食客。孟尝君问冯谖："你有什么爱好？"冯谖回答说："我没什么爱好。"孟尝君又问："你有什么才能？"冯谖又回答说："我没什么才能。"孟尝君笑着接纳了他，说："好吧。"孟尝君身边的人认为孟尝君看不起冯谖，就拿粗劣的饮食给他吃。

居有顷，倚柱弹其剑，歌曰："长铗[1]归来乎！食无鱼。"左右以告。孟尝君曰："食之，比门下之客。"居有顷，复弹其铗，歌曰："长铗归来乎！出无车。"左右皆笑之，以告。孟尝君曰："为之驾，比门下之车客。"于是，乘其车，揭[2]其剑，过其友曰："孟尝君客我。"后有顷，复弹其剑铗，歌曰："长铗归来乎！无以为家。"左右皆恶之，以为贪而不知足。孟尝君问："冯公有亲乎？"对曰："有老母。"孟尝君使人给其食用，无使乏。于是冯谖不复歌。

【注释】

〔1〕铗（jiá）：剑把，此指剑。　〔2〕揭：高举。

【译文】

过了不久，冯谖靠在柱子上，弹着剑唱道："长剑啊，我们回去吧！吃饭没有鱼。"身边的人把此事告诉了孟尝君。孟尝君说："给他鱼吃，比照一般的门客对待他。"又过了不久，冯谖又弹着长剑唱道："长剑啊，我们回去吧！出门没有车乘。"身边的人都笑他，并告诉了孟尝君。孟尝君说："给他准备车马，比照门下的有车之客对待他。于是，冯谖乘着马车，高举长剑，去拜访朋友，说："孟尝君把我当客人对待。"又过了不久，冯谖又弹剑唱道："长剑啊，我们回去吧！无法养家。"身边的人都讨厌他，认为他贪得无厌。孟尝君问冯谖说："冯先生有什么亲人吗？"冯谖回答说："还有老母。"孟尝君便派人供给她食物用品，不使缺乏。于是冯谖不再歌唱了。

后孟尝君出记[1]，问门下诸客："谁习计会[2]，能为文收责[3]于薛者乎？"冯谖署[4]曰："能。"孟尝君怪之，曰："此谁也？"左右曰："乃歌夫长铗归来者也。"孟尝君笑曰："客果有能也，吾负之，未尝见也。"请而见之，谢曰："文倦于事，愦于忧[5]，而性懧[6]愚，沉于国家之事，开罪于先生。先生不羞，乃有意欲为收责于薛乎？"冯谖曰："愿之。"于是约车治装，载券契[7]而行。辞曰："责毕收，以何市[8]而反？"孟尝君曰："视吾家所寡有者。"

【注释】

〔1〕记：文告。 〔2〕计会（kuài）：即会计。 〔3〕责(zhài)：同"债"。 〔4〕署：署名、签名。 〔5〕愦于忧：因忧虑而心乱。愦，心乱。 〔6〕懧(nuò)：同"懦"，懦弱。 〔7〕券契：竹木制作的债务凭证，由借贷双方各执一半，以便收债时合验。 〔8〕市：买。

【译文】

后来孟尝君发出文告，询问各位门客："谁熟悉会计事务，能替我到薛邑收债？"冯谖签名说："能。"孟尝君感到奇怪，问道："这个人是谁？"身边的人说："就是那个唱'长铗归来'的。"孟尝君笑着说："这位门客果然有才能，我对不起他，还不曾接见过他。"便把冯谖请来与他相见，道歉说："我被一些琐事搞得很疲倦，忧虑得心烦意乱，而我又生性懦弱愚笨，身陷繁忙的国事之中，因此得罪了先生。先生不以此为羞辱，还愿意到薛邑替我收债吗？"冯谖说："愿意。"于是准备车马，收拾行装，带着券契前去。辞行时问道："收完了债，用这些钱买些什么回来？"孟尝君说："看着我家所缺少的东西买吧。"

驱而之薛，使吏召诸民当偿者，悉来合券。券遍合，起矫命[1]以责赐诸民，因烧其券，民称万岁。

【注释】

〔1〕矫命：假托命令。

【译文】

冯谖驱车到了薛邑，让官吏召集应当还债的百姓，都来核对券契。券契核对完毕，冯谖站起身，假托孟尝君的命令把债款赐给百姓，并烧掉了债务券契，百姓们都欢呼万岁。

长驱到齐，晨而求见。孟尝君怪其疾也，衣冠而见之，曰："责毕收乎？来何疾也！"曰："收毕矣。""以何市而反？"冯谖曰："君云'视吾家所寡有者'。臣窃计，君宫中积珍宝，狗马实外厩，美人充下陈[1]。君家所寡有者以义耳！窃以为君市义。"孟尝君曰："市义奈何？"曰："今君有区区之薛，不拊爱子其民，因而贾利之。臣窃矫君命，以责赐诸民，因烧其券，民称万岁。乃臣所以为君市义也。"孟尝君不说，曰："诺，先生休矣！"

【注释】

〔1〕下陈：堂下姬妾侍女所站之处。

【译文】

冯谖一路未停赶回齐都，清晨就求见孟尝君。孟尝君对他回来得这么快感到奇怪，穿戴好衣帽来接见他，问道："债都收完了吗？为什么回来得这么快？”冯谖回答说：“都收完了。”孟尝君又问：“买了些什么东西回来？”冯谖回答说：“您曾说‘看着我家所缺少的东西买’。我私下考虑，您的宫中积存着珍宝，马棚里养满了狗马，堂下站满了美女。您家中所缺少的只是义罢了！我就私自为您买了义。”孟尝君说：“买义是怎么回事？”冯谖说：“现在您只拥有小小的薛邑，却不关爱那里的百姓，而通过向他们放债来图利。我私自假称您的命令，把债款赐给了百姓，并烧掉了券契，百姓们都欢呼万岁。这就是我为您买的义。”孟尝君听了不高兴，说：“好吧，先生休息去吧。”

后期年，齐王[1]谓孟尝君曰：“寡人不敢以先王之臣为臣。”孟尝君就国于薛，未至百里，民扶老携幼，迎君道中。孟尝君顾谓冯谖：“先生所为文市义者，乃今日见之。”冯谖曰：“狡兔有三窟，仅得免其死耳。今君有一窟，未得高枕而卧也。请为君复凿二窟。”孟尝君予车五十乘，金五百斤，西游于梁[2]，谓惠王[3]曰：“齐放其大臣孟尝君于诸侯，诸侯先迎之者富而兵强。”于是，梁王虚上位，以故相为上将军，遣使者，黄金千斤，车百乘，往聘孟尝君。冯谖先驱诫孟尝君曰：“千金，重币也；百乘，显使也。齐其闻之矣。”梁使三反，孟尝君固辞不往也。齐王闻之，君臣恐惧，遣太傅赍[4]黄金千斤，文车二驷，服剑一，封书谢孟尝君曰：“寡人不祥，被于宗庙[5]之祟，沉于谄谀之臣，开罪于君，寡人不足为也。愿君顾先王之宗庙，姑反国统万人乎？”冯谖诫孟尝君曰：“愿请先王之祭器，立宗庙于薛。”庙成，还报孟尝君曰："三窟已就，君姑高枕为乐矣。"

【注释】

〔1〕齐王：齐闵王。 〔2〕梁：魏国。 〔3〕惠王：魏惠王，名罃，公元369—前319年在位。 〔4〕赍（jī）：携带。 〔5〕宗庙：祭祀祖先的庙。此代之祖先。

【译文】

一年后，齐王对孟尝君说："我不敢把先王的大臣当自己的大臣。"于是孟尝君回封国薛邑。离薛邑还有百里，百姓们就扶老携幼，在路上迎接他。孟尝君回头对冯谖说："你为我所买的义，今天才见到啊。"冯谖说："狡兔有三窟，才得以免死。现在您只有一个洞穴，还不能高枕无忧。请让我为您再挖凿两个洞穴。"于是孟尝君给冯谖车马五十辆，黄金五百斤，向西游说魏国，对魏惠王说："齐国把自己的大臣孟尝君放逐到其他诸侯国，哪个诸侯国先得到他，就能使国富兵强。"于是，魏惠王空出相国职位，使原来的相国做上将军，派出使臣，以黄金千斤，车马百辆，前去聘请孟尝君。冯谖驱车先到，告诫孟尝君说："千斤黄金，是丰厚的礼物；百辆车马，是显贵的使臣，齐国大概听说此事了。"魏国使臣往返三次，孟尝君坚决推辞不去。齐王听说后，君臣恐惧，便派太傅带着黄金千斤、绘有文采的车辆两辆、自己的佩剑一把和封好的书信向孟尝君道歉说："寡人不善，遭到祖先降下的灾祸，沉溺于阿谀逢迎之臣，得罪了您，虽然我不值得您辅佐，但希望您看在先王的分上，暂且回国治理人民。"冯谖又告诫孟尝君说："希望您向齐王请求祭祀先王的祭器，在薛邑建立祭祀祖先的宗庙。”宗庙建成后，冯谖回去报告孟尝君说：“三个洞穴已经凿成，您暂且可以高枕无忧而快乐了。”

孟尝君为相数十年，无纤介[1]之祸者，冯谖之计也。

【注释】

〔1〕纤介：纤，细丝；介，同“芥”，芥子。形容微小。

【译文】

孟尝君担任齐相几十年，没有一点儿灾祸，这都是冯谖的谋划。

齐宣王见颜斶

齐宣王见颜斶[1]，曰：“斶前！”斶亦曰：“王前！”宣王不悦。左右曰：“王，人君也。斶，人臣也。王曰‘斶前’，亦曰‘王前’，可乎？”斶对曰：“夫斶前为慕势，王前为趋士。与使斶为趋势，不如使王为趋士。”王忿然作色曰：“王者贵乎？士贵乎？”对曰：“士贵耳，王者不贵。”王曰：“有说乎？”斶曰：“有。昔者秦攻齐，令曰：‘有敢去柳下季垄[2]五十步而樵采者，死不赦。’令曰：‘有能得齐王头者，封万户侯，赐金千镒。’由是观之，生王之头，曾不若死士之垄也。”宣王默然不悦。

【注释】

〔1〕颜斶（chù）：齐国隐士。　〔2〕柳下季垄：柳下季，春秋时鲁国大夫，名展禽，字季，封邑在柳下，谥惠，故又称柳下惠。垄，坟墓。

【译文】

齐宣王接见颜斶，说："颜斶到前边来！"颜斶也说："齐王到前边来！"宣王很不高兴。宣王身边的人说："大王，是国君。而你，是臣子。大王说'颜斶前来'，你也说'大王前来'，这可以吗？"颜斶回答说："我到大王前边是趋奉权势，大王到我前边是礼贤下士。与其让我趋奉权势，还不如让大王礼贤下士。"宣王面露怒色说："是王尊贵呢？还是士尊贵呢？"颜斶说："士尊贵。"宣王说："有什么说法吗？"颜斶说："有。从前秦国攻打齐国的时候，秦王下令说：'有敢在柳下季的坟墓五十步之内砍柴的，杀无赦。'又下令说：'有能得到齐王首级的，封为万户侯，赏赐黄金千镒。'由此来看，活王的脑袋，竟不如死士的坟墓。"宣王听了默然不语，很不高兴。

左右皆曰："斶来，斶来！大王据千乘之地，而建千石[1]钟，万石虡[2]。天下之士，仁义皆来役处[3]；辩知并进，莫不来语；东西南北，莫敢不服。求万物【无】[4]不备具，而百【姓】[5]无不亲附。今夫士之高者，乃称匹夫，徒步而处农亩，下则鄙野、监门、闾里，士之贱也，亦甚矣！"

【注释】

〔1〕石（shí）：古代重量单位，一百二十斤为一石。　〔2〕虡

(jù)：悬挂钟磬的架子。 〔3〕天下之士，仁义皆来役处：当作“天下仁义之士，皆来役使处”。 〔4〕无：据别本补。 〔5〕姓：原文脱，据别本补。

【译文】

宣王身边的人都说：“颜斶过来，颜斶过来！大王拥有千乘大国的土地，立有千石重的大钟，万石重的钟架。天下的仁义之士，都来为齐王服务；能言善辩和足智多谋的人都进入齐国，没有不前来向齐王进言的；四方的诸侯，没有敢不服从齐王的。齐王需要的各种东西，没有不齐备的，齐国的百姓，也没有不拥护齐王的。而如今名声高的士人，才称为匹夫，没有官爵而在田间务农，其下的士人，则是有的身处乡野，有的为人守门，有的在闾里当差，可见士人地位是十分低贱的！”

斶对曰：“不然。斶闻古大禹之时，诸侯万国。何则？德厚之道，得贵士之力也。故舜起农亩，出于野鄙，而为天子。及汤之时，诸侯三千。当今之世，南面称寡者，乃二十四。由此观之，非得失之策与？稍稍诛灭，灭亡无族之时，欲为监门、闾里，安可得而有乎哉？是故《易传》不云乎：‘居上位，未得其实，以喜其为名者，必以骄奢为行。据〔1〕慢骄奢，则凶从之。’是故无其实而喜其名者削，无德而望其福者约〔2〕，无功而受其禄者辱，祸必握〔3〕。故曰：矜功不立，虚愿不至。此皆幸乐其名，华而无其实德者也。是以尧有九佐，舜有七友，禹有五丞，汤有三辅，自古及今而能虚成名于天下者，无有。是以君王无羞亟〔4〕问，不愧下学；是故成其道德，而扬功名于后世者，尧、舜、禹、汤、周文王是也。故曰：‘无形者，形之君也。无端者，事之本也。’夫上见其原，下通其流，至圣人明学，何不吉之有哉！老子曰：‘虽贵，必以贱为本；虽高，必以下为基。是以侯王称孤寡不穀[5]，是其贱之本与？’（非）[6]夫孤寡者，人之困贱下位也，而侯王以自谓，岂非下人而尊贵士与？夫尧传舜，舜传禹，周成王任周公旦，而世世称曰明主，是以明乎士之贵也。”

【注释】

〔1〕据慢：傲慢。据，假为“倨”。　〔2〕约：困迫。　〔3〕握：假为“渥”，厚，重。　〔4〕亟（qì）：屡，多次。　〔5〕孤、寡、不穀：皆古代王侯的自称。　〔6〕非：衍文。

【译文】

颜斶回答说：“不对，我听说在古代大禹的时候，有万国诸侯。为什么呢？是因为这些诸侯德行淳厚，尊重士人。所以舜出身于农夫，发迹于乡野，而成为天子。到了商汤时期，诸侯还有三千。而到了现在，面南称孤的诸侯，才二十四个。由此看来，难道不是对待士人的策略得失造成的吗？这些诸侯逐渐被消灭，他们到了国亡族灭之时，就是想当一个看门的或在闾里当差的人，又怎么能办得到呢？所以《易传》上不是说吗：‘身居高位的人，没有应当具备的素质，而又喜欢权势的虚名，就必定会有骄横奢侈的行为。傲慢奢侈，祸事就会随之而来。’所以没有实际素质而喜欢虚名的就会日益削弱，没有德行而希望得到福气的就会困迫，没有功劳而享受俸禄的就会有耻辱，祸难必定会大。所以说，喜欢夸耀功劳的，必定不能建立功业，空有愿望而不行动的，愿望终不会实现。这都是喜欢虚名，华而不实的结果。所以尧有九佐，舜有七友，禹有五丞，汤有三辅，自古至今仅凭虚名便能名扬天下的，还没有过。因此君王不要以常向别人请教为耻，不要以向身份低的人请教而惭愧；因此树立起道德威信，使得功名永垂青史的，就是尧、舜、禹、汤、周文王这些圣王啊。所以说：'无形之物是有形之物的主宰。没有缘由的东西就是事物的本源。'向上追溯本源，向下发扬光大，做到至圣贤达的程度，怎么会有不吉利的事情呢！老子说：'尽管尊贵，一定是以贫贱为根基；尽管高尚，一定是以低下为根基。因此诸侯君王都自称孤、寡、不穀，难道不是以低贱为根基吗？'那些所谓的孤、寡，就是处于困迫、低贱地位的人，而侯、王用来作为自称，难道不是他们甘居人下而尊重士人的表现吗？尧传位于舜，舜传位于禹，周成王任用周公旦治国，而世世代代称赞他们是明主，就是因为他们深知士人的可贵。"

宣王曰："嗟乎！君子焉可侮哉，寡人自取病耳！及今闻君子之言，乃今闻细人〔1〕之行，愿请受为弟子。且颜先生与寡人游，食必太牢〔2〕，出必乘车，妻子衣服丽都〔3〕。"

【注释】

〔1〕细人：小人。 〔2〕太牢：牛、羊、猪各一头。此指美食。〔3〕丽都（dū）：华丽、漂亮。

【译文】

宣王说："唉！怎么能侮慢君子呢，我是自讨没趣啊！到今天听了君子的一番高论，才明白不尊重士人是小人的行为，希望您能接受我做您的弟子。颜先生与我交往，吃的必定是美味，出门必定乘车，妻子儿女都将穿华丽的衣服。”

颜斶辞去，曰：“夫玉生于山，制则破焉，非弗宝贵矣，然夫璞[1]不完。士生乎鄙野，推选则禄焉，非不得尊遂也，然而形神不全。斶愿得归，晚食以当肉，安步以当车，无罪以当富贵，清静贞正以自虞[2]。制言[3]者王也，尽忠直言者斶也。言要道已备矣，愿得赐归，安行而反臣之邑屋。”则再拜而辞去也。

【注释】

〔1〕璞：含有玉的石头。 〔2〕虞：通“娱”，快乐。 〔3〕言：命令。

【译文】

颜斶向宣王告辞离去，说：“玉产于深山之中，经过加工就破坏了原状，玉并不是不宝贵，但它原有的璞石不完美了。士人生活在乡野，推选出来就有了俸禄，他不是不尊贵显达，但是他的身体精神就不完全属于自己了。我希望能回去，以晚吃的饭菜当作美味，以缓步慢行当作乘车，以没有罪祸当作富贵，清静纯正而自得其乐。如今发布命令的是大王您，进献忠心直言不讳的是颜斶我。我已经把该说的都说完了，希望大王能让我回去，安安稳稳地回到我的家里。”颜斶说完，便拜别而去。

斶知足矣，归【真】反扑[1]，则终身不辱也。

【注释】

〔1〕归真反扑：回归本质。原脱“真”字。反，同“返”。扑，当作“璞”。

【译文】

颜斶可以说是知足的人，保持本质，就终身不受侮辱。

齐王使使者问赵威后

齐王使使者问赵威后[1]。书未发，威后问使者曰：“岁亦无恙耶？民亦无恙耶？王亦无恙耶？”使者不说，曰：“臣奉使使威后，今不问王，而先问岁与民，岂先贱而后尊贵者乎？”威后曰：“不然，苟无岁，何以有民？苟无民，何以有君？故有问舍本而问末者耶？”乃进而问之曰：“齐有处士[2]曰钟离子，无恙耶？是其为人也，有粮者亦食，无粮者亦食；有衣者亦衣，无衣者亦衣。是助王养其民也，何以至今不业[3]也？叶阳子无恙乎？是其为人，哀鳏寡，恤孤独，振困穷，补不足。是助王息[4]其民者也，何以至今不业也？北宫之女婴儿子[5]无恙耶？彻[6]其环瑱[7]，至老不嫁，以养父母。是皆率民而出于孝情者也，胡为至今不朝[8]也？此二士弗业，一女不朝，何以王齐国，子万民乎？於陵子仲尚存乎？是其为人也，上不臣于王，下不治其家，中不索交诸侯。此率民而出于无用者，何为至今不杀乎？”

【注释】

〔1〕赵威后：赵惠文王后，惠文王卒，其子孝成王年幼，由威后执政。 〔2〕处士：有德才而隐居不仕者。 〔3〕业：成就功业，此指任用。 〔4〕息：蕃殖。 〔5〕北宫之女婴儿子：北宫，复姓。婴儿子，名字。 〔6〕彻：通“撤”，撤去。 〔7〕环瑱（zhēn）：耳环和饰耳玉。 〔8〕朝：朝见，古时有封号之妇方可上朝，此指加以封号。

【译文】

齐王派使者访问赵威后。使者带来的书信还没打开，赵威后就问使者说：“年成还好吧？百姓还好吧？齐王还好吧？”使者听了不高兴，说：“我奉使命到您这里访问，现在您不先问齐王如何，却先问年成和百姓，难道把低贱的放在前边而把尊贵的放在后边吗？”赵威后说：“不是这样。如果没有收成，靠什么有百姓？如果没有百姓，靠什么有国君？所以问问题有舍本逐末的吗？”于是又进一步问道：“齐国有个处士叫钟离子，他还好吧？这个人为人，有粮的他也给粮吃，没粮的他也给粮吃；有衣的他也给衣穿，没衣的他也给衣穿。这是帮助齐王养活百姓，为什么至今还不任用他，让他成就功业？叶阳子还好吧？这个人为人，可怜鳏寡，体恤孤独，救济穷困。这是帮助齐王使百姓生活下去，为什么至今还不任用他，让他成就功业？北宫家的女儿婴儿子还好吧？她拿掉耳环玉瑱，到老不嫁，来奉养父母。这是带领百姓真诚尽孝，为什么至今不给她封号，让她朝见？这两个士不能成就功业，一个女子不能入朝进见，还靠什么统治齐国，抚养百姓呢？於陵子仲还活着吧？

这个人为人，对上不向王称臣，在下不治理家庭，在中不求与诸侯交往。这是带领百姓不为国家做事，为什么至今还不杀了他？”

齐人见田骈

齐人见田骈[1]曰：“闻先生高议[2]，设[3]为不宦，而愿为役。”田骈曰：“子何闻之？”对曰：“臣闻之邻人之女。”田骈曰：“何谓也？”对曰：“臣邻人之女，设为不嫁，行年三十而有七子。不嫁则不嫁，然嫁过毕矣。今先生设为不宦，訾养[4]千钟[5]，徒百人。不宦则然矣，而富过毕也。”田子辞。

【注释】

〔1〕田骈：齐人，战国时思想家，以博学善辩著称。 〔2〕议：当为“义”。 〔3〕设：虚假之辞，犹言“声称”。 〔4〕訾（zī）养：资财供养，訾，通“资”。 〔5〕钟：齐国容量单位，合六斛四斗。

【译文】

齐国有个人去见田骈说：“听说先生道德高尚，声称不做官，我愿供您差遣。”田骈说：“你是怎么知道的？”此人回答说：“我是通过邻居家女儿的行为知道到。”田骈说：“这话怎么讲？”此人回答说：“我邻居家的女儿，声称不嫁人，但到了三十岁共生了七个孩子。不嫁确实不嫁，可行为已超过了嫁人。如今您声称不做官，但受千钟的资财供养，还有随从百人。不做官确实不假，可富有已超过了做官。”田骈辞谢了这个人。

卷十二　齐　五

苏秦说齐闵王

苏秦说齐闵王曰："臣闻用兵而喜先天下者忧，约结而喜主怨〔1〕者孤。夫后起者藉〔2〕也，而远怨者时也。是以圣人从事，必藉于权〔3〕而务兴于时。夫权藉者，万物之率也；而时势者，百事之长也。故无权籍，倍〔4〕时势，而能事成者寡矣。

【注释】

〔1〕约结而喜主怨：与别国结盟而喜欢出头为盟国报复怨仇。〔2〕藉：凭借。　〔3〕权：权宜，权变，即根据时事而采取的办法。〔4〕倍：同"背"。

【译文】

苏秦游说齐闵王说："我听说，喜欢先在天下发动战争的，就会有忧患，与别国结盟而喜欢出头为盟国报复怨仇的，就会被孤立。后发制人就会有可凭借的形势，远离怨恨才能得到时机。因此圣贤做事，必定凭借权宜之举，并抓住时机。根据形势而采取适当的做法，是一切事情的要领，抓住有利时机，是万事成功的关键。所以不凭借形势之所宜，抓不住有利时机，而能成就大事的很少。

“今虽干将、莫邪〔1〕，非得人力，则不能割刿〔2〕矣。坚箭利金，不得弦机之利，则不能远杀矣。矢非不铦〔3〕，而剑非不利也，何则？权藉不在焉。何以知其然也？昔者赵氏袭卫，车不舍，人不休，傅卫国，城刚平〔4〕，卫八门土而二门堕矣，此亡国之形也。卫君跣行〔5〕，告遡〔6〕于魏。魏王身被甲底〔7〕剑，挑赵索战。邯郸之中骛〔8〕，河、山之间乱。卫得是藉也，亦收余甲而北面，残刚平，堕中牟〔9〕之郭。卫非强于赵也，譬之卫矢而魏弦机也，藉力魏而有河东之地。赵氏惧，楚人救赵而伐魏，战于州〔10〕西，出梁门〔11〕，军舍林中〔12〕，马饮于大河。赵得是藉也，亦袭魏之河北，烧棘沟〔13〕，坠黄城〔14〕。故刚平之残也，中牟之堕也，黄城之坠也，棘沟之烧也，此皆非赵、魏之欲也。然二国劝行之者，何也？卫明于时权之藉也。今世之为国者不然矣。兵弱而好敌强，国罢而好众怨，事败而好鞠〔15〕之，兵弱而憎下人也，地狭而好敌大，事败而好长诈。行此六者而求伯，则远矣。

【注释】

〔1〕干将、莫邪：皆古代宝剑名。　〔2〕刿（guì）：刺伤。

〔3〕铦（xiān）：锋利。 〔4〕车不舍……城刚平：原作“车舍人不休傅，卫国城割平”。此据王念孙《读书杂志》改。傅卫国，攀登攻打卫国国都。城刚平，修筑刚平城作为进攻卫都的基地。 〔5〕跣行：赤足而行。 〔6〕遡：同“愬”，控告，控诉。 〔7〕厎：同“砥”，磨砺。 〔8〕骛：乱跑，此喻惊恐混乱。 〔9〕中牟：赵邑，在今河南清丰西南。 〔10〕州：魏地，在今河南武陟西南。 〔11〕梁门：魏地，为大梁西北之关塞。 〔12〕林中：在梁门之北。〔13〕棘沟：应为“棘蒲”，魏邑，在今河北魏县南。 〔14〕黄城：魏邑，在今河南内黄西。 〔15〕鞠：穷、极，干到底。

【译文】

“即使有干将、莫邪那样的宝剑，如果不得到人力使用，就不能刺伤人。坚硬的箭杆和锐利的箭头，如果不利用弓弦弩机发射，也不能射杀远方的敌人。箭矢不是不锐利，宝剑不是不锋利，那是什么缘故呢？是因为无所凭借。通过什么知道做事要有所凭借呢？从前，赵国袭击卫国，车不停，人不休，猛攻卫都之城，并修筑了刚平城作为基地，卫都的八座城门被用土堵塞，两座城门被摧毁，这是亡国的态势。卫国国君光着双脚跑到魏国，向魏王控诉。魏王身披铠甲，磨利宝剑，向赵国挑战。赵都邯郸城中一片惊慌，黄河和太行山之间纷然大乱。卫国得到这个可以利用的机会，也收拾残余之兵，向北攻打赵国，攻破了刚平，摧毁了中牟的外城。卫国并非比赵国强大，比方说卫国是箭矢，魏国就是弓弩，卫国借助于魏国之力才占有了河东的土地。这时赵国非常恐惧，楚国救援赵国而攻打魏国，与魏军大战于州西，又穿过魏都大梁城门，驻扎在林中，饮马于黄河。而赵国得到这个机会，也袭击魏国的河北地区，烧毁了棘沟，攻破了黄城。本来残刚平、堕中牟、坠黄城、烧棘沟，都不是赵国、魏国所愿意看到的结果。然而这两国努力去做，为什么还会有这种结果呢？是因为卫国明白利用时机权变。当今治理国家的君主却不是这样。军队弱小却喜欢与强者为敌，国家衰疲却偏要挑起众怨，事已失败却硬要蛮干到底，军队弱小却不愿居人之下，土地狭小却喜欢与大国对抗，事情失败却喜欢玩弄巧诈。用这六条来建立霸业，就会离霸业越来越远。

“臣闻善为国者，顺民之意，而料兵之能，然后从于天下。故约不为人主怨，伐不为人挫强。如此，则兵不费，权不轻，地可广，欲可成也。昔者，齐之与韩、魏伐秦、楚也，战非甚疾也，分地又非多韩、魏也，然而天下独归咎于齐者，何也？以其为韩、魏主怨也。且天下遍用兵矣，齐、燕战，而赵氏兼中山，秦、楚战韩、魏不休，而宋、越专用其兵。此十国者，皆以相敌为意，而独举心于齐者，何也？约而好主怨，伐而好挫强也。

【译文】

“我听说善于治国的君主，应当顺应民心，估计自己军队的能力，然后跟在别的国家后边。缔约结盟不出头为人报怨恨，出兵征战不为人进攻强敌。这样，就不消耗自己的兵力，不降低自己的权势，而且可以开拓国土，实现愿望。从前，齐国和韩国、魏国攻打秦国、楚国，齐国作战不是很积极，战后分得的土地也不比韩国、魏国多，但是天下单单归咎于齐国，为什么呢？是因为齐国出头为韩、魏报怨。而且天下各国之间的战争多了，齐、燕两国开战，赵国吞并了中山，秦、楚与韩、魏战斗不止，宋、越也一意用兵攻战。这十个国家，都一意互相攻伐，而天下单单怨恨齐国，为什么呢？是因为齐国在缔约结盟时喜欢出头为人报怨，出兵征战又喜欢进攻强敌。

“且夫强大之祸，常以王人为意也；夫弱小之殃，常以谋人为利也。是以大国危，小国灭也。大国之计，莫若后起而重伐不义。夫后起之籍与多而兵劲，则（事）[1]【是】以众强适[2]罢寡也，兵必立也。事不塞天下之心，则利必附矣。大国行此，则名号不攘[3]而至，伯王不为而立矣。小国之情，莫如（仅）[4]【谨】静而寡信诸侯。（仅）【谨】静，则四邻不反；寡信诸侯，则天下不卖。外不卖，内不反，则（槟祸）[5]【蓄积】朽腐而不用，币帛矫蠹[6]而不服矣。小国道此，则不祠而福矣，不贷而见足矣。故曰：祖仁者王，立义者伯，用兵穷者亡。何以知其然也？昔吴王夫差以强大为天下先，强袭郢而栖越[7]，身从诸侯之君，而卒身死国亡，为天下戮者，何也？此夫差平居而谋王，强大而喜先天下之祸也。昔者莱、莒[8]好谋，陈、蔡[9]好诈，莒恃越而灭，蔡恃晋而亡。此皆内长诈，外信诸侯之殃也。由此观之，则强弱大小之祸，可见于前事矣。

【注释】

〔1〕事：当作“是”。　〔2〕适：同“敌”。　〔3〕攘：取。　〔4〕仅：“谨”字之讹。　〔5〕槟祸：当作“蓄积”。　〔6〕矫蠹：

变质。矫，变；蠹，蚀。〔7〕栖越：指攻入越国。〔8〕莱、莒：皆古国名，均今山东境内。莱于公元前568年为齐所灭；莒于公元前431年为楚所灭。〔9〕陈、蔡：皆古国名，均今河南境内。分别于公元前478年、公元前447年为楚所灭。

【译文】

“再说强国的祸患，常常是因为想在天下称王；弱国的灾难，常常是因为算计别人取得利益。所以大国因此而危险，小国因此而灭亡。大国采取的策略，都不如后发制人，坚决讨伐不讲道义的国家。后发制人可以有所凭借，盟国众多兵力就强劲，这就是用既多又强的军队对付既疲又少的敌人，战争必能建功。做事不违背天下人心，就一定能获取利益。大国照这样去做，不需强求就会得到名号，不必去争就能成就霸王之业。小国采取的策略，都不如谨慎小心，不轻信诸侯。谨慎小心，邻国就不会背叛；不轻信诸侯，就不会被别国出卖。在外不被出卖，在内没有背叛，就会积蓄的财物腐朽了也用不完，绢帛变质了也来不及穿。小国照这样去做，不用祭祀就会有福，不用借贷就能富足。所以说：崇尚仁德的能够称王，树立道义的能够称霸，穷兵黩武的就会灭亡。怎么知道会这样呢？从前吴王夫差仗着国势强大而先发动战争，袭击楚国，攻入越国，成为诸侯的首领，但最后身死国亡，被天下之人所耻笑。这是为什么呢？这由于夫差平时就谋求在天下称王，国势强大喜欢先挑起战争所导致的灾祸。从前莱国、莒国喜欢使用谋略，陈国、蔡国喜欢使用诈术，结果莒国因依仗越国而灭亡，莒国因依仗晋国而灭亡。这都是对内一味依靠诈术，对外轻信诸侯所导致的灾祸。由此来看，国家强弱大小所招来的灾祸，都有前事可见。

“语曰：‘（麒）【骐】骥[1]之衰也，驽马先之；孟贲[2]之倦也，女子胜之。’夫驽马、女子，筋骨力劲，非贤于骐骥、孟贲也。何则？后起之藉也。今天下之相与也不并灭，有而案兵而后起，寄怨而诛不直，微用兵而寄于义，则亡天下可蹻足而须[3]也。明于诸侯之故，察于地形之理者，不约亲，不相质而固，不趋而疾，众事[4]而不反，交割而不相憎，俱强而加以亲。何则？形同忧而兵趋利也。何以知其然也？昔者齐、燕战于桓之曲[5]，燕不胜，十万之众尽。胡人袭燕楼烦[6]数县，取其牛马。夫胡之与齐非素亲也，而用兵又非约质而谋燕也，然而甚于相趋者，何也？（何则）[7]形同忧而兵趋利也。由此观之，约于同形则利长，后起则诸侯可趋役也。

【注释】

〔1〕麒骥："骐骥"之误。良马。　〔2〕孟贲：战国时秦国勇士。〔3〕蹻足而须：蹻，弯曲，不伸；须，等待。谓不用伸脚就等到了，喻容易。　〔4〕众事：犹共事。　〔5〕桓之曲：地名，不详何处。〔6〕楼烦：赵地，在今山西宁武。　〔7〕何则：衍文。

【译文】

“常言说：‘千里马力尽了，劣马也能超过它；孟贲疲倦了，女子也能打过他。’劣马、女子的筋骨力气，并不能胜过千里马、孟贲。但为什么能这样呢？是因为后发制人有所凭借。如今天下各国互相对峙，谁也灭不掉谁，有哪个国家能先按兵不动，然后找准机会后发制人，把怨仇转嫁给别人，让他出面讨伐不直的国家，自己则隐藏用兵的意图，假借正义之名来参与，那么夺取天下就可翘首以待了。明了各诸侯国的情况，清楚地理形势，不结盟，不互派人质，关系会更牢固，不急于求成，事情进展会更迅速，一起共事而互不违背，都受到侵害而互不憎恨，都强大了而更加亲近。为什么要这样呢？是因为他们在形势上有着一样的忧患，出兵攻战有着相同的利益。怎么知道会如此呢？从前齐、燕两国战于桓之曲，燕军战败，损失兵马十万。胡人乘机袭击燕国的楼烦等县，抢掠牛马。胡人和齐国向来不亲近，也没有订立盟约，互派人质，约定共同出兵，但比订立盟约还要一致，为什么呢？是因为他们形势上有一样的忧患，出兵有共同的利益。由此可见，与形势相同的国家联合就能获得最大利益，后发制人就能使诸侯归附并役使他们。

“故明主察相，诚欲以伯王也为志，则战攻非所先。战者，国之残也，而都县之费也。残费已先，而能从诸侯者寡矣。彼战者之为残也，士闻战则输私财而富军市[1]，输饮食而待死士，令折辕而炊之，杀牛而觞士，则是路君[2]之道也。中人祷祝，君翳酿[3]，通都小县置社[4]，有市之邑莫不止事而奉王，则此虚中之计也。夫战之明日，尸死扶伤，虽若有功也，军出费，中哭泣，则伤主心矣。死者破家而葬，夷伤者空财而共[5]药，完者内酺[6]而华乐，故其费与死伤者均。故民之所费也，十年之田而不偿也。军之所出，矛戟折，镮[7]弦绝，伤弩，破车，罢马，亡矢之大半。甲兵之具，官之所私出也，士大夫之所匿，厮养[8]士之所窃，十年之田而不偿也。天下有此再费者，而能从诸侯寡矣。攻城之费，百姓理襜蔽[9]，举冲橹[10]，家杂总[11]，身窟穴[12]，中罢于刀金。而士困于土功，将不释甲，期数[13]而能拔城者为亟耳。上倦于教，士断于兵，故三下城而能胜敌者寡矣。故曰：彼战攻者，非所先也。何以知其然也？昔智伯瑶[14]攻范、中行氏[15]，杀其君，灭其国，又西围晋阳[16]，吞兼二国[17]，而忧一主[18]，此用兵之盛也。然而智伯卒身死国亡，为天下笑者，何谓也？兵先战攻，而灭二子患也。日者，中山悉起而迎燕、赵，南战于长子[19]，败赵氏；北战于中山，克燕军，杀其将。夫中山千乘之国也，而敌万乘之国二，再战（北）[20]【比】胜，此用兵之上节也。然而国遂亡，君臣于齐者，何也？不啬于战攻之患也。由此观之，则战攻之败，可见于前事。

【注释】

〔1〕军市：在军中设立的市场，此当指军需供应部门。〔2〕路君：路，借为“露”，疲敝穷困；君，代指国家。使国家疲敝穷困。〔3〕翳酿：同“瘗禳”，亦即“禳瘗”，一种消灾的祭祷活动。〔4〕社：祭祀土地神的场所。〔5〕共：同“供”，供给。〔6〕酺：聚会饮酒庆贺。〔7〕镮（huán）：同“环”，此以刀环代指刀。〔8〕厮养：服砍柴养马等杂役者。〔9〕襜（chān）蔽：衣服。〔10〕冲橹：攻城战车。〔11〕家杂总：全家并作。〔12〕窟穴：地道。〔13〕期数：数月。〔14〕智伯瑶：战国初晋国执政之卿，名瑶，后被赵、韩、魏三家所灭。〔15〕范、中行氏：春秋末晋国两家执政贵族。〔16〕晋阳：晋国执政之卿赵氏之邑，在今山西太原南。〔17〕二国：与下文“二子”均指范、中行氏。〔18〕一主：指赵氏之君赵襄子。〔19〕长子：赵地，在今山西长子。

〔20〕北：当作“比”，挨着，接连。

【译文】

“所以英明的君主，明察的相国，果真想把成就霸王之业作为志向，就不能把动兵用武放在首位。战争，使国家受到损害，地方都县也耗费大量资财，国家和地方已受到损伤耗费，而能使诸侯服从的并不多见。战争所造成的损害十分明显：士人听到将发生战事就捐献自己的财物来增加军需，捐献饮食来犒劳战士，官长则折断车辕充当柴草，杀牛设宴来款待将士，这都是使国家疲敝穷困的做法。国都之人为出征者祈祷，国君也为此举行祭祷，大城小县都设社庙举行祭祀，有市场的城邑无不停止工作为君主效力，这都是使国家财力虚耗的做法。到战争结束的第二天，人们收敛尸体，救治伤员，虽然好像打了胜仗，但军队的大量耗费，国中之人的哭泣，也使君主感到伤心。阵亡兵士之家，用尽家产来埋葬死者，负伤兵士之家，耗尽资财来医治伤者，侥幸没有受伤的则聚会饮酒大肆庆贺，所花费的和死伤之家一样。所以战争造成百姓的耗费，十年耕种的收获都不能补偿。军队一出，就要矛戟折，刀弦断，弓弩损，车辆破，马匹疲，箭矢损失大半。这些军事装备，还要遭到官员的盗卖，士大夫的藏匿，服杂役人员的偷窃，这些耗费，也是十年耕种的收获都不能补偿的。有这两方面耗费的国家，而能使诸侯服从的并不多见。攻打城池的耗费，还包括百姓要为军士缝补破衣，制作攻城战车，全家出动，挖掘地道，家中被兵器之费的负担搞得疲敝不堪。而兵士们为修筑工事劳累，将领们身不脱铠甲，几个月能攻克敌城就算快的了。上面的官长疲倦于教导督促，下面的士兵武器用断，所以接连攻克三城还能再打胜仗的很少。所以说：战争的使用，不能放在首位。为什么知道如此呢？从前智伯瑶攻打范氏、中行氏，杀掉二家之君，灭了他们的国家，又向西围攻赵氏的晋阳。吞并了二国，又使赵襄子担忧，这可以说他的兵势强盛。然而智伯最终却身死国亡，被天下人耻笑，这是为什么呢？是因为把用兵动武放在首位，灭掉范氏、中行氏所引起的祸患。从前，中山国出动全部兵马迎战燕、赵二国，南边战于长子，打败赵军；北边战于中山，战胜燕军，斩杀燕将。中山不过是一个千乘小国，却与两个万乘大国为敌，接连获胜，这是用兵的最高境界。然而中山最终亡国，国君流亡到齐国为臣，为什么呢？是因为不顾惜战争所带来的忧患。由此来看，战争的弊端，都有前事可见的。

“今世之所谓善用兵者，终战比胜，而守不可拔，天下称为善，一国得而保之，则非国之利也。臣闻战大胜者，其士多死而兵益弱；守而不可拔者，其百姓罢而城郭露[1]。夫士死于外，民残于内，而城郭露于境，则非王之乐也。今夫鹄的[2]非咎罪于人也，便弓引弩而射之，中者则善，不中则愧，少长贵贱，则同心于贯之者，何也？恶其示人以难也。今穷战比胜，而守必不拔，则是非徒示人以难也，又且害人者也，然则天下仇之必矣。夫罢士露国，而多与天下为仇，则明君不居也；素用强兵而弱之，则察相不事。彼明君察相者，则五兵[3]不动而诸侯从，辞让而重赂至矣。故明君之攻战也，甲兵不出于军而敌国胜[4]，冲橹不施而边城降，士民不知而王业至矣。彼明君之从事也，用财少，旷日远而为利长者。故曰：兵后起则诸侯可趋役也。

【注释】

〔1〕露：残破。 〔2〕鹄的：箭靶中心。 〔3〕五兵：刀、剑、矛、戟、矢。此泛指兵器。 〔4〕敌国胜：战胜敌国。

【译文】

“当今世上所说的善于用兵的人，出征连战连胜，防守不被人攻克，得到天下的称赞，使国家得到保护。其实这并不是国家之利。我听说作战取得大胜的，兵士就会伤亡众多，使兵力越来越弱；防守不被人攻克，百姓就会疲敝不堪，而城郭就会残破。兵士战死于外，百姓疲敝于内，而边境的城郭又残破，这不是国君所高兴的事。比如箭靶子并没有得罪人，人们却拉弓搭箭去射它，射中的人们叫好，射不中的心中羞愧，老少贵贱之人，都想射穿靶心，为什么呢？是因为厌恶让人看出自己的无能。现在出征连战连胜，防守不被人攻克，这就不只是让人看出自己的短处，还损害了别的国家，那么就一定被天下各国所仇视。将士疲惫，国家残破，又多与天下各国结仇，英明的君主是不会这样干的；一向使用强兵而使兵力衰弱，明察的相国也不会这样做。那些英明的君主和明察的相国，不使用刀兵就使能诸侯服从，谦逊推让就能得到丰厚的财物。所以英明的君主对待战争，不出军队就战胜敌国，不动战车就使边城投降，兵士百姓还不知道，王业就已建成了。那些英明的君主做事，资财花费得少，眼光看得远，而取得的利益长久。所以说：后发制人就能使诸侯归附并役使他们。

“臣之所闻，攻战之道非师者，虽有百万之军，(比)[1]【北】之堂上；虽有阖闾、吴起之将，禽之户内；千丈之城，拔之尊俎[2]之间；百尺之冲，折之衽席[3]之上。故钟鼓竽瑟之音不绝，地可广而欲可成；和乐倡优侏儒之笑不(之)[4]【乏】，诸侯可同日而致也。故名配天地不为尊，利制海内不为厚。故夫善为王业者，在劳天下而自佚，乱天下而自安。诸侯无成谋，则其国无宿忧也。何以知其然？佚治在我，劳乱在天下，则王之道也。锐兵来则拒之，患至则趋之，使诸侯无成谋，则其国无宿忧矣。何以知其然矣？昔者魏王[5]拥土千里，带甲三十六万，【恃】其[6]强而拔邯郸，西围定阳[7]，又从十二诸侯朝天子，以西谋秦。秦王[8]恐之，寝不安席，食不甘味。令于境内，尽堞[9]中为战具，竟[10]为守备，为死士置将，以待魏氏。卫鞅谋于秦王曰：‘夫魏氏其功大，而令行于天下，有十二诸侯而朝天子，其与必众。故以一秦而敌大魏，恐不如。王何不使臣见魏王，则臣请必北魏矣。’秦王许诺。卫鞅见魏王曰：‘大王之功大矣，令行于天下矣。今大王之所从十二诸侯，非宋、卫也，则邹、鲁、陈、蔡，此固大王之所以鞭箠使也，不足以王天下。大王不若北取燕，东伐齐，则赵必从矣；西取秦，南伐楚，则韩必从矣。大王有伐齐、楚心，而从天下之志，则王业见矣。大王不如先行王服，然后图齐、楚。’魏王说于卫鞅之言也，故身广公宫，制丹衣柱，建九斿[11]，从七星之旟[12]。此天子之位也，而魏王处之。于是齐、楚怒，诸侯奔齐，齐人伐魏，杀其太子[13]，覆其十万之军。魏王大恐，跣行按兵于国，而东次[14]于齐，然后天下乃舍之。当是时，秦王垂拱[15]受西河之外，而不以德魏王。故曰卫鞅之始与秦王计也，谋约不下席，言于尊俎之间，谋成于堂上，而魏将以禽于齐矣；冲橹未施，而西河之外入于秦矣。此臣之所谓（比）【北】之堂上，禽将户内，拔城于尊俎之间，折冲席上者也。”

【注释】

〔1〕比：应作“北”，败。 〔2〕尊俎：酒杯肉案，代指宴席。〔3〕衽席：宴会所设的席位。 〔4〕之：应作“乏”，不断。〔5〕魏王：指魏惠王。 〔6〕其：“其”前脱一“恃”字。 〔7〕定阳：在今陕西洛川北，时属秦。 〔8〕秦王：指秦孝公。 〔9〕堞：城上如齿状的矮墙。 〔10〕竟：通“境”。 〔11〕九斿（liú）：同“九旒”，有九条飘带的龙旗。 〔12〕七星之旟：绘有朱雀七星之旗。〔13〕太子：魏惠王太子，名申，齐、魏马陵之战中兵败被杀。〔14〕次：驻扎。此指前往。 〔15〕垂拱：垂衣拱手，喻容易。

【译文】

“我曾听说，攻战之道不在于使用军队作战，即使有百万大军，也可以在朝堂之上把它打败；即使有像阖闾、吴起一样的猛将，也可以足不出户就把他擒获；千丈之阔的大城，可以在宴席之间拿下，百尺之高的攻城战车，可以坐在席上摧毁。所以钟鼓竽瑟之音不绝于耳，国土就能开拓，愿望就可实现；优美的乐声和倡优侏儒表演的笑声不断，就可使诸侯同日前来归附。所以有像天地一样高的名声也不算尊贵，能控制天下的利益也不算富有。所以善于建立王业的君主，在于使诸侯劳累而自己清闲，使天下混乱而自己安定，诸侯没有成功的策略，我国就没有很长的忧患。怎么知道如此呢？安逸稳定在我一方，劳累混乱在诸侯一方，就是建成王业的办法。强兵来伐就坚决抵御它，忧患来临就赶快消除它，使诸侯的谋略不能成功，自己的国家就没有很长的忧患。怎么知道如此呢？从前魏王拥有千里国土，军队三十六万，依仗着自己强大攻克赵都邯郸，接着向西围攻定阳，又率领十二国诸侯去朝见周天子，以图对付秦国。秦王为此担忧，吃不下饭，睡不着觉，于是命令全国，各城准备武器装备，境内严加防守，组织敢死士之，安排将领率领，以等待魏国的进攻。卫鞅向秦王献计说：'魏国因功劳巨大，可以号令天下，有十二国诸侯跟随他朝见周天子，他的盟国必然众多。所以靠秦一国之力来对付强大的魏国，恐怕不行。大王为何不让我去见魏王，我一定会设法打败魏国。'秦王答应了卫鞅的请求。卫鞅见到魏王说：'大王的功劳巨大，可以号令天下，但现在跟随您的十二诸侯，不是宋、卫，就是邹、鲁、陈、蔡，这些小国本来就是您所能驱使的，因此这还不足以在天下称王。大王不如向北攻打燕国，向东攻打齐国，这样赵国就一定会服从；向西攻打秦国，向南攻打楚国，韩国也一定服从。大王有攻打齐、楚的心愿，使天下服从的志向，霸王之业就能够实现了。大王不如先穿戴天子服饰，然后再对付齐、楚。'魏王听了卫鞅话十分高兴，所以就扩建宫室，把宫柱漆为红色，竖起九斿龙旗，身随七星之旗。这都是居天子之位才能享有的，而魏王全都有了。于是齐、楚两国十分愤怒，诸侯各国都投向齐国，齐国出兵伐魏，杀了魏太子，消灭了十万魏军。魏王惊恐万分，连鞋来不及穿就下令停兵，又东往齐国臣服，天下诸侯才放过了魏国。在那时，秦王毫不费力就得到了魏国西河之外的土地，而不用感谢魏王。所以说卫鞅当初与秦王谋划此事，计谋没有离席，谈论于酒席之间，定计于朝堂之上，就使魏将被齐国所擒；没有使用战车攻打，西河之外的土地就归入了秦国。这就是我所说的在朝堂之上就打败敌人，足不出户就擒获敌将，在宴席之间攻克敌城，在坐席之上摧毁敌车。”

卷十三　齐　六

齐负郭之民有孤狐咺者

齐负郭[1]之民有孤狐咺者，正议[2]闵王，斮[3]之檀衢[4]，百姓不附。齐孙室子[5]陈举直言，杀之东闾[6]，宗族离心。司马穰苴[7]为政者也，杀之，大臣不亲。以故燕举兵，使昌国君[8]将而击之。齐使向子[9]将而应之。齐军破，向子以舆一乘亡。达子收余卒，复振，与燕战，求所以偿者，闵王不肯与，军破走。

【注释】

〔1〕郭：外城。　〔2〕正议：直言议论。　〔3〕斮（zhuó）：斩杀。　〔4〕檀衢：齐都临淄市场名。　〔5〕齐孙室子：齐国宗室子弟。　〔6〕东闾：闾里名。　〔7〕司马穰苴：齐将。　〔8〕昌国君：燕国名将乐毅的封号。　〔9〕向子：与下文“达子”皆齐将。

【译文】

齐都有一个背靠外城居住的百姓叫孤狐咺，因直言议论齐闵王，被斩杀在檀衢市上，致使百姓心中不服。齐国的宗室子弟陈举因直言劝谏闵王，被斩杀在东闾，致使宗族之人和闵王离心离德。司马穰苴是治国大臣，也被闵王所杀，致使大臣们不亲附闵王。因此燕国兴兵，派昌国君乐毅率领攻打齐国。齐闵王派向子率兵应战。齐军战败，向子仅乘一辆车逃走。达子又收拾残兵，重振士气，与燕军作战，并向闵王要用来奖赏士卒的钱物，闵王不肯给，结果齐军大败而逃。

王奔莒〔1〕，淖齿〔2〕数之曰："夫千乘、博昌〔3〕之间，方数百里，雨血沾衣，王知之乎？"王曰："不知。""嬴、博〔4〕之间，地坼至泉，王知之乎？"王曰："不知。""人有当阙〔5〕而哭者，求之则不得，去之则闻其声，王知之乎？"王曰："不知。"淖齿曰："天雨血沾衣者，天以告也；地坼至泉者，地以告也；人有当阙而哭者，人以告也。天地人皆以告矣，而王不知戒焉，何得无诛乎？"于是杀闵王于鼓里〔6〕。

【注释】

〔1〕莒：齐地，在今山东莒县。　〔2〕淖齿：楚将，时率兵救齐，被任为相。　〔3〕千乘、博昌：皆齐地，前者在今山东高清高苑北，后者在今山东博兴东南。　〔4〕嬴、博：皆齐地，前者在今山东莱芜西北，后者在今山东泰安东南。　〔5〕阙：宫殿前两边的楼台。〔6〕鼓里：莒地地名。

【译文】

齐闵王逃到莒地，淖齿数说闵王的罪过说："在千乘、博昌两地之间，天降血雨沾湿了人们的衣服，你知道吗?”闵王说：“不知道。”淖齿说：“在嬴、博两地之间，地裂涌泉，你知道吗?”闵王说：“不知道。”淖齿说：“有人在宫阙之前哭泣，去找却找不到他，离开就听到哭声，你知道吗?”闵王说：“不知道。”淖齿说：“天降血雨沾湿人们的衣服，这是上天的告诫；地裂涌泉，这是大地的告诫；有人在宫阙之前哭泣，这是人的告诫。天、地、人都进行告诫，而你不知戒惧，怎么能不杀掉你呢?”于是在莒地的鼓里杀了闵王。

太子〔1〕乃解衣免服，逃太史之家为溉园。君王后，太史氏女，知其贵人，善事之。田单〔2〕以即墨〔3〕之城，破亡余卒，破燕兵，绐〔4〕骑劫〔5〕，遂以复齐，遽迎太子于莒，立之以为王。襄王即位，君王后以为后，生齐王建。

【注释】

〔1〕太子：闵王太子，名法章，即后来的齐襄王。 〔2〕田单：齐将，时守即墨，后率军败燕复齐，因功封安平君，任相国。〔3〕即墨：齐城，即今山东即墨。 〔4〕绐：欺骗。 〔5〕骑劫：燕将，燕惠王中田单反间计，以他代乐毅为将攻齐。

【译文】

太子于是脱掉原来的衣服，逃到太史家中为人浇园。君王后，是太史家的女儿，知道太子是贵人，就对他很好。后来田单凭借即墨和国家破亡之后所存的残兵剩卒，打败燕军，欺骗骑劫，终于收复了齐国，又马上从莒地把太子迎回，拥立他做了齐王。襄王即位后，君王后被立为王后，生了齐王建。

燕攻齐齐破

燕攻齐，齐破。闵王奔莒，淖齿杀闵王。田单守即墨之城，破燕兵，复齐墟。襄王为太子征[1]。齐以破燕，田单之立疑，齐国之众，皆以田单为自立也。襄王立，田单相之。

【注释】

〔1〕征：证明。

【译文】

燕国攻打齐国。齐国国都被攻破。齐闵王逃到莒地后，淖齿杀了闵王。齐将田单守卫即墨城，打败了燕军，收复了齐国故地。逃亡在外的襄王，其太子身份也被证明。在齐国刚打败燕军之后，田单对立襄王为君犹豫不决，齐国的百姓，都认为田单将自立为王。后来襄王被立为王，田单自任相国。

过菑水，有老人涉菑而寒，出不能行，坐于沙中。田单见其寒，欲使后车分衣，无可以分者，单解裘而衣之。襄王恶之，曰："田单之施，将欲以取我国乎？不早图，恐后之。"左右顾无人，岩[1]下有贯珠者[2]，襄王呼而问之曰："女闻吾言乎？"对曰："闻之。"王曰："女以为何若？"对曰："王不如因以为己善。王嘉单之善，下令曰：'寡人忧民之饥也，单收而食之；寡人忧民之寒也，单解裘而衣之；寡人忧劳百姓，而单亦忧之，称寡人之意。’单有是善而王嘉之。善单之善，亦王之善已。”王曰：“善！”乃赐单牛酒，嘉其行。

【注释】

〔1〕岩：别本或作“声”。　〔2〕贯珠者：穿珠子的人，或言贯珠为人名。

【译文】

田单路过淄水时，有个老人蹚水过河而冷得厉害，出来后不能再走，坐在河边的沙土里。田单见到老人寒冷，想让后车的随从分给老人一件衣服，但随从没有多余的衣服可分，田单就脱下自己的裘衣给老人穿在了身上。襄王知道此事，非常憎恨田单，说：“田单的施舍，是想要夺取我的国家吗？如果不早对他下手，恐怕就晚了。”说完，四下一看，空无一人，但又看到声音能传到的地方有一个穿珠子的人，襄王把他叫来问道：“你听到我说的话了吗？”此人回答说：“听到了。”襄王说：“你认为该怎么办？”此人回答说：“大王不如借机把这当作自己的善行。大王可嘉奖田单的善行，下令说：‘我担心百姓饥饿，田单就收留百姓并给他们吃的；我担心百姓寒冷，田单就脱下自己的裘衣给他们穿；我为百姓忧心操劳，田单也忧心此事，这很符合我的心意。’田单有这种善行而大王嘉奖他。夸奖田单的善行，也就成了大王您的善行了。”襄王说：“好！”于是赏赐田单牛酒，并嘉奖了他的行为。

后数日，贯珠者复见王曰：“王至朝日，宜召田单而揖之于庭，口劳之。乃布令求百姓之饥寒者，收谷[1]之。”乃使人听于闾里。闻丈夫之相[2]□与语，举□□□□曰：“田单之爱人！嗟，乃王之教泽也！”

【注释】

〔1〕收谷：收养。 〔2〕相：相下空格及下句四空格不当有。

【译文】

几天后，穿珠子的人又去拜见襄王说：“大王到举行朝会的那天，应当召见田单并在庭中向他作揖行礼，亲口慰劳他。再发布命令调查饥寒的百姓，收养他们。”襄王这样做了，于是派人到乡里打探情况。听到男人们一起谈话，都说：“田单爱护百姓！咳，这都是大王教导的恩泽啊！”

貂勃常恶田单

貂勃[1]常恶田单，曰：“安平君[2]，小人也。”安平君闻之，故为酒而召貂勃曰：“单何以得罪于先生，故常见誉于朝？”貂勃曰：“跖[3]之狗吠尧，非贵跖而贱尧也，狗固吠非其主也。且今使公孙子[4]贤，而徐子不肖。然而使公孙子与徐子斗，徐子之狗犹时攫[5]公孙子之腓而噬之也。若乃得去不肖者，而为贤者狗，岂特攫其腓而噬之耳哉？”安平君曰：“敬闻命。”明日，任之于王。

【注释】

〔1〕貂勃：齐人。　〔2〕安平君：即田单。　〔3〕跖：相传为春秋末年的强盗，又称盗跖。　〔4〕公孙子：殆与下文徐子皆为虚拟之人。　〔5〕攫：抓取、扑抓。

【译文】

貂勃常常说田单的坏话，说：“安平君，是个小人。”田单听说了，专门设酒宴，请来貂勃问道：“我怎么得罪了先生，以至经常在朝中被你赞誉？”貂勃说：“跖的狗向尧狂叫，不是狗尊重跖而轻贱尧，狗本来就是要向不是它主人的人狂叫的。假设一个叫公孙子的人贤能，一个叫徐子的人不贤能。假若公孙子和徐子打架，徐子的狗还是要扑抓公孙子的腿肚子而咬他。至于使那条狗离开不贤的人，而成为贤能之人的狗，岂止是扑抓主人对手的腿肚子而咬呢？”安平君说：“敬听你的教导。”第二天，就请齐王任用了貂勃。

王有所幸臣九人之属〔1〕，欲伤安平君，相与语于王曰：“燕之伐齐之时，楚王使将军将万人而佐齐。今国已定，而社稷已安矣，何不使使者谢于楚王？”王曰：“左右孰可？”九人之属曰：“貂勃可。”貂勃使楚，楚王受而觞〔2〕之，数日不反。九人之属相与语于王曰：“夫一人身，而牵留万乘者，岂不以据势也哉？且安平君之与王也，君臣无礼，而上下无别。且其志欲为不善。内牧百姓，循抚其心，振穷补不足，布德于民；外怀戎翟、天下之贤士，阴结诸侯之雄俊豪英。其志欲有为也。愿王之察之。”异日，而王曰：“召相单来。”田单免冠徒跣肉袒〔3〕而进，退而请死罪。五日，而王曰："子无罪于寡人，子为子之臣礼，吾为吾之王礼而已矣。"

【注释】

〔1〕之属：之类，一伙。　〔2〕觞（shāng）：饮酒之具，此指劝酒。　〔3〕徒跣肉袒：光着双脚裸露上身，古时请罪或投降时，以此表示惶恐。

【译文】

齐王有九个所宠爱的大臣，想中伤田单，一起在齐王那里说："燕国攻打齐国时，楚王派将军率领万人来帮助齐国。如今国家已经安定，社稷已经无忧，大王为何不派使者去感谢楚王？"齐王说："身边之臣谁可为使？"九个宠臣说："貂勃可以。"貂勃出使到楚国，楚王接待他并向他劝酒，过了数日也不启程回国。九个宠臣又一起在齐王那里说："貂勃只是一介使者，却被万乘大国的国君挽留，难道不是靠田单的势力吗？而且田单对于您，不讲君臣之礼和上下之别。他的心意是想反叛。他在内治理民众，安抚百姓之心，救济穷困，补助贫乏，广施恩德；在外怀柔戎狄之族和天下的贤能之士，暗中交接各国的英雄豪杰。他的志向是想反叛啊。希望大王明察。"一天，齐王说："召相国田单前来。"田单摘掉帽子，光脚赤膊前来请罪，退下时又请求死罪。过了五天，齐王说："你对我并没有罪，你遵守你的臣子之礼，我遵守我的君主之礼就罢了。"

貂勃从楚来，王赐诸前，酒酣，王曰："召相田单而来。"貂勃避席稽首曰："王恶得此亡国之言乎？王上者孰与周文王？"王曰："吾不若也。"貂勃曰："然，臣固知王不若也。下者孰与齐桓公？”王曰：“吾不若也。”貂勃曰：“然，臣固知王不若也。然则周文王得吕尚以为太公，齐桓公得管夷吾[1]以为仲父，今王得安平君而独曰‘单’。且自天地之辟，民人之治，为人臣之功者，谁有厚于安平君者哉？而王曰‘单，单’。恶得此亡国之言乎？且王不能守先王之社稷，燕人兴师而袭齐墟，王走而之城阳[2]之山中。安平君以惴惴[3]之即墨，三里之城，五里之郭，敝卒七千，禽其司马，而反千里之齐，安平君之功也。当是时也，（阖）[4]【舍】城阳而王，（城阳）[5]天下莫之能止。然而计之于道，归之于义，以为不可，故为栈道木阁，而迎王与后于城阳山中，王乃得反，子临百姓。今国已定，民已安矣，王乃曰‘单’。且婴儿之计不为此。王不亟杀此九子者以谢安平君，不然，国危矣！”王乃杀九子而逐其家，益封安平君以夜邑[6]万户。

【注释】

〔1〕管夷吾：即管仲，名夷吾，字仲。　〔2〕城阳：齐地，在今山东莒县。　〔3〕惴惴：恐惧、危惧的样子。　〔4〕阖：当作“舍”。　〔5〕城阳：衍文。　〔6〕夜邑：夜，当为“掖”，齐地，在今山东莱州。

【译文】

貂勃从楚国回来，齐王在御前赐宴款待，当酒意正浓时，齐王说：“召相国田单前来。”貂勃离席叩头说：“大王怎么说出这种亡国的话来？您上和周文王相比，怎么样？”齐王说：“我不如他。”貂勃说：“对，我本来就知您不如他。那么您下和齐桓公相比怎么样？”齐王说：“我也不如他。”貂勃说：

"对，我本来就知道您不如他。然而周文王得到姜尚，尊他为太公，齐桓公得到管仲，尊他为仲父，如今您得到安平君，却只称他为'单'；况且自开天辟地，有了人民以来，作为人臣的功劳，有谁比安平君还大的呢？而您却直呼其名，口称'单、单'。怎么能说出这种亡国的话来呢？何况您不能守住先王的国家，燕国兴兵袭击齐国，您逃到了城阳山中。安平君凭靠岌岌可危的即墨，这个小小的三里之城，五里之郭，以及七千疲惫之兵，擒获燕军的司马，而收复了千里齐地，这都是安平君的功劳啊。在那时，假如安平君舍弃城阳而自立为王，天下也没人能制止。然而他出于道义，认为不能这么做，所以修建栈道木阁，到城阳山中迎接您和王后，您才得以返回国都，治理百姓。如今国家已定，百姓已安，而您竟对安平君张口称'单'。即使小孩子也不会这样做。您为何不赶快杀掉这九个宠臣来向安平君道歉呢？否则，国家就危险了！"齐王于是杀掉了九个宠臣，并把他们全家赶出了齐国，又把掖邑万户之地增封给安平君。

田单将攻狄

田单将攻狄[1]，往见鲁仲子[2]。仲子曰："将军攻狄，不能下也。"田单曰："臣以五里之城，七里之郭，破亡余卒，破万乘之燕，复齐墟，攻狄而不下，何也？"上车弗谢而去。遂攻狄，三月而不克之也。

【注释】

〔1〕狄：狄族之国，在今山东高清西北。　〔2〕鲁仲子：即鲁仲连。

【译文】

田单将要攻打狄国，前去拜见鲁仲子。鲁仲子说："您攻打狄国，将不能攻克。"田单说："当年我凭着区区五里之城，七里之郭，国家破亡后的残兵剩卒，就打败了拥有万辆兵车的燕国，收复了齐国国土，你说不能攻克狄国，这是为什么呢？"说完便上车，没有告辞就走了。于是去攻打狄国，三个月没攻下来。

齐婴儿谣曰："大冠若箕，修剑拄颐，攻狄不能，下垒枯丘[1]。"田单乃惧，问鲁仲子曰："先生谓单不能下狄，请闻其说。"鲁仲子曰："将军之在即墨，坐而织蒉，立则丈插[2]，为士卒倡曰：'（可）[3]【何】往矣！宗庙亡矣！（云曰）[4]【魂魄】（尚）[5]【丧】矣！归于何党矣！'当此之时，将军有死之心，而士卒无生之气，闻若言，莫不挥泣奋臂而欲战，此所以破燕也。当今将军东有夜邑之奉，西有菑[6]上之虞[7]，黄金横带，而驰乎淄、渑[8]之间，有生之乐，无死之心，所以不胜者也。"田单曰："单有心，先生志之矣。"明日，乃厉气循城，立于矢石之所，乃援枹[9]鼓之，狄人乃下。

【注释】

〔1〕枯丘：指枯骨堆成之丘。　〔2〕丈插：同"杖锸"，手持锸。

锸，挖土工具。〔3〕可：当作“何”。〔4〕云曰：当作“魂魄”。〔5〕尚：当作“丧”。〔6〕菑：同“淄”，淄水。〔7〕虞：同“娱”。〔8〕渑：水名，发源于临淄。〔9〕枹（fú）：鼓槌。

【译文】

当时齐国小孩子的歌谣唱道：“大帽子像簸箕，长剑拄在腮帮上，攻打狄国攻不下，城下的白骨垒成了山。”田单于是害怕，问鲁仲子：“先生说我不能攻克狄国，请说说原因。”鲁仲子说：“您在即墨的时候，坐下就编织草筐，站起就动锹挖土，教导士卒说：‘我们能到哪里去呢！国家已亡了！魂魄已失去，我们还能去什么地方！’在那时，将军您有战死的决心，士卒没有生还的念头，听了您这样的话，无人不挥泪振臂而想作战，这就是打败燕军的原因。但当今您东边有封地夜邑的收入供养，西边有淄水之旁的娱乐享受，腰系黄金衣带，驱车于淄水、渑水之间，有活着的快乐，而没有战死的决心，这就是所以不胜的原因。”田单说：“我有战死的决心，请您记住我的话吧。”第二天，田单便激励士气，巡视狄城，站在箭矢垒石能打到的地方，擂鼓指挥，终于攻克了狄城。

齐闵王之遇杀

齐闵王之遇杀，其子法章变姓名，为莒太史家庸夫[1]。太史敫[2]女，奇法章之状貌，以为非常人，怜而常窃衣食之，与私焉。莒中及齐亡臣相聚，求闵王子，欲立之。法章乃自言于莒。共立法章为襄王。襄王立，以太史氏女为王后，生子建。太史敫曰：“女无谋[3]而嫁者，非吾种也，污吾世矣。”终身不睹。君王后贤，不以不睹之故失人子之礼也。

【注释】

〔1〕庸夫：雇工，庸，通“佣”。 〔2〕太史敫（jiǎo）：复姓太史，名敫。 〔3〕谋：同“媒”。

【译文】

齐闵王被杀后，太子法章改换姓名，做了莒地太史家的雇工。太史敫的女儿，感到法章的相貌非同寻常，认为他不是一般的人，就怜悯他，常常给他些吃的穿的，并和他私通。莒地的人和齐国逃亡的大臣聚集在一起，寻找闵王的儿子，准备把他立为齐王。法章于是对莒地人说明自己的身份。他们共同把他立为襄王。襄王即位后，以太史家的女儿为王后，生了一个儿子名建。太史敫说：“女儿没通过媒人就嫁人，她不是我的女儿，玷污了我一世的名声。”就终生不去看望女儿。但君王后贤惠，不因为父亲不看望她而失去作女儿的礼节。

襄王卒，子建立，为齐王。君王后事秦谨，与诸侯信，以故建立四十有余年不受兵。

【译文】

齐襄王死后，儿子建继位为齐王。君王后奉事秦国非常谨慎，和诸侯国交往很讲信用，因此齐王建在位四十多年，齐国没有受到别国的攻打。

秦始皇尝使使者遗君王后玉连环，曰："齐多知[1]，而解此环不?"君王后以示群臣，群臣不知解。君王后引椎[2]椎破之，谢秦使曰："谨以解矣。"

【注释】

〔1〕知：通"智"。　〔2〕椎（chuí）：槌子。

【译文】

秦始皇曾派使者送给君王后一副玉连环，说："齐国人多有智慧，能不能解开这副玉连环?"君王后便把玉连环拿给群臣观看，但群臣不知如何解开。于是君王后拿起槌子，一槌打碎玉连环，对秦使说："已解开了。"

及君王后病且卒，诫建曰："群臣之可用者某。"建曰："请书之。"君王后曰："善。"取笔牍受言。君王后曰："老妇已亡[1]矣!"

【注释】

〔1〕亡：通"忘"。

【译文】

到君王后病重将要去世时，告诫齐王建说："群臣之中可以重用的是某人。"齐王建说："请让我写下来。"君王后说："好吧。"等齐王建取过毛笔木牍，准备记下遗言，君王后说："我已经忘记了。"

君王后死，后后胜相齐，多受秦间金玉，使宾客入秦，皆为变辞，劝王朝秦，不修攻战之备。

【译文】

君王后去世，后来后胜担任齐相，接受了秦国间谍所送的很多金玉，他派到秦国的宾客，回来都用欺诈之辞，劝齐王建到秦国朝见，不做战争的准备。

齐王建入朝于秦

齐王建入朝于秦，雍门司马〔1〕前曰："所为立王者，为社稷耶？为王立王耶？"王曰："为社稷。"司马曰："为社稷立王，王何以去社稷而入秦？"齐王还车而反。

【注释】

〔1〕雍门司马：掌城门之官，雍门为齐都西门。

【译文】

齐王建前往秦国朝见，雍门司马走到车前说："立您为王的原因，是为了国家呢？还是为了您做王而立的呢？"齐王建说："是为了国家。"司马说："既然是为了国家而立您为王，您为什么还要抛弃国家去秦国？"齐王建听后，转车返回宫中。

即墨大夫（与）〔1〕【闻】雍门司马谏而听之，则以为可

(可)[2]为谋，即入见齐王，曰："齐地方数千里，带甲数百万。夫三晋[3]大夫，皆不便秦，而在阿、鄄[4]之间者百数，王收而与之百万之众，使收三晋之故地，即临晋之关[5]可以入矣；鄢、郢大夫[6]，不欲为秦，而在城南下者百数，王收而与之百万之师，使收楚故地，即武关[7]可以入矣。如此，则齐威可立，秦国可亡。夫舍南面之称制，乃西面而事秦，为大王不取也。"齐王不听。

【注释】

〔1〕与：当作"闻"。 〔2〕可：衍文，或"与"字之讹。〔3〕三晋：指韩、赵、魏三国，时已被秦所亡。 〔4〕阿（wō）、鄄（juàn）：皆齐地，阿在今山东阳谷东北，鄄在今山东鄄城。 〔5〕临晋之关：即临晋关，在今陕西朝邑西。 〔6〕鄢、郢：原楚地，此指已被秦所灭的楚国。 〔7〕武关：在今陕西丹凤东南。

【译文】

即墨大夫听说齐王建听从了雍门司马的劝谏，认为可以与齐王建谋事，就入宫拜见齐王建，说："齐国土地方圆千里，兵士有几百万。那些亡了国的三晋大夫，都不愿为秦国效力，而在阿、鄄之间的有上百人，您收留他们并给他们百万军队，让他们去收复三晋的旧地，就可以攻入秦国的临晋关；亡了国的楚国大夫，也不愿为秦国效力，在齐国南城之下的也有上百人，您收留他们并给他们百万军队，让他们去收复楚国的旧地，就可以攻入秦国的武关。这样，齐国的国威就可树立，秦国就能被灭掉。您舍弃南面称王的机会，却臣服于秦，我认为您这样做是不可取的。"齐王建没有听从即墨大夫的劝告。

秦使陈驰诱齐王内之，约与五百里之地。齐王不听即墨大夫而听陈驰，遂入秦。处之共[1]松柏之间，饿而死。先是齐为之歌曰："松邪！柏邪！住建共者，客耶？"

【注释】

〔1〕共：秦邑，在今河南辉县。

【译文】

秦国派陈驰诱使齐王建入秦，约定给他五百里土地。齐王建不听即墨大夫的劝告，却听信陈驰的花言巧语，终于进入秦国。被安置在共邑，住在松柏之间，结果被活活饿死。在此之前，齐国就有人编了一首歌谣，说："松树啊！柏树啊！让齐王建住在共地的，就是那个说客陈驰啊！"

卷十四　楚　一

荆宣王问群臣

荆宣王[1]问群臣曰："吾闻北方之畏昭奚恤[2]也，果诚何如?"群臣莫对。江（一）【乙】[3]对曰："虎求百兽而食之，得狐。狐曰：'子无敢食我也。天帝使我长百兽，今子食我，是逆天帝命也。子以我为不信，吾为子先行，子随我后，观百兽之见我而敢不走乎?'虎以为然，故遂与之行。兽见之皆走。虎不知兽畏己而走也，以为畏狐也。今王之地方五千里，带甲百万，而专属之昭奚恤。故北方之畏奚恤也，其实畏王之甲兵也，犹百兽之畏虎也。"

【注释】

〔1〕荆宣王：即楚宣王，名良夫，公元前369—前340年在位。〔2〕昭奚恤：楚国令尹。　〔3〕江一：应作"江乙"。魏人，时为楚臣。

【译文】

楚宣王问群臣说："我听说北方各国都害怕昭奚恤，真是这样吗?”群臣无人回答。江乙回答说:“老虎寻找各种野兽来吃,抓到一只狐狸。狐狸说:‘你不敢吃我。天帝派我当百兽的首领,今天你要是吃了我,就是违背天帝的命令。你如果认为我说的不真,就让我在你前边走,你在后边跟着,看看百兽见到我有敢不逃走的吗?’老虎认为说得对,所以就与狐狸一起走。百兽见到,全都逃走了。老虎不知道百兽是因为害怕自己而逃走的,认为是害怕狐狸。如今大王您的国土方圆五千里,军队上百万,但都交给昭奚恤掌管。所以北方各国害怕他,其实是害怕大王的军队,这就好像百兽害怕老虎一样。”

江乙恶昭奚恤

江乙恶昭奚恤,谓楚王曰:“人有以其狗为有执[1]而爱之。其狗尝溺井,其邻人见狗之溺井也,欲入言之。狗恶之,当门而噬之。邻人惮之,遂不得入言。邯郸之难[2],楚进兵大梁[3],取矣。昭奚恤取魏之宝器,以居魏知之,故昭奚恤常恶臣之见王。”

【注释】

〔1〕有执:善于守卫。 〔2〕邯郸之难:指公元前354年魏国围攻赵都邯郸之事。 〔3〕大梁:魏都,在今河南开封。

【译文】

江乙诽谤昭奚恤,对楚王说:“有个人认为他的狗很会看家而喜欢它。这只狗曾经往井里撒尿,邻居看到狗往井里撒尿，想进去告诉主人。狗恨邻居告发，就堵住门对邻居狂叫。邻居害怕狗，最终也不能进去告诉主人。邯郸之难时，如果楚国乘机攻打大梁，就把它拿下了。因为昭奚恤收了魏国的宝器，才不同意攻打大梁，我当时在魏国，知道这件事，所以昭奚恤常常嫉恨我，不让我见您。”

江乙欲恶昭奚恤于楚

江乙欲恶昭奚恤于楚，谓楚王曰：“下比周[1]，则上危；下分争，则上安。王亦知乎？愿王勿忘也。且人有好扬人之善者，于王何如？”王曰：“此君子也，近之。”江乙曰：“有人好扬人之恶者，于王何如？”王曰：“此小人也，远之。”江乙曰：“然则且有子杀其父，臣弑其主者，而王终已不知者，何也？以王好闻人之美而恶闻人之恶也。”王曰：“善，寡人愿两闻之。”

【注释】

〔1〕比周：结党营私。

【译文】

江乙想在楚国诽谤昭奚恤，对楚王说：“臣下结党营私，国君就会危险；臣下勾心斗角，国君就能安稳。大王也知道这吗？希望大王不要忘记。还有，有人喜欢宣扬别人的优点，大王认为这种人怎么样？”楚王说：“这种人是君子，应当亲近他，”江乙说：“有人喜欢宣扬别人的缺点，大王认为这种人怎么样？”楚王说：“这种人是小人，应当远离他。”江乙说：“那么将会有儿子杀父亲，臣下杀国君的事，您终究也不会知道，为什么呢？因为您喜欢听人的优点，而不喜欢听人的缺点。”楚王说：“好，我愿两方面都听。”

江乙说于安陵君

江乙说于安陵君〔1〕曰：“君无咫尺之（地）〔2〕【功】，骨肉之亲，处尊位，受厚禄，一国之众，见君莫不敛衽〔3〕而拜，抚委〔4〕而服，何以也？”曰：“王过举而已，不然，无以至此。”

【注释】

〔1〕安陵君：名坛，楚王宠臣。　〔2〕地：“功”字之误。〔3〕敛衽：犹“敛袂”，整整衣袖，以示恭敬。　〔4〕抚委：躬身。

【译文】

江乙劝说安陵君说：“您没有尺寸之功，也没有骨肉之亲，却身居高位，享受厚禄，一国之人，见到您无不整整衣袖，弯下身子，恭恭敬敬地行礼，这是为什么呢？”安陵君说：“这不过是因为楚王的错误抬举罢了，不然的话，我到不了这种地位。”

江乙曰：“以财交者，财尽而交绝；以色交者，华〔1〕落而爱渝。是以嬖女〔2〕不敝席，宠臣不（避）〔3〕【敝】轩。今君擅楚国之势，而无以深自结于王，窃为君危之。”安陵君曰：“然则奈何？”“愿君必请从死，以身为殉，如是必长得重于楚国。”曰：“谨受令。”

【注释】

〔1〕华：美貌。〔2〕嬖女：受宠之女。〔3〕避：“敝”字之误。

【译文】

江乙说：“凭着财物和别人交往的，财物用完交情就断绝了；凭着容貌和别人交往的，美貌衰退爱情就改变了。所以被宠爱的女子等不到席子睡破就会失宠，受宠的大臣等不到车辆用坏就会失宠。现在您独揽楚国的权势，但没有办法和楚王结成深交，我私下为您感到危险。”安陵君说：“那么该怎么办？”江乙说：“希望您请求随着楚王死，让自己殉葬，如此您就一定会长期在楚国拥有尊贵的地位。”安陵君说：“谨受您的教导。”

三年而弗言。江乙复见曰：“臣所为君道，至今未效。君不用臣之计，臣请不敢复见矣。”安陵君曰：“不敢忘先生之言，未得间也。”

【译文】

安陵君三年没说这事。江乙又拜见安陵君说：“我给您说的话，至今没有效果。您如果不用我的主意，我请求从此不再见您。”安陵君说：“我不敢忘记先生的话，只是还没有找到机会。”

于是，楚王游于云梦[1]，结驷千乘，旌旗蔽日，野火之起也若云蜺[2]，兕[3]虎嗥之声若雷霆，有狂兕牂[4]车依轮而至，王亲引弓而射，壹发而殪[5]。王抽旃旄[6]而抑兕首，仰天而笑曰："乐矣，今日之游也。寡人万岁千秋之后，谁与乐此矣？"安陵君泣数行而进曰："臣入则编席[7]，出则陪乘。大王万岁千秋之后，愿得以身试黄泉，蓐[8]蝼蚁，又何如得此乐而乐之。"王大说，乃封坛为安陵君。

【注释】

〔1〕云梦：楚泽薮，在今湖北监利北。　〔2〕云蜺（ní）：同"云霓"，高空云雾。　〔3〕兕（sì）：雌性犀牛。　〔4〕牂：同"䍧"，快速奔撞。　〔5〕殪（yì）：射死。　〔6〕旃（zhān）旄：曲柄旗。　〔7〕编席：挨着坐席。　〔8〕蓐：席垫子。

【译文】

在这时，楚王到云梦游猎，猎场之上车马千辆相连，旌旗遮天蔽日，驱赶野兽的野火烧起好像满天红霞，犀牛猛虎的吼叫声如同雷霆响起，突然有一头犀牛狂奔到车轮之前，楚王亲手拉弓而射，一箭就射死了犀牛。接着楚王拔起车上的旗帜按住犀牛头，仰天大笑说："今天的游猎好快乐啊！在我百年之后，又和谁一起享受这种快乐呢？"安陵君泪流满面地进前说："我入宫与您挨席而坐，出宫与您同乘一车。大王百年之后，我愿追随您，以身为您填塞黄泉，当作席垫阻挡蝼蚁，又有什么比这种快乐还快乐的呢。"楚王听了十分高兴，于是封他为安陵君。

君子闻之曰：“江乙可谓善谋，安陵君可谓知时矣！”

【译文】

君子听到此事说：“江乙可称得上善于谋划，安陵君可称得上知道把握时机啊。”

卷十五　楚　二

楚怀王拘张仪

楚怀王拘张仪[1]，将欲杀之。靳尚[2]为仪谓楚王曰："拘张仪，秦王必怒。天下见楚之无秦也，楚必轻矣。"又谓王之幸夫人郑袖曰："子亦自知且贱于王乎?"郑袖曰："何也?"尚曰："张仪者，秦王之忠信有功臣也。今楚拘之，秦王欲出之。秦王有爱女而美，又简择宫中佳（玩）[3]丽好玩[4]习音者，以欢从之；资之金玉宝器，奉以上庸[5]六县为汤沐邑[6]，欲因张仪内[7]之楚王。楚王必爱。秦女依强秦以为重，挟宝地以为资，势为王妻以临于楚。王惑于虞[8]乐，必厚尊敬亲爱之而忘子，子益贱而日疏矣。"郑袖曰："愿委之于公，为之奈何?"曰："子何不急言王，出张子。张子得出，德子无已时，秦女必不来，而秦必重子。子内擅楚之贵，外结秦之交，畜[9]张子以为用，子之子孙必为楚太子矣，此非布衣之利也。"郑袖遽说楚王出张子。

【注释】

〔1〕张仪：秦相，时为秦使楚。张仪曾欺骗楚怀王，故怀王拘之。〔2〕靳尚：楚臣，任上官大夫。张仪被拘，他接受张仪重赂，设法使楚放归张仪。　〔3〕玩：衍文。　〔4〕好玩：熟悉游戏的。〔5〕上庸：秦县，在今湖北竹山西南。　〔6〕汤沐邑：王、后、公主等收取赋税的私邑。　〔7〕内：同“纳”。　〔8〕虞：通“娱”。〔9〕畜：养，收留。

【译文】

楚怀王拘留了张仪，将要杀了他。靳尚为张仪对楚王说：“拘留张仪，秦王必定发怒。天下见到楚国失去了盟国秦国，就一定会轻视楚国。”又对楚王的宠姬郑袖说：“你自己知道将要被大王轻视吗?”郑袖说：“为什么呢?”靳尚说：“张仪，是秦王认为忠心可信的有功之臣。现在楚国拘留了张仪，秦王想让楚国把他放回来。秦王有一个爱女长得很漂亮，又挑选了宫中美貌善玩且精通音乐的女子，用欢乐伴随着她；并给她很多金玉宝器作为陪嫁，还送了上庸等六个县作为汤沐邑，想通过张仪献给大王。大王必定喜爱她。秦女依仗强大的秦国抬高自己的地位，使用珍宝土地做活动资本，就势必成为大王的妻子而君临楚国。楚王被欢乐所迷惑，一定会敬重宠爱秦女而忘了你，你将会越来越被轻视，和楚王的关系日益疏远。”郑袖说：“我愿把这事交给你，你认为该怎么办?”靳尚说：“你为何不赶快向大王进言，让他放了张仪。张仪如能被释放，将对你感激不尽，秦女就一定不会再来楚国，而秦国也一定尊重你。你在内独揽楚国的尊贵地位，在外和秦国结下交情，留下张仪为自己所用，你的子孙一定成为楚国的太子，这可不是一般平民百姓的所能得到的利益。”郑袖马上劝说楚王放了张仪。

楚王将出张子

楚王将出张子，恐其败己也，靳尚谓楚王曰："臣请随之。仪事王不善，臣请杀之。"

【译文】

楚怀王准备释放张仪，又担心他对自己不利，靳尚对楚王说："请让我跟着他。如果张仪做对大王不利的事，我就杀了他。"

楚小臣[1]，靳尚之仇也，谓张旄[2]曰："以张仪之知，而有秦、楚之用，君必穷矣。君不如使人微要[3]靳尚而刺之，楚王必大怒仪[4]也。彼仪穷，则子重矣。楚、秦相难，则魏无患矣。"

【注释】

〔1〕小臣：职位低下的小吏。　〔2〕张旄：魏国执政大臣。〔3〕微要：暗地中途拦截。　〔4〕大怒仪：楚王以为张仪所为，故怒仪。

【译文】

楚国的一个小臣，是靳尚的仇人，他对张旄说："凭着张仪的足智多谋，又为秦、楚两国所重用，您一定会不被重视，没有地位。您不如派人暗中拦截靳尚，把他杀掉，这样楚王必定对张仪大为恼怒。张仪被此事所困，您就会受到重用了。楚、秦两国因此事成为仇敌，魏国也就没有祸患了。”

张旄果令人要靳尚刺之。楚王大怒，秦【楚】[1]构兵而战。秦、楚争事魏，张旄果大重。

【注释】

〔1〕楚：据别本补。

【译文】

张旄果然派人拦截靳尚，把他杀了。楚王大怒，于是秦、楚两国交兵而战。秦、楚两国争着拉拢魏国，张旄果然大受重用。

楚襄王为太子之时

楚襄王[1]为太子之时，质于齐。怀王薨，太子辞于齐王[2]而归。齐王隘[3]之："予我东地五百里，乃归子。子不予我，不得归。"太子曰："臣有傅，请（追）[4]【退】而问傅。"傅慎子曰："献之地，所以为身也。爱地不送死父，不义。臣故曰，献之便。"太子入，致命齐王曰："敬献地五百里。"齐王归楚太子。

【注释】

〔1〕楚襄王：名横，怀王之子，公元前298—前263年在位。

〔2〕齐王：齐闵王。　〔3〕隘：阻止。　〔4〕追："退"字之误。

【译文】

楚襄王做太子的时候，在齐国当人质。楚怀王去世，太子向齐王请求回国。齐王阻止他，说："把楚国东地五百里割让给我，就让你回去。你要是不给，就不能回去。"太子说："我有个师傅，请让我回去问问他。"太子的师傅慎子说："献给齐国土地，是为了你自己回国。因吝惜土地而不能为死去的父亲送葬，这是不义。我所以说，献出土地有利。"太子入宫，回复齐王说："向您敬献土地五百里。"齐王于是放楚太子回国。

太子归，即位为王。齐使车五十乘，来取东地于楚。楚王告慎子曰："齐使来求东地，为之奈何？"慎子曰："王明日朝群臣，皆令献其计。"

【译文】

太子回到楚国，即位为王。齐国的使臣带着车辆五十辆，来到楚国索要东地。楚王告诉慎子说："齐国使者来索要东地，该怎么办？"慎子说："大王明天朝见群臣，让他们都说说自己的主意。"

上柱国子良入见。王曰："寡人之得求反，（王）【主】坟墓〔1〕、复群臣、归社稷也，以东地五百里许齐。齐令使来求地，为之奈何？"子良曰："王不可不与也。王身出玉声，许强万乘之齐而不与，则不信，后不可以约结诸侯。请与而复攻之。与之信，攻之武。臣故曰与之。"

【注释】

〔1〕王：当作“主”，主持。

【译文】

上柱国子良入朝拜见。楚王说：“我所以能返回楚国，主持安葬先王，见到群臣，治理国家，是因为答应把东地五百里割让给齐国。现在齐国派使者前来索要土地，该怎么办？”子良说：“大王不能不给。您亲口说出的话，答应了强大的齐国而不给他，就是不讲信用，以后就不好和诸侯结盟缔约了。请把土地给他，然后再攻打他。给他是讲求信用，攻打他是显示武力。我所以说给他。”

子良出，昭常入见。王曰：“齐使来求东地五百里，为之奈何？”昭常曰：“不可与也。万乘者，以地大为万乘。今去东地五百里，是去战国〔1〕之半也，有万乘之号而无千乘之用也，不可。臣故曰勿与。常请守之。”

【注释】

〔1〕战国：从事征战的国家，此即指国家。

【译文】

子良出来，昭常入朝进见。楚王说：“齐国的使者来索要东地五百里，该怎么办？”昭常说：“不能给。万乘大国，是因为土地广大才成为万乘大国。现在割去东地五百里，这就去掉了国家的一半，这样，楚国就空有万乘大国的名号，而实际连千乘小国的力量都不如，不能这么办。所以我说不给。我请求守卫东地。”

昭常出，景鲤入见。王曰：“齐使来求东地五百里，为之奈何？”景鲤曰：“不可与也。虽然，楚不能独守。王身出玉声，许万乘之强齐也而不与，负不义于天下。楚亦不能独守，臣请西索救于秦。”

【译文】

昭常出来，景鲤入朝进见。楚王说：“齐国的使者来索要东地五百里，该怎么办？”昭常说：“不能给。虽然如此，楚国自己怕不能守住。大王亲口说出的话，答应了强大的齐国而不给他，就会在天下背上不义的名声。既然楚国自己也不能守卫，我请求西行向秦国求救。”

景鲤出，慎子入。王以三大夫计告慎子曰：“子良见寡人曰：‘不可不与也，与而复攻之。’常见寡人曰：‘不可与也，常请守之。’鲤见寡人曰：“不可与也，虽然，楚不能独守也，臣请索救于秦。’寡人谁用于三子之计？”慎子对曰：“王皆用之。”王怫然作色曰：“何谓也？”慎子曰：“臣请效其说，而王且见其诚然也。王发上柱国子良车五十乘，而北献地五百里于齐。发子良之明日，遣昭常为大司马，令往守东地。遣昭常之明日，遣景鲤车五十乘，西索救于秦。”王曰：“善。”乃遣子良北献地于齐。遣子良之明日，立昭常为大司马，使守东地。又遣景鲤西索救于秦。

【译文】

景鲤出来，慎子进去。楚王把三位大夫的主意告诉慎子，说："子良见我说：'不能不给，给了之后再攻打它。'昭常见我说：'不能给，我请求守卫东地。'景鲤见我说：'不能给。虽然如此，楚国自己也不能守住，我请求到秦国求救。'这三个人的主意，我该用谁的？"慎子说："您全用。"楚王面带怒容说："这是说的什么话？"慎子说："请听我给您说明白，您就将知道确实如此了。您派出上柱国子良率车五十辆，北行到齐国献出五百里东地。派出子良的第二天，再派昭常任大司马，命令他前去守卫东地。派出昭常的第二天，再派景鲤率领五十辆车，西去秦国求救。"楚王说："好。"于是派子良北行到齐国献地。派出子良的第二天，任命昭常为大司马，让他去守卫东地。又派出景鲤西行向秦国求救。

子良至齐，齐使人以甲受东地。昭常应齐使曰："我典主东地，且与死生，悉五尺至六十，三十余万弊甲钝兵，愿承下尘。"齐王谓子良曰："大夫来献地，今常守之何如？"子良曰："臣身受命弊邑之王，是常矫[1]也。王攻之。"齐王大兴兵，攻东地，伐昭常。未涉疆，秦以五十万临齐右壤。曰："夫隘楚太子弗出，不仁；又欲夺之东地五百里，不义。其缩甲则可，不然，则愿待战。"齐王恐焉。乃请子良南道楚，西使秦，解齐患。士卒不用，东地复全。

【注释】

〔1〕矫：假托，假称。

【译文】

子良到了齐国，齐国派人率兵去接收东地。昭常回答齐国使臣说："我负责守卫东地，将与东地共存亡，我已把身高五尺的孩子到六十岁的老人全部征调入伍，共有三十多万人，虽然铠甲破旧，武器不利，但愿意奉陪。"齐王对子良说："你前来献地，而现在昭常在那里守卫，这是怎么回事？"子良说："我奉敝国大王之命前来献地，昭常一定是假称王命。大王您去攻打他。"于是齐王调动大军，攻打东地，讨伐昭常。齐军还没进入楚境，秦国派出的五十万大军已逼近齐国的西境。秦国对齐国说："阻止楚太子，不让他回国，这是不仁；又想夺取楚国的五百里东地，这是不义。把你们的军队撤回就罢了，否则将和你们一决高下。"齐王害怕了。于是请子良南到楚国，西到秦国，去解救齐国的灾难。楚国没动一兵一卒，东地又得以保全。

卷十六　楚　三

苏子谓楚王

苏子[1]谓楚王曰："仁人之于民也，爱之以心，事之以善言。孝子之于亲也，爱之以心，事之以财。忠臣之于君也，必进贤人以辅之。今王之大臣父兄，好伤贤以为资，厚赋敛诸臣百姓，使王见疾[2]于民，非忠臣也。大臣播王之过于百姓，多赂诸侯以王之地，是故退王之所爱，亦非忠臣也，是以国危。臣愿无听群臣之相恶也，慎大臣父兄；用民之所善，节身之嗜欲，以百姓。人臣莫难于无妒而进贤。为主死易，垂沙之事[3]，死者以千数。为主辱易，自令尹以下，事王者以千数。至于无妒而进贤，未见一人也。故明主之察其臣也，必知其无妒而进贤也。贤之事其主也，亦必无妒而进贤。夫进贤之难者，贤者用且使己废，贵且使己贱，故人难之。"

【注释】

〔1〕苏子：苏秦。　〔2〕疾：憎恨。　〔3〕垂沙之事：指公元前 301 年齐、魏、韩三国联合伐楚，于垂沙（今河南唐河西南）大败楚军，杀死楚将之事。

【译文】

苏秦对楚王说："仁爱的人对于百姓，是真心去爱他们，用好话去对待他们。孝子对于父母，是真心去爱他们，用财物去侍奉他们。忠臣对于国君，一定推荐贤能的人去辅佐他。如今大王您的父兄辈宗室大臣，喜欢中伤贤人作为抬高自己的资本，向臣下百姓横征暴敛，使您被百姓所憎恨，他们都不是忠臣。大臣在百姓中散播您的过错，把您的很多国土送给诸侯，并因此排挤您所信任的人，也不是忠臣，所以国家会危险。我希望您不要听大臣之间相互攻击的话，谨慎任用父兄辈宗室大臣；要施行百姓认为好的政策，节制自己的嗜好欲望，给予百姓利益。对大臣来说，最难做到的莫过于没有妒忌之心而又能推荐贤才。为君主去死容易，垂沙之战时，战死的多达几千人。为君主受屈辱也容易，从令尹以至于以下的官员，侍奉大王的也有几千人。至于没有妒忌之心而又能推荐贤才的，却一个也没见到。所以英明的君主考察他的臣下，一定要知道他是否没有妒忌之心而能推荐贤才。贤能的人为君主做事，也一定要没有妒忌之心而能推荐贤才。推荐贤才的难处在于：所推荐的贤才被任用了，自己就要被弃之一旁，所推荐的贤才尊贵了，自己的地位就会下降，所以人们难做到。"

张仪逐惠施于魏

张仪逐惠施[1]于魏。惠子之楚，楚王[2]受之。

【注释】

〔1〕惠施：宋国人，曾任魏相，后张仪入魏为相，惠施遭排挤出走，后复返为相。　〔2〕楚王：楚怀王。

【译文】

张仪把惠施从魏国赶走，惠施来到楚国，楚王接纳了他。

冯郝[1]谓楚王曰："逐惠子者，张仪也。而王亲与约，是欺仪也，臣为王弗取也。惠子为仪者来，而恶王之交于张仪，惠子必弗行也。且宋王[2]之贤惠子也，天下莫不闻也。今之不善张仪也，天下莫不知也。今为事之故，弃所贵于仇人，臣以为大王轻矣。且为事耶？王不如举惠子而纳之于宋。而谓张仪曰：'请为子勿纳也。'仪必德王。而惠子穷人而王奉之，又必德王。此不失为仪之实，而可以德惠子。"楚王曰："善。"乃奉惠子而纳之宋。

【注释】

〔1〕冯郝：楚臣。　〔2〕宋王：宋康王，又称宋王偃，公元前329—前318年在位。

【译文】

冯郝对楚王说："赶走惠施的，是张仪。大王您亲近他，和他结交，这是在欺骗张仪，我认为大王这样做不可取。惠施是被张仪赶走才来楚国的，他会怨恨您和张仪结交，如果他知道您和张仪的关系，一定不会来楚国。而且宋王对惠施很好，天下无人不知。惠施和张仪有仇，天下也无人不知。现在您为了结交惠施，就抛弃了惠施的仇人张仪，我认为您这样做有些轻率。或者您是为了国家之事才这样做的呢？您不如帮助惠施，把他送到宋国，再对张仪说：'我为了你而没有接纳他。'这样，张仪一定会感激您。而惠施正走投无路，您却帮助了他，他也一定会感激您。如此，您既不失为张仪着想之实，又可以对惠施有恩德。"楚王说："好。"于是把惠施送到宋国。

五国伐秦

五国伐秦[1]。魏欲和，使惠施之楚。楚将入之秦而使行和。

【注释】

〔1〕五国伐秦：指公元前318年，魏、赵、韩、楚、燕五国合纵伐秦，不胜而归之事。

【译文】

魏、赵、韩、楚、燕五国攻打秦国，不胜而归。魏国想与秦讲和，派惠施到了楚国。楚国准备把惠施送到秦国讲和。

杜赫[1]谓昭阳[2]曰："凡为伐秦者楚也。今施以魏来，而公入之秦，是明楚之伐而信魏之和也。公不如无听惠施，而阴使人以请听秦。"昭子曰："善。"因谓惠施曰："凡为攻秦者魏也。今子从楚为和，楚得其利，魏受其怨。子归，吾将使人因魏而和。"

【注释】

〔1〕杜赫：楚臣。　〔2〕昭阳：楚令尹。

【译文】

杜赫对楚令尹昭阳说："五国伐秦，是以楚国为首。现在惠施为讲和而来，而您把他送到秦国，这是让秦国知道楚国主张伐楚而相信魏国主张讲和。您不如不听惠施的，而暗地派人去与秦国讲和，以表示听命于秦。"昭常说："好。"于是对惠施说："进攻秦国，是魏国冲在前边。现在你跟着楚国与秦国讲和，这样，楚国得到利益，魏国却受到秦国的怨恨。你先回去，我将派人通过魏国与秦国讲和。"

惠子反，魏王[1]不说。杜赫谓昭阳曰："魏为子先战，折兵之半，谒病[2]不听，请和不得，魏折而入齐、秦，子何以救之？东有越[3]累，北无晋[4]，而交未定于齐、秦，是楚孤也。不如速和。"昭子曰："善。"因令人谒和于魏。

【注释】

〔1〕魏王：魏襄王，魏惠王子，名嗣，公元前318—296年在位。〔2〕谒病：以疲敝相告。　〔3〕越：越国，建都于会稽（今浙江绍

兴），战国时已成国势衰微的小国。〔4〕晋：代指魏，魏由三家分晋而来。

【译文】

惠施回到魏国，魏王不高兴。杜赫对昭阳说：“魏国为您冲锋在前，军队损失了一半，因国力疲敝请求援助，您无动于衷，请求讲和又不成功，如果魏国转而倒向齐、秦，您如何挽救呢？东边有越国的骚扰，北边没有魏国的援助，而且和齐、秦的关系也不牢固，这样楚国就孤立了。不如赶快与秦国讲和。”昭阳说：“好。”于是派人去告诉魏国，与秦国讲和。

卷十七　楚　四

魏王遗楚王美人

魏王遗楚王[1]美人，楚王说之。夫人郑袖知王之说新人也，甚爱新人。衣服玩好，择其所喜而为之；宫室卧具，择其所善而为之。爱之甚于王。王曰："妇人所以事夫者，色也；而妒者，其情也。今郑袖知寡人之说新人也，其爱之甚于寡人，此孝子之所以事亲，忠臣之所以事君也。"

【注释】

〔1〕楚王：楚怀王。

【译文】

魏王送给楚王一位美人，楚王非常喜欢她。夫人郑袖知道楚王喜欢新来的美人，也很喜欢她。衣服和赏玩的物品，都挑选美人所喜欢的送给她；宫室卧具，也挑选美人所喜欢的来置办。表现得比楚王还爱她。楚王说："女人所用来侍奉丈夫的，是美貌；而嫉妒，也是人之常情。现在郑袖知道我喜爱新人，但她比我还要爱她，这就如同孝子侍奉父母，忠臣侍奉国君一样啊。”

郑袖知王以己为不妒也，因谓新人曰：“王爱子美矣。虽然，恶子之鼻。子为[1]见王，则必掩子鼻。”新人见王，因掩其鼻。王谓郑袖曰：“夫新人见寡人，则掩其鼻，何也？”郑袖曰：“妾知也。”王曰：“虽恶必言之。”郑袖曰：“其似恶闻君王之臭也。”王曰：“悍哉！”令劓[2]之，无使逆命。

【注释】

〔1〕为：若。　〔2〕劓（yì）：割掉鼻子。

【译文】

郑袖知道楚王已经认为自己不嫉妒新人了，于是对新人说：“大王喜欢你的美貌，但是不喜欢你的鼻子。你若见大王，一定要遮住你的鼻子。”于是新人见楚王的时候，就遮住自己的鼻子。楚王对郑袖说：“新人见到我，就遮住自己的鼻子，这是为什么？”郑袖说：“我知道。”楚王说：“即使不好听的话，也一定告诉我。”郑袖说：“她好像讨厌闻到您身上的气味。”楚王说：“她好大胆！”于是下令割掉美人的鼻子，不许抗命。

楚王后死

楚王后死，未立后也。谓昭鱼[1]曰：“公何以不请立后也?”昭鱼曰:“王不听,是知困而交绝于后也。”“然则不买五双珥,令其一善而献之王,明日视善珥所在,因请立之。”

【注释】

〔1〕昭鱼:楚大臣。

【译文】

楚王的王后去世,还没立新王后。有人对昭鱼说:“您为何不请求大王立某位姬妾做王后呢?”昭鱼说:“如果大王不听我的意见而另立别人为后,这样,我不仅没有办法,而且也将和新王后关系恶化。”此人说:“那么您为何不买五对耳环,其中有一对最好的,一起献给大王。第二天看到这对最好的耳环戴在哪个姬妾的耳朵上,您就请求立她做王后。”

庄辛谓楚襄王

庄辛[1]谓楚襄王曰:“君王左州侯[2],右夏侯,辇从鄢陵君与寿陵君,专淫逸侈靡,不顾国政,郢都必危矣。”襄王曰:“先生老悖乎?将以为楚国祅祥[3]乎?”庄辛曰:“臣诚见其必然者也,非敢以为国祅祥也。君王卒幸四子者不衰,楚国必亡矣。臣请辟于赵,淹留以观之。”庄辛去,之赵,留五月,秦果举鄢、郢、巫、上蔡、陈[4]之地,襄王流揜[5]于城阳[6]。于是使人发驺[7],征庄辛于赵。庄辛曰:“诺。”庄辛至,襄王曰:“寡人不能用先生之言,今事至于此，为之奈何？”

【注释】

〔1〕庄辛：楚庄王后裔，故以“庄”为氏。 〔2〕州侯：与下文的夏侯、鄢陵君、寿陵君皆楚襄王的宠臣。 〔3〕袄祥：袄，同“妖”。袄祥，凶吉征兆，此指不祥之兆。 〔4〕鄢、郢、巫、上蔡、陈：皆楚地，分别在今湖北江陵西北、河南鄢陵西北、重庆巫山、河南上蔡、河南淮阳。 〔5〕流揜（yǎn）：流亡躲藏。 〔6〕城阳：楚地，在今河南息县。 〔7〕驺（zōu）：驾驭车的人。

【译文】

庄辛对楚襄王说：“您左面有州侯，右面有夏侯，车后面跟随着鄢陵君和寿陵君，一味地放荡奢侈，不管国家政务，如此，郢都就一定会有危难了。”楚襄王说：“先生你老糊涂了吗？还是认为楚国出现了不祥之兆呢？”庄辛说：“我确实看到您的行为必然会导致这样的后果，不敢认为国家出现了不祥之兆。您如果始终宠幸这四个人而不加节制，楚国就一定会灭亡。我请求到赵国避难，留在那里观看事情的发展。”庄辛离开楚国，前往赵国，在那里住了五个月，秦国果然攻取了楚国的鄢、郢、巫、上蔡、陈等地，楚襄王流亡藏身于城阳。于是让人派出车辆，到赵国征召庄辛。庄辛说：“好吧。”庄辛回来后，楚襄王说：“我不能听先生的话，如今事已至此，该怎么办？”

庄辛对曰：“臣闻鄙语曰：‘见兔而顾犬，未为晚也；亡羊而补牢，未为迟也。’臣闻昔汤、武以百里昌，桀、纣以天下亡。今楚国虽小，绝长续短，犹以数千里，岂特百里哉？

【译文】

庄辛回答说："我听俗语说：'发现兔子再唤狗，还不算晚；羊丢失了再补栏，也不算迟。'我听说，从前商汤、周武王凭借百里之地而兴盛起来，夏桀、商纣拥有天下而最终灭亡。如今楚国的土地虽然不大，但截长补短，仍有几千里，又岂止百里呢？

"王独不见夫蜻蛉[1]乎？六足四翼，飞翔乎天地之间，俯啄蚊虻而食之，仰承甘露而饮之，自以为无患，与人无争也。不知夫五尺童子，方将调鈆[2]【饴】胶丝，加己乎四仞[3]之上，而下为蝼蚁食也。蜻蛉其小者也，黄雀因是以。俯噣[4]白粒，仰栖茂树，鼓翅奋翼，自以为无患，与人无争也。不知夫公子王孙，左挟弹，右摄丸，将加己乎十仞之上，以其（类）[5]【颈】为招[6]。昼游乎茂树，夕调乎酸咸。倏忽之间，坠于公子之手。

【注释】

〔1〕蜻蛉：蜻蜓。　〔2〕鈆：当作"饴"，糖浆。　〔3〕仞：古代长度单位，八尺。　〔4〕噣：通"啄"。　〔5〕类："颈"字之误。〔6〕招：靶子。

【译文】

"大王您难道没见过蜻蜓吗？长着六条腿四只翅膀，它飞翔在天地之间，低头捕食蚊虻，抬头接饮甘露，自认为没有灾祸，又与人无争。却不知那些五尺高的孩童，正要调和糖浆粘在丝网上，准备把它从四仞高的地方粘下来，最终被蝼蚁吃掉。蜻蜓的事算是小事，黄雀也是如此。低头啄食白米，仰飞在树上栖息，鼓翅奋飞，自认为没有灾祸，又与人无争。却不知那些公子王孙，左手拿着弹弓，右手捏着弹丸，准备把它从十仞高的空中打下来，正以它的脖子作为靶子。白天还在茂林游玩，晚上就被做成了菜肴。顷刻之间，就掉在公子手中。

“夫雀其小者也，黄鹄〔1〕因是以。游于江海，淹乎大沼，俯噣鳝〔2〕【鳝】鲤，仰啮蔆衡〔3〕，奋其六翮〔4〕，而凌清风，飘摇乎高翔，自以为无患，与人无争也。不知夫射者，方将修其碆卢〔5〕，治其缯缴〔6〕，将加己乎百仞之上。(彼)〔7〕【被】礛磻〔8〕，引微缴，折清风而抎〔9〕矣。故昼游乎江河，夕调乎鼎鼐〔10〕。

【注释】

〔1〕黄鹄：天鹅。 〔2〕鳝：当依别本作“鳝”。 〔3〕蔆衡：蔆，同“菱”，菱角；衡，假为“荇（xìng）”，一种水草。 〔4〕六翮（hé）：翅膀，翮为羽毛的硬管，鸟翅多为六根羽毛。 〔5〕碆卢：碆，当依别本作“碆（bō）”，射鸟用的石制箭头。卢，黑弓。 〔6〕缯缴：系有丝绳的箭。 〔7〕彼：当依别本作“被”，遭受。 〔8〕礛磻（jiānbō）：锐利的石箭头，磻，同“碆”。 〔9〕抎（yǔn）：同“陨”，坠落。 〔10〕鼐（nài）：大鼎。

【译文】

“黄雀的事算是小事，天鹅也是如此。它遨游在江海之上，栖息于沼泽之中，低头啄食鳝鱼、鲤鱼，仰头吞吃菱角、水草，振动双翅，驾着清风，在天空翱翔，自认为没有灾祸，又与人无争。却不知那些射猎的人，正准备弓箭，把丝绳系在箭上，将要把它从百仞高的空中射下来，它被锐箭射中，拖着细细的丝绳，翻滚着从清风中坠落下来。所以白天还遨游于江河，晚上就被烹煮在鼎中。

“夫黄鹄其小者也，蔡（圣）【灵】侯[1]之事因是以。南游乎高陂，北陵乎巫山，饮茹溪[2]流，食湘波[3]之鱼，左抱幼妾，右拥嬖女，与之驰骋乎高蔡[4]之中，而不以国家为事。不知夫子发[5]方受命乎宣王[6]，系己以朱丝而见之也。

【注释】

〔1〕蔡圣侯：蔡无圣侯，当为蔡灵侯，春秋时蔡君，名般，公元前542—前531年在位。 〔2〕茹溪：水名，在今重庆巫山北。 〔3〕湘波：即湘江。 〔4〕高蔡：即上蔡。 〔5〕子发：春秋时楚国大夫。 〔6〕宣王：当为灵王，春秋时楚君。公元前531年，楚灵王诱杀蔡灵侯。

【译文】

“天鹅的事算是小事，蔡灵侯也是如此。他南游高陂，北登巫山，饮茹溪之水，吃湘江之鱼，左手抱着年轻的姬妾，右手搂着宠爱的美女，和她们一起乘着车辆在上蔡游玩，不把国事放在心上。却不知子发正接受楚灵王的命令，将用红绳绑着他去见灵王。

“蔡圣侯之事其小者也，君王之事因是以。左州侯，右夏侯，(辈)[1]【辇】从鄢陵君与寿陵君，饭封禄之粟，而(戴)[2]【载】方府[3]之金，与之驰骋乎云梦之中，而不以天下国家为事。不知夫穰侯[4]方受命乎秦王[5]，填黾塞[6]之内，而投己乎黾塞之外。”

【注释】

〔1〕辈：“辇”字之误。 〔2〕戴：“载”字之误。 〔3〕方府：存放四方贡金的府库。 〔4〕穰侯：秦昭王时秦相魏冉，封穰侯。〔5〕秦王：秦昭王。 〔6〕黾（miǎn）塞：古隘道名，即今河南信阳西南平靖关。

【译文】

“蔡灵侯的事算是小事，君王您也是如此。您左面有州侯，右面有夏侯，车后面跟随着鄢陵君和寿陵君，吃着封地的粮食，车载着方府的黄金，和他们一起乘着车辆在云梦游玩，不把国事放在心上。却不知穰侯正接受秦王的命令，大军将开进黾塞之内，要把您赶到黾塞之外。”

襄王闻之，颜色变作，身体战栗。乃以执珪[1]而授之为阳陵君，与[2]淮北之地也。

【注释】

〔1〕执圭：楚国的最高爵位。 〔2〕与：通“举”，收复。

【译文】

楚襄王听后，吓得脸色大变，浑身发抖。于是授给庄辛执圭的爵位，并封他为阳陵君，后来楚国用庄辛之计收复了淮北的土地。

有献不死之药于荆王者

有献不死之药于荆王[1]者，谒者[2]操以入。中射之士[3]问曰："可食乎?"曰："可。"因夺而食之。王怒，使人杀中射之士。中射之士使人说王曰："臣问谒者，谒者曰可食，臣故食之。是臣无罪，而罪在谒者也。且客献不死之药，臣食之，而王杀臣，是死药也。王杀无罪之臣，而明人之欺王。"王乃不杀。

【注释】

〔1〕荆王：即楚王，楚又称荆。 〔2〕谒者：掌传达之官。〔3〕中射之士：守卫王宫的射士。

【译文】

有人向楚王进献不死之药，谒者拿着进入王宫。守卫王宫的射士问道："这药能吃吗?"谒者说："能吃。"于是射士就夺过来吃了下去。楚王发怒，命人杀掉射士。射士让人对楚王解释说："我问谒者，谒者说能吃，我所以吃了。这说明我没有罪，有罪的是谒者。况且客人献的是不死之药，我把它吃了，您把我杀掉，这药就是让人死的药了。您杀掉无罪的臣下，就说明献药的人是欺骗您。"楚王就没有杀他。

天下合从

天下合从[1]。赵使魏加[2]见楚春申君[3]曰："君有将乎？"曰："有矣，仆欲将临武君[4]。"魏加曰："臣少之时好射，臣愿以射譬之，可乎？"春申君曰："可。"加曰："异日者，更羸[5]与魏王处京台之下，仰见飞鸟。更羸谓魏王曰：'臣为王引弓虚发而下鸟。'魏王曰：'然则射可至此乎？'更羸曰：'可。'有间，雁从东方来，更羸以虚发而下之。魏王曰：'然则射可至此乎？'更羸曰：'此孽[6]也。'王曰：'先生何以知之？'对曰：'其飞徐而鸣悲。飞徐者，故疮痛也；鸣悲者，久失群也。故疮未息而惊心未（至）[7]【去】也，闻弦音，引而高飞，故疮陨也。'今临武君，尝为秦孽，不可为拒秦之将也。"

【注释】

〔1〕合从（zòng）：即合纵，指崤山以东各国联合抗秦。〔2〕魏加：赵臣。〔3〕春申君：楚国贵族，名黄歇，考烈王时任令尹，封于吴，号春申君。〔4〕临武君：不详其名，当为楚将。〔5〕更羸：不详其人。〔6〕孽：隐伤，旧伤。〔7〕至："去"字之误。

【译文】

崤山以东各国联合抗秦。赵国派魏加去见楚国的春申君，问："您有大将了吗？"春申君说："有了，我想让临武君为将。”魏加说：“我年轻的时候喜欢射箭，我想用射箭做个比喻，可以吗?”春申君说：“可以。”魏加说：“从前，更羸和魏王处在京台之下，抬头看见飞鸟。更羸对魏王说：‘我给您拉一下空弓，不用射出箭就能使鸟落下来。’魏王说：‘射箭的水平可以达到这种程度吗?’更羸说：‘可以。’过了一会儿，有只大雁从东方飞来，更羸拉了一下空弓，大雁就掉下来了。魏王说：‘射箭的水平真可以达到这种程度吗?’更羸说：‘这是因为这只雁有隐伤在身。’魏王说：‘你是怎么知道的?’更羸回答：‘它飞得缓慢而叫声悲哀。飞得缓慢，是因为旧伤疼痛；叫声悲哀，是因为长久失群。旧伤未愈而惊心不止，听到拉弓的声音，就猛向高处飞，致使旧伤迸裂而坠落下来。’现在的临武君，曾经被秦国打败，还心存畏惧，所以不能担任抗秦的大将。”

汗明见春申君

汗明[1]见春申君，候问三月，而后得见。谈卒，春申君大说之。汗明欲复谈，春申君曰：“仆已知先生，先生大息矣。”汗明憱[2]焉曰：“明愿有问君而恐固[3]。不审君之圣，孰与尧也?”春申君曰：“先生过矣，臣何足以当尧。”汗明曰：“然则君料臣孰与舜?”春申君曰：“先生即舜也。”汗明曰：“不然，臣请为君终言之。君之贤实不如尧，臣之能不及舜。夫以贤舜事圣尧，三年而后乃相知也。今君一时而知臣，是君圣于尧而臣贤于舜也。”春申君曰：“善。”召门吏为汗先生著客籍[4]，五日一见。

【注释】

〔1〕汗明：游说之士，其事不详。〔2〕憱（cù）：不安的样子。〔3〕固：鄙陋，浅薄。〔4〕客籍：登录宾客的簿籍。

【译文】

汗明去见春申君，等候了三个月，才被接见。交谈结束，春申君十分高兴。汗明想再与春申君交谈，春申君说："我已经了解你了，你好好休息一阵子吧。"汗明心中不安地问："我有问题想问您，又怕太浅薄。不知道您的圣明，和尧相比怎么样？"春申君说："你说得过分了，我哪里能比得上尧！"汗明又问："那么您认为我和舜相比怎么样？"春申君说："你就是舜。"汗明说："不对，请让我把话说完。您的圣明确实不如尧，我的能力也比不上舜。凭着贤能的舜为圣明的尧做事，三年之后才互相了解。今天您很短时间就了解了我，这就是您比尧还圣明，而我比舜还贤能。"春申君说："好。"就叫来门吏把汗明的名字写在客籍上面，此后两人五天一见。

汗明曰："君亦闻骥[1]乎？夫骥之齿[2]至矣，服盐车而上太行。蹄申膝折，尾湛[3]胕溃[4]，漉汁[5]洒地，白汗交流，中阪迁延，负辕不能上。伯乐[6]遭之，下车攀而哭之，解纻衣[7]以幂[8]之。骥于是俯而喷，仰而鸣，声达于天，若出金石声者，何也？彼见伯乐之知己也。今仆之不肖，厄[9]于州部，堀[10]穴穷巷，沉洿[11]鄙俗之日久矣，君独无意湔拔[12]仆也，使得为君高鸣屈于梁乎？"

【注释】

〔1〕骥：骏马。〔2〕齿：年龄。〔3〕湛：下垂。〔4〕胕：同“肤”。〔5〕漉（lù）汁：渗出的汗。〔6〕伯乐：春秋秦穆公时人，名孙阳，字伯乐，以善相马著称。〔7〕苎衣：苎麻衣。〔8〕幂（mì）：覆盖。〔9〕厄：穷困。〔10〕堀：同“窟”。〔11〕沉洿：沉陷，洿，同“污”。〔12〕湔（jiān）拔：荐拔。或云当为“湔祓（fú）”，意为洗除耻辱。

【译文】

汗明对春申君说：“您也听过千里马的故事吗？千里马到了能驾车的年龄，拉着盐车上太行山。这匹马蹄子伸展，前膝弯曲，尾巴下垂，皮肤溃烂，汗水洒在地上，浑身都湿透了，拉到半坡，难以行进，驾着车辕而上不去。这时伯乐遇到了它，从车上下来，挽着它的脖子而哭，又脱下纻衣盖在它身上。千里马于是低头喷气，抬头长嘶，声音响彻天空，如同金石之音，这是为什么呢？是因为它知道伯乐了解自己。如今我没有才能，穷困于地方州县，居住在窟穴穷巷，沉陷在鄙俗的环境之中已经很久了，您难道不想为我洗除耻辱，能让我像千里马一样，为您在山梁之上一鸣委屈吗？”

楚考烈王无子

楚考烈王〔1〕无子，春申君患之，求妇人宜子者进之，甚众，卒无子。

【注释】

〔1〕考烈王：顷襄王子，名熊元，公元前262—前238年在位。

【译文】

楚国的考烈王没有儿子，春申君很担忧这事，就寻求适宜生孩子的女子进献给楚王，献了很多女子，可最终也没有生孩子。

赵人李园，持其女弟[1]，欲进之楚王，闻其不宜子，恐又无宠。李园求事春申君为舍人。已而谒归，故失期。还谒，春申君问状。对曰："齐王遣使求臣女弟，与其使者饮，故失期。"春申君曰："聘入乎？"对曰："未也。"春申君曰："可得见乎？"曰："可。"于是园乃进其女弟，即幸于春申君。知其有身，园乃与其女弟谋。

【注释】

〔1〕女弟：妹妹。

【译文】

赵国人李园，带着自己的妹妹，想把她献给楚王，但听说楚王可能不育，怕她入宫之后得不到宠爱。于是李园就请求做了春申君的舍人。不久，李园告假回家，故意晚回。回来后拜见春申君，春申君询问他的情况。李园回答说："齐王派使者聘娶我妹妹，我和齐国使者一起喝酒，所以回来晚了。"春申君问："行聘礼了吗？"李园说："还没有。"春申君又问："可以见见你妹妹吗？"李园说："可以。"于是李园就把他的妹妹献给了春申君，很快就得到了春申君的宠爱。知道妹妹有了身孕，李园就和妹妹一起谋划。

园女弟承间说春申君曰：“楚王之贵幸君，虽兄弟不如。今君相楚王二十余年，而王无子，即百岁后将更立兄弟。即[1]楚王更立，彼亦各贵其故所亲，君又安得长有宠乎？非徒然也，君用事久，多失礼于王兄弟，兄弟诚立，祸且及身，奈何以保相印、江东之封乎？今妾自知有身矣，而人莫知。妾之幸君未久，诚以君之重而进妾于楚王，王必幸妾。妾赖天而有男，则是君之子为王也，楚国封尽可得，孰与其临不测之罪乎？”春申君大然之。乃出园女弟谨舍，而言之楚王。楚王召入，幸之。遂生子男，立为太子，以李园女弟立为王后。楚王贵李园，李园用事。

【注释】

〔1〕即：若。

【译文】

李园的妹妹找机会劝说春申君说：“楚王对您的重用亲近，即使他的兄弟也比不上。如今您已经辅佐楚王二十多年，但楚王没有儿子，到楚王去世之后，将立他的兄弟为王。如果新的楚王即位，他们也会各自重用自己的故旧和亲近的人，您又怎么能得到长期的宠信呢？还不仅如此，您当权已久，对楚王的兄弟多有失礼之处，楚王的兄弟如果被立为王，您将身遭祸难，您怎么能保住相印和江东的封地呢？现在我自己知道有了身孕，别人却不知道。我侍奉您的时间不长，如果凭借您的尊贵地位把我献给楚王，楚王一定会宠爱我。我如果得到上天的保佑生个儿子，就是您的儿子将成为楚王，楚国的四境之内就能全部得到，这与面临着不可预测的罪祸相比，怎么样呢？”春申君认为她说得很对，于是把李园的妹妹迁到一所秘密的住处，并向楚王说了进献女子之事。楚王把李园的妹妹召入宫中，十分宠爱她。终于生了个儿子，被立为太子，李园的妹妹也被立为王后。楚王因此重用李园，由李园当权。

李园既入其女弟为王后，子为太子，恐春申君语泄，而益骄，阴养死士，欲杀春申君以灭口，而国人颇有知之者。

【译文】

李园既已使妹妹进入宫中成了王后，所生的儿子也成为太子，担心春申君泄露此事，或因此事而更骄纵，就暗中蓄养死士，准备杀掉春申君以灭口。楚国都城之内，也有略知此事者。

春申君相楚二十五年，考烈王病。朱英[1]谓春申君曰："世有无妄之福，又有无妄之祸。今君处无妄之世，以事无妄之主，安不有无妄之人乎？”春申君曰："何谓无妄之福？”曰："君相楚二十余年矣，虽名为相国，实楚王也。五子皆相诸侯。今王疾甚，旦暮且崩，太子衰弱，疾而不起，而君相少主，因而代立当国，如伊尹、周公。王长而反[2]政，不，即遂南面称孤，因而有楚国。此所谓无妄之福也。”春申君曰："何谓无妄之祸？”曰："李园不治国，王之舅也。不为兵将，而阴养死士之日久矣。楚王崩，李园必先入，据本议制断君命[3]，秉权而杀君以灭口。此所谓无妄之祸也。”春申君曰：“何谓无妄之人？”曰：“君先仕臣为郎中[4]，君王崩，李园先入，臣请为君剸[5]其胸杀之。此所谓无妄之人也。”春申君曰：“先生置之，勿复言已。李园，软弱人也，仆又善之，又何至此？”朱英恐，乃亡去。

【注释】

〔1〕朱英：楚人。 〔2〕反：同“返”。 〔3〕制断君命：假称楚王的命令。 〔4〕郎中：官名，殆为宫中侍卫。 〔5〕剸(cōng)：刺。

【译文】

春申君担任楚相二十五年，考烈王生病。朱英对春申君说：“世上既有不可意料的福气，又有不可意料的灾祸。如今您处在不可意料的世上，而奉事不可意料的君主，怎能没有不可意料的人呢？”春申君说：“什么叫做不可意料的福呢？”朱英说：“您担任楚相二十多年了，虽然名义上是相国，实际上是国君。您的五个儿子都辅佐诸侯。现在君王的病情严重，早晚就要死去，太子弱小，君王一病不起，您就要辅佐少主，因此代替少主掌管国政，就如同商初的伊尹、周初的周公一样。等少主长大成人，您再把国政交还给他，不然，您就自己南面称王，因而拥有楚国。这就是所谓的不可意料的大福。”春申君说：“什么叫做不可意料的灾祸呢？”朱英说：“李园不是治理国家的卿相，但是君王的内兄。也不是领兵的将军，但暗中蓄养死士很久了。君王驾崩，李园一定先进入王宫，根据个人的意愿而假称楚王的命令，凭手中的大权杀掉您来灭口。这就是所谓的不可意料的灾祸。”春申君说：“什么叫做不可意料的人呢？”朱英说：“您先任命我为郎中，君王驾崩，李园先进入王宫时，我为您刺他的胸膛把他杀掉。这就是所谓的不可意料的人。”春申君说：“先生你把这事忘掉，不要再说了。李园是个软弱的人，我又对他很好，他又何至于此呢？”朱英心中害怕，于是就逃走了。

后十七日，楚考烈王崩，李园果先入，置死士，止于棘门[1]之内。春申君后入，止棘门。园死士夹刺春申君，斩其头，投之棘门外。于是使吏尽灭春申君之家。而李园女弟，初幸春申君有身，而入之王，所生子者，遂立为楚幽王[2]也。

【注释】

〔1〕棘门：楚宫门名。　〔2〕楚幽王：名熊悍，公元前237前—228年在位。

【译文】

十七天后，考烈王驾崩，李园果然先进入王宫，布置死士，埋伏在棘门之内。春申君后进入王宫，在棘门停留。李园的死士从两侧刺杀春申君，斩下他的头，扔到了棘门之外。李园又派官吏杀了春申君全家。李园的妹妹，就是那个最初跟了春申君而怀孕，后又献给楚王的女人，她所生的儿子，终于被立为楚王，就是楚幽王。

是岁，秦始皇立九年矣。嫪毐[1]亦为乱于秦。觉，夷三族，而吕不韦废。

【注释】

〔1〕嫪毐：秦国宦官，由吕不韦荐与始皇母赵太后，因得宠幸，权势极大，于始皇亲政后作乱，被杀。

【译文】

这一年，是秦始皇即位的第九年。嫪毐也在秦国作乱。被发觉，诛灭了三族，吕不韦也被免去相国之职。

卷十八　赵　一

知伯帅赵韩魏而伐范中行氏

知伯[1]帅赵、韩、魏而伐范、中行氏，灭之。休数年，使人请地于韩。韩康子[2]欲勿与，段规[3]谏曰："不可。夫知伯之为人也，好利而鸷（复）【愎】[4]，来请地不与，必加兵于韩矣。君其与之。与之彼狃[5]，又将请地于他国，他国不听，必乡[6]之以兵；然则韩可以免于患难，而待事之变。"康子曰："善。"使使者致万家之邑一于知伯。知伯说，又使人请地于魏，魏宣子[7]欲勿与。赵葭[8]谏曰："彼请地于韩，韩与之。请地于魏，魏弗与，则是魏内自强，而外怒知伯也。然则其错[9]兵于魏必矣！不如与之。"宣子曰："诺。"因使人致万家之邑一于知伯。知伯说，又使人之赵，请（蔡）【蔺】、皋狼[10]之地，赵襄子[11]弗与。知伯因阴结韩、魏将以伐赵。

【注释】

〔1〕知伯：又作智伯，名瑶，与赵、韩、魏、范、中行六家为春

秋战国之际晋国的执政之卿，而以知氏势力最强。〔2〕韩康子：韩氏之君。〔3〕段规：韩氏家臣。〔4〕鸷复：当作“鸷愎”，凶狠而自以为是。〔5〕狃：习惯，习以为常。〔6〕乡：同“向”。〔7〕魏宣子：魏氏之君。《史记》作魏桓子。〔8〕赵葭：魏氏家臣。〔9〕错：置。〔10〕蔡、皋狼：蔡为“蔺”字之误。蔺在今山西柳林孟门；皋狼在今山西武乡西北。〔11〕赵襄子：名毋恤，赵氏之君。

【译文】

知伯率领赵、韩、魏三家攻打范氏、中行氏，灭了二家。过了几年，知伯派人向韩氏索要土地。韩康子想不给，段规劝谏说：“不行。知伯为人，贪图利益，凶狠又自以为是，来索要土地而不给他，他一定向我们用兵。您给他吧。给他土地，他就会习以为常，又将向另外两家索要，其他两家不从，他一定向他们用兵；那么韩氏就可以免遭患难，等待形势的变化。”韩康子说：“好。”就派使者把一座万家大邑送给了知伯。知伯很高兴，又派人向魏氏索要土地，魏宣子想不给。赵葭劝谏说：“他向韩氏索要土地，韩氏给了他。向魏氏索要土地，魏氏不给，那就是魏氏在内逞强，而在外惹恼了知伯。那么他一定会加兵于魏氏。不如给他。”魏宣子说：“好。”于是派人把一座万家大邑送给了知伯。知伯很高兴，又派人到赵氏那里，索要蔺、皋狼两地，赵襄子不给。知伯于是秘密联合韩、魏，准备攻打赵氏。

赵襄子召张孟谈〔1〕而告之曰：“夫知伯之为人，阳亲而阴疏，三使韩、魏，而寡人弗与焉，其移兵寡人必矣。今吾安居而可？”张孟谈曰：“夫董（阏）安于〔2〕，简主〔3〕之才臣也，世治晋阳〔4〕，而尹泽〔5〕循之，其余政教犹存，君其定居晋阳。”君曰：“诺。”乃使延陵王〔6〕将车骑先之晋阳，君因从之。至，行城郭，案府库，视仓廪，召张孟谈曰：“吾城郭之完，府库足用，仓廪实矣，无矢奈何?”张孟谈曰：“臣闻董子之治晋阳也，公宫之垣，皆以狄蒿苫楚廧之〔7〕，其高至丈余，君发而用之。”于是发而试之，其坚则箘簬〔8〕之劲不能过也。君曰：“足矣，吾铜少若何?”张孟谈曰：“臣闻董子之治晋阳也，公宫之室，皆以炼铜为柱质〔9〕，请发而用之，则有余铜矣。”君曰：“善。”号令以定，备守以具。

【注释】

〔1〕张孟谈：赵氏家臣。 〔2〕董安于：赵氏家臣。原文衍“阏”字。 〔3〕简主：襄子之父赵简子，名鞅。 〔4〕晋阳：赵氏之地，在今山西太原南。 〔5〕尹泽：赵简子时家臣。 〔6〕延陵王：当为延陵生，赵氏家臣。 〔7〕皆以狄蒿苫楚廧之：狄，假为“荻”，荻蒿，一种芦苇类植物；苫，“苦”字之讹，用作“楛（hù）”，木名；楚，牡荆；廧，同“墙”。 〔8〕箘簬（jùn lù）：一种适宜做箭杆的竹子。 〔9〕柱质：柱础，柱子的底座。

【译文】

赵襄子召来张孟谈，告诉他说：“知伯的为人，表面亲近，背后疏远，三次派人出使韩、魏，而没有和我联系，他一定会调动军队攻打我。现在我住在哪里好呢?”张孟谈说：“董安于，是先君简子的有才之臣，一生治理晋阳，尹泽又接替了他，他们遗留的政治教化仍然保存着，您就定居在晋阳吧。”赵襄子说：“好。”于是派延陵生带领车骑先到晋阳，赵襄子随后也去。赵襄子到了晋阳后，巡行城郭，查验府库，视察粮仓，然后召见张孟谈说："我们的城郭完好，府库丰足，粮仓充实，但缺乏箭矢怎么办。"张孟谈说："我听说董安于治理晋阳时，官衙的墙都是用芦荻、楛枝和荆条建起来的，有一丈多高，您可以拆出来做箭杆。"于是拆出来一试，就连最适宜做箭杆的竹子也没有它坚韧。赵襄子说："足够了，可是还缺少铜怎么办?"张孟谈说："我听说董安于治理晋阳时，官衙的房屋，都是炼铜铸造柱础，把它拆出来使用，就会有用不完的铜。"赵襄子说："好。"于是发布号令，准备好防守的器具。

三国之兵乘[1]晋阳城，遂战。三月不能拔，因舒军而围之，决晋水而灌之。围晋阳三年，城中巢居而处，悬釜而炊，财食将尽，士卒病羸[2]。襄子谓张孟谈曰："粮食匮，城力尽，士大夫病，吾不能守矣。欲以城下，何如?"张孟谈曰："臣闻之，亡不能存，危不能安，则无为贵知士也。君释此计，勿复言也。臣请见韩、魏之君。"襄子曰："诺。"

【注释】

〔1〕乘：登，此指攀登攻打。　〔2〕病羸：疲弱。

【译文】

知、韩、魏三家的军队攀登攻打晋阳城，于是双方交战。三家用了三个月也没攻下，就分散开军队把城围住，又掘开晋河，引水灌城。晋阳被围困三年，城中之人被迫在高处搭棚居住，悬挂起锅烧饭，财物粮食快要用尽，士兵疲弱不堪。赵襄子对张孟谈说："如今城中粮食缺乏，力量用尽，士大夫疲敝不堪，我守不住了。想开城投降，你看怎样?”张孟谈说：“我听说，国家将亡而不能使他复存，国家危难而不能使他安全，就没有必要尊重有智之士了。您放弃这个打算，不用再说了。我请求去见韩、魏的君主。”赵襄子说：“好。”

张孟谈于是阴见韩、魏之君曰：“臣闻唇亡则齿寒，今知伯帅二国之君伐赵，赵将亡矣，亡则二君为之次矣。”二君曰：“我知其然。夫知伯为人也，(麄)〔1〕【麤】中而少亲，我谋未遂而知，则其祸必至，为之奈何?”张孟谈曰：“谋出二君之口，入臣之耳，人莫之知也。”二君即与张孟谈阴约三军，与之期(曰)〔2〕【日】，夜，遣入晋阳。张孟谈以报襄子，襄子再拜之。

【注释】

〔1〕麄：当作“麤”，“粗”之异体。 〔2〕曰：“日”字之讹。

【译文】

张孟谈于是秘密拜见韩、魏的君主，说：“我听说唇亡齿寒，现在知伯率领二位攻打赵氏，赵氏就要灭亡了，赵氏灭亡，接下来就是您二位了。”韩、魏之君说：“我们知道会这样。知伯的为人，粗暴而没有亲爱之心，如果我们的计谋还没成功就被他知道，那我们就一定大祸临头了，该怎么办呢?”张孟谈说：“计谋从您二位的口中说出，听进我的耳中，别人不会知道。”韩、魏二君就与张孟谈订了军队联合行动的密约，还与他约定了行动的日期，夜里，张孟谈被送入晋阳。张孟谈向赵襄子汇报了情况，赵襄子向他再拜致谢。

张孟谈因朝知伯而出，遇知过[1]辕门之外。知过入见知伯曰："二主殆将有变。"君曰："何如？"对曰："臣遇张孟谈于辕门之外，其志矜，其行高。"知伯曰："不然。吾与二主约谨矣，破赵三分其地，寡人所亲之，必不欺也。子释之，勿出于口。"知过出，见二主，入说知伯曰："二主色动而意变，必背君，不如令杀之。"知伯曰："兵箸[2]晋阳三年矣，旦暮当拔之而飨其利，乃有他心？不可，子慎勿复言。"知过曰："不杀则遂亲之。"知伯曰："亲之奈何？"知过曰："魏宣子之谋臣曰赵葭，康子之谋臣曰段规，是皆能移其君之计。君其与二君约，破赵则封二子者各万家之县一，如是则二主之心可不变，而君得其所欲矣。"知伯曰："破赵而三分其地，又封二子者各万家之县一，则吾所得者少，不可。"知过见君之不用也，言之不听，出，更其姓为辅氏，遂去不见。

【注释】

〔1〕知过：知氏族人。　〔2〕箸：同"著（zhuó）"，附着，此指包围。

【译文】

张孟谈去朝见知伯，出来时在营门外边遇到了知过。知过入营拜见知伯说："韩、魏二主恐怕将有变化。"知伯说："何以见得？"知过回答说："我在营门外边遇到了张孟谈，他的表情神气，举止傲慢。"知伯说："不会这样。我与韩、魏二主约定得很严，消灭赵氏之后，三家瓜分赵氏的土地，这是我亲自和他们订立的盟约，一定不会欺骗他们的。你丢掉这个想法，不要再说了。”知过出来，见到韩、魏二主，又进去劝说知伯：“韩、魏二主的神情不对，表明心意已有变化，他们一定背叛您了，不如命人把他们杀了。”知伯说：“军队围困晋阳已经三年了，很快就会把它攻下，而得到利益，这个时候竟会再生他心吗？这不可能，你千万不要再说了。”知过说：“不杀他们，就亲近他们。”知伯说：“怎么亲近他们？”知过说：“魏宣子的谋臣叫赵葭，韩康子的谋臣叫段规，他俩都是能改变他们君主计谋的人。您和韩、赵二君约定，消灭赵氏之后，封给他俩各一个万家大县，这样，韩、魏二主的心就不会变了，而您就能得到您想得到的了。”知伯说：“消灭赵氏三家共分其地，又封给那两人各一个万家的大县，那么我得到的就少了，不行。”知过见知伯不用其计，不听其言，出来之后，改姓为辅氏，就离开知伯，再不见他。

张孟谈闻之，入见襄子曰：“臣遇知过于辕门之外，其视有疑臣之心，入见知伯，出更其姓。今暮不击，必后之矣。”襄子曰：“诺。”使张孟谈见韩、魏之君曰：“夜期杀守堤之吏，而决水灌知伯军。”知伯军救水而乱，韩、魏翼而击之，襄子将卒犯其前，大败知伯军而禽知伯。

【译文】

张孟谈听说了这事，进去拜见赵襄子说：“我在辕门外边遇到了知过，他的眼神流露出怀疑我的意思，他进去见了知伯，出来就改了姓氏。如果今晚不向知伯发起攻击，就一定失去先下手的时机。”赵襄子说：“好。”就派张孟谈去见韩、魏之君说：“约定在今晚杀掉守堤的官吏，掘开晋水淹知伯的军队。”知伯的军队忙着救水，乱作一团，韩、魏之军从两翼夹攻，赵襄子率军从正面进攻，大败知伯的军队，生擒了知伯。

知伯身死，国亡地分，为天下笑，此贪欲无厌也。夫不听知过，亦所以亡也。知氏尽灭，唯辅氏存焉。

【译文】

知伯身死国亡，土地被瓜分，被天下人所耻笑，这是因为他贪得无厌。不听从知过的劝告，也是灭亡的原因。知氏家族全被消灭，只有辅氏存了下来。

晋毕阳之孙豫让

晋毕阳之孙豫让，始事范、中行氏而不说，去而就知伯，知伯宠之。及三晋分知氏，赵襄子最怨知伯，而将其头以为饮器[1]。豫让遁逃山中，曰：“嗟乎！士为知己者死，女为悦己者容。吾其报知氏之仇矣。”乃变姓名，为刑人，入宫涂厕，欲以刺襄子。襄子如厕，心动，执问涂者，则豫让也。刃其扞[2]，曰：“欲为知伯报仇！”左右欲杀之。赵襄子曰：“彼义士也，吾谨避之耳。且知伯已死，无后，而其臣至为报仇，此天下之贤人也。”卒释之。豫让又漆身为厉[3]，灭须去眉，自刑以变其容，为乞人而往乞，其妻不识，曰：“状貌不似吾夫，其音何类吾夫之甚也。”又吞炭为哑，变其音。其友谓之曰：“子之道甚难而无功，谓子有志则然矣，谓子智则否。以子之才而善事襄子，襄子必近幸子；子之得近而行所欲，此甚易而功必成。”豫让乃笑而应之曰：“是为先知报后知，为故君贼新君，大乱君臣之义者无此矣。凡吾所谓为此者，以明君臣之义，非从易也。且夫委质[4]而事人，而求弑之，是怀二心以事君也。吾所谓难，亦将以愧天下后世人臣怀二心者。”

【注释】

〔1〕饮器：饮酒器具。　〔2〕扞：扞，同“銲”，戈、矛下端的金属套。　〔3〕漆身为厉（lài）：在身上涂漆形成癞疮。厉，同“癞”。　〔4〕委质：向君主进献礼物表示投身为臣。

【译文】

晋国毕阳的孙子豫让，最初做范氏、中行氏的家臣而不被赏识，就离开他们投到知伯家为臣，知伯很重用他。后来韩、赵、魏三家瓜分了知氏，赵襄子最怨恨知伯，就把他的头颅做成饮酒的大杯子。豫让逃到山中，说：“唉！士为知己者死，女为悦己者容。我将为知氏报仇。”于是改名换姓，假扮成受过刑的犯人，进入赵襄子宫中修治厕所，准备刺杀赵襄子。赵襄子上厕所时，心中一惊，命人把修治厕所的人抓起来审问，原来是豫让。他已在矛銲上装上利刃，说：“我要为知伯报仇。”赵襄子身边的人要杀了他。赵襄子说：“他是个义士，我小心避开他就是了。况且知伯已死，没有后人，他的臣下却能来为他报仇，这是天下的贤人啊。”最后把豫让放了。豫让又在身上涂上漆使长成癞疮，剃掉胡须眉毛，自毁面目来改变容貌，扮成乞丐前去行乞，他的妻子也认不出他，说：“这人的相貌不像我的丈夫，但他的声音怎么这样像我的丈夫呢？”于是豫让又吞下火炭，使声音变哑。他的朋友对他说：“你的做法太难，也不会成功，说你有这份心意是不假，要说你聪明就不对了。凭着你的才能侍奉赵襄子，他一定会亲近你；你得到他的亲近而去做你想做的事，这就会很容易，将一定能成功。”豫让于是笑着回答说：“这样做就是为了以前的知己去报复现在的知己，为了过去的君主去刺杀现在的君主，搅乱君臣之间的大义没有比这再严重的了。我所以做这件事，是为了表明君臣之间的道义，并不是怎么容易怎么做。况且已投身为别人的臣下，而又想着杀他，这是怀着二心来侍奉君主。我所以采用这种难做的办法，也是为了让后世那些对君主怀有二心的人感到羞愧。”

居顷之，襄子当出，豫让伏所当过桥下。襄子至桥而马惊。襄子曰：“此必豫让也。”使人问之，果豫让。于是赵襄子面数豫让曰：“子不尝事范、中行氏乎？知伯灭范、中行氏，而子不为报仇，反委质事知伯。知伯已死，子独何为报仇之深也？”豫让曰：“臣事范、中行氏，范、中行氏以众人遇臣，臣故众人报之；知伯以国士遇臣，臣故国士报之。”襄子乃喟然叹泣曰：“嗟乎！豫子！豫子之为知伯，名既成矣，寡人舍子，亦以足矣。子自为计，寡人不舍子。”使兵环之。豫让曰：“臣闻明主不掩人之义，忠臣不爱死以成名。

君前已宽舍臣，天下莫不称君之贤。今日之事，臣故伏诛，然愿请君之衣而击之，虽死不恨。非所望也，敢布腹心。”于是襄子义之，乃使使者持衣与豫让。豫让拔剑三跃，呼天击之，曰：“而可以报知伯矣。”遂伏剑而死。死之日，赵国之士闻之，皆为涕泣。

【译文】

过了不久，赵襄子出行，豫让埋伏在赵襄子将要经过的桥下。赵襄子到了桥上，马突然惊了。赵襄子说：“这一定是豫让在这里。”派人查问，果然是豫让。于是赵襄子当面责备他说：“你不是曾经侍奉过范氏、中行氏吗？知伯灭掉范氏、中行氏，你不为他们报仇，反而投身侍奉知伯。知伯已经死了，你为何偏要这么执着地为他报仇呢？”豫让说：“我侍奉范氏、中行氏，他们把我当作一般人对待，所以我按一般人应做的来报答他们；知伯把我当作国士对待，所以我用国士的做法来报答他。”赵襄子于是感叹下泪说：“哎呀！豫让！你为知伯所做的这些事，已经使你成名了，我放过你也已够了。你自己考虑考虑吧，我不能再放过你了。”就派兵围住了豫让。豫让说：“我听说英明之君不埋没别人的忠义，忠臣不惜一死来成就名声。您以前曾宽大放过了我，天下没有不称赞您的贤德的。今天的事，我本当被杀，但我希望能求得您的衣服而击刺它，如能这样，就是死了也不遗憾。我不敢希望得到您的允许，只是把我心里的愿望说出来。”赵襄子被他的义气感动，就让使者拿着自己的衣服交给豫让。豫让拔出剑来猛跳三次，口呼着上天击刺衣服，说：“我可以报答知伯的知遇之恩了。”接着自刎而死。死的那天，赵国之士闻知此事，都为之流泪。

卷十九　赵　二

武灵王平昼间居

武灵王[1]平昼间居[2]，肥义[3]侍坐，曰："王虑世事之变，权甲兵之用，念简、襄[4]之迹，计胡、狄[5]之利乎？"王曰："嗣立不忘先德，君之道也；错质[6]务明主之长，臣之论也。是以贤君静而有道[7]民便事之教，动有明古先世之功。为人臣者，穷有弟[8]长辞让之节，通有补民益主之业。此两者，君臣之分也。今吾欲继襄主之业，启胡、翟之乡，而卒世不见也。敌弱者，用力少而功多，可以无尽百姓之劳，而享往古之勋。夫有高世之功者，必负遗俗之累；有独知之虑者，必被庶人之（恐）[9]【怨】。今吾将胡服骑射以教百姓，而世必议寡人矣。"

【注释】

〔1〕武灵王：名雍，公元前325—前299年在位，曾进行军事改革，实行胡服骑射，使国势大盛。后传位于其子赵惠文王，自称主父，

终因内讧被困沙丘宫饿死。〔2〕平昼间（xián）居：平日闲居。间，同“闲”。〔3〕肥义：赵相。〔4〕简、襄：赵国先君赵简子与赵襄子。〔5〕胡、狄：泛指北方各少数民族。狄亦作“翟”。〔6〕错质：即委质。投身为臣。〔7〕道：同“导”。〔8〕弟（tì）：同“悌”，顺从兄长。〔9〕恐：“怨”字之讹。

【译文】

赵武灵王平日无事闲坐，肥义陪在他身旁，说：“大王您在考虑天下之事的变化，权衡军队的使用，追念先君简子、襄子的功绩，打算从胡、狄那里获取利益吗？”赵王回答说：“继承君位不忘记祖先的功德，这是为君之道；献身为臣致力于光大君主的长处，这是做臣的本分。所以贤明的君主平时要有教导百姓、有利于国家的政令，有军事行动时，要建立超越古人、高于世人的功业。做人臣的，不得志时要有顺从长辈谦虚辞让的礼节，显达之时要有有益于百姓、有益于君主的功绩。这两方面，是君主和臣下应尽的职责。现在我想继承襄子的事业，开拓胡、狄民族居住的地区，但整个世上也没有见到能理解我的。进攻势力弱小的胡、狄，使用的力量小而获得的功劳大，可以不使百姓过分疲惫，就得到过去简子、襄子那样的功勋。高于世人功业的人，必定会遭到世俗之人的责难，有独到见解的人，也必定遭到众人的埋怨。现在我准备以胡服骑射来教导百姓，世上的人一定会非议我。

肥义曰：“臣闻之，疑事无功，疑行无名。今王即定负遗俗之虑，殆毋顾天下之议矣。夫论至德者，不和于俗；成大功者，不谋于众。昔舜舞有苗[1]，而禹袒入裸国[2]，非以养欲而乐志也，欲以论德而要功也。愚者闇[3]于成事，智者见于未萌，王其遂行之。”王曰：“寡人非疑胡服也，吾恐天下笑之。狂夫之乐，知者哀焉；愚者之笑，贤者戚焉。世有顺我者，则胡服之功未可知也。虽殴[4]世以笑我，胡地中山，吾必有之。”

【注释】

〔1〕舜舞有苗：相传舜曾在宫廷上表演有苗的舞蹈，有苗便归顺了他。有苗，亦称三苗，古南方部族。 〔2〕裸国：传说中的西方古国，其民不穿衣服。 〔3〕闇：暗，不明。 〔4〕殴（qū）世：举世。殴，古“驱”字。

【译文】

肥义说：“我听说，做事犹豫不决就不能成功，行动犹豫不决就不能成名。现在大王既然决定要背弃世俗的想法，就一定不要顾及天下之人的非议。追求最高德行的人，不附和世俗的做法；成就大事的人，不和众人商量。从前舜在宫廷上表演有苗的舞蹈，大禹光着身子进入裸国，他们不是为了放纵欲望使心里快乐，而是想以此讲求德化来获得成功。愚蠢的人在事情发生之后还看不清楚，聪明的人在事情还没露出苗头的时候就觉察到了，大王您就照您想的去做吧。”武灵王说：“我并不怀疑改穿胡服的效果，我是担心天下人笑话我这样做。癫狂之人高兴的事，理智之人会感到悲哀；愚蠢之人欢笑，聪明之人会感到担心。如果世上的人顺从我的想法，那么改穿胡服的效果将不可估量。即使举世之人都讥笑我，胡人的土地和中山国，我也一定要得到。”

王遂胡服。使王孙緤[1]告公子成曰："寡人胡服，且将以朝，亦欲叔之服之也。家听于亲，国听于君，古今之公行也；子不反亲，臣不逆主，先王之通谊[2]也。今寡人作教易服，而叔不服，吾恐天下议之也。夫制国有常，而利民为本；从政有经，而令行为上。故明德在于论贱，行政在于信贵。今胡服之意，非以养欲而乐志也。事有所出[3]，功有所止[4]。事成功立，然后德且见也。今寡人恐叔逆从政之经，以辅公叔之议。且寡人闻之，事利国者行无邪，因贵戚者名不累。故寡人愿（募）[5]【慕】公叔之义，以成胡服之功。使緤谒之叔，请服焉。"

【注释】

〔1〕王孙緤（xiè）：与下文公子成、赵文、赵造皆赵国宗室大臣，公子成为武灵王叔辈。〔2〕谊：通"义"。〔3〕出：成。〔4〕止：至。〔5〕募：应作"慕"。

【译文】

武灵王于是改穿胡服。派王孙緤告诉公子成说："我已改穿胡服，并且将穿着它上朝。在家里听命于父母，在国中听命于君主，这是从古至今公认的准则；子女不违背父母之意，臣下不违背君主之意，这是先王流传下来的普遍道理。现在我发布命令改穿胡服，如果叔父您不穿，我担心天下之人会有非议。治理国家有一定的准则，但有利于百姓是最根本的；参与政事有一定的原则，但政令通行是最重要的。所以显明德行在于考虑一般百姓的利益，施行政令在于使贵族信服。现在改穿胡服的目的，不是为了放纵欲望使心里快乐。凡事有了成功的目标，才能达到成功的目的。事情成功，功业建立之后，它的好处才能显露出来。现在我担心叔父违背了从政的原则，所以帮助您取得共识。况且我听说，做的事情有利于国家，行为就是正确的，依靠贵戚做事，名声就不会受到损害。所以我想仰仗您的声望来成就此事。特派王孙緤拜见您，请您穿着胡服。”

公子成再拜曰：“臣固闻王之胡服也，不佞〔1〕寝疾，不能趋走〔2〕，是以不先进。王今命之，臣固敢竭其愚忠。臣闻之，中国者，聪明睿知之所居也，万物财用之所聚也，贤圣之所教也，仁义之所施也，诗书礼乐之所用也，异敏〔3〕技艺之所试也，远方之所观赴也，蛮夷之所义行也。今王释此，而袭远方之服，变古之教，易古之道，逆人之心，畔〔4〕学者，离中国，臣愿大王图之。”

【注释】

〔1〕不佞：自谦之词，犹言不才。　〔2〕趋走：小步快走。古时臣下进见君主，要小步快走，以示恭敬。　〔3〕异敏：奇特而便利。〔4〕畔：通“叛”。

【译文】

公子成再拜行礼说：“我已听说大王改穿胡服了，不才我卧病在床，不能拜见大王，所以没有先去进言。大王今天既有命于我，我当然要大胆地尽献自己的忠心。我听说，中原地区，是聪明智慧之人居住的地区，是万物财货聚集的地方，是圣贤进行教化的地方，是仁义广泛施行的地方，是使用诗书礼乐的地方，是奇特便利的技艺得以应用的地方，是远方之人前来观摩，蛮夷部族应该效法的地方。今天大王竟放弃了这些，而穿远方胡人的衣服，这是改变古代圣贤的教导，抛弃自古以来的做法，违背众人的心愿，背叛先王之道，背离中原的风俗习惯，我希望大王认真考虑这件事。”

使者报王。王曰：“吾固闻叔之病也。”即之公叔成家，自请之曰：“夫服者，所以便用也；礼者，所以便事也。是以圣人观其乡而顺宜，因其事而制礼，所以利其民而厚其国也。被发文身，错臂左衽[1]，瓯越[2]之民也。黑齿雕题[3]，鳀冠秫缝[4]，大吴[5]之国也。礼服不同，其便一也。是以乡异而用变，事异而礼易。是故圣人苟可以利其民，不一其用；果可以便其事，不同其礼。儒者一师而礼异，中国同俗而教离，又况山谷之便乎？故去就之变，知者不能一；远近之服，贤圣不能同。穷乡多异，曲学[6]多辨[7]。不知而不疑，异于己而不非者，公于求善也。今卿之所言者，俗也。吾之所言者，所以制俗也。今吾国东有河、薄洛[8]之水，与齐、中山同之，而无舟楫之用。自常山[9]以至代[10]、上党[11]，东有燕、东胡[12]之境，西有楼烦[13]、秦、韩之边，而无骑射之备。故寡人且聚舟楫之用，求水居之民，以守河、薄洛之水；变服骑射，以备（其）[14]【燕】、参【东】[15]胡、楼烦、秦、韩之边。且昔者简主不塞晋阳，以及上党，而襄（王）[16]【主】兼戎取代，以攘诸胡，此愚知之所明也。先时中山负齐之强兵，侵掠吾地，系累[17]吾民，引水围鄗[18]，非社稷之神灵，即鄗几不守。先王忿之，其怨未能报也。今骑射之服，近可以备上党之形，远可以报中山之怨。而叔也顺中国之俗以逆简、襄之意，恶变服之名而忘国事之耻，非寡人所望于子！”

【注释】

〔1〕错臂左衽：错臂，两臂交错而立，无礼仪之貌。左衽，衣襟左开。〔2〕瓯越：古代部族，居住于今广东、海南一带。〔3〕黑齿雕题：把牙齿染黑，在额头刺花纹。〔4〕鳀（ti）冠秫缝：鳀冠，以大鲇鱼皮制成的帽子，鳀，大鲇鱼。秫缝，以长针缝纫，指粗糙的针线活，秫，同“钵”，长针。〔5〕大（tài）吴：即吴国，由周太王之子太伯所建。〔6〕曲学：拘于一隅而孤陋寡闻的人。〔7〕辨：通“辩”。〔8〕河、薄洛：河，黄河。薄洛，殆指漳水，漳水有薄洛津。〔9〕常山：即恒山，在今河北曲阳西北。〔10〕代：赵地，在今河北蔚县。〔11〕上党：赵郡，治所在今山西长治北。〔12〕东胡：古代部族，在匈奴以东。〔13〕楼烦：古代部族，活动于今山西宁武一带。〔14〕其：当依别本作“燕”。〔15〕参：当作“东”。〔16〕襄王：“襄主”之误，赵襄子。〔17〕系累：捆绑。〔18〕鄗：赵邑，在今河北高邑东。

【译文】

使者王孙緤向武灵王作了汇报。武灵王说：“我就知道叔父病了。”立即去了公子成家中，亲自告诉他说：“服装，是为了方便使用；礼节，是为了方便做事。所以圣人观察所处之地的具体情况，而采取与之相适的措施，根据具体的情况来制定礼仪，以此使百姓有利，国家富足。披头散发、身刺花纹，交臂而立、衣襟左开，这是瓯越之民的风俗。染黑牙齿、额头纹花，鱼皮制帽、缝纫粗糙，这是吴国人民的风俗。礼仪服饰虽有不同，但在便民利国方面是一样的。所以地区不同，所采取的措施就会变化，情况不同，所使用的礼仪也会变化。因此圣人做事，如果有利于百姓，就不只用一种措施；如果方便于做事，就不拘于固有之礼。儒家同出于孔子这一位宗师，所主张的礼仪制度却不一样，中原地区的风俗相同，但各地的政治教化却不相同，又何况地处山谷的赵国，怎能不顺从其便呢？所以对事物的取舍多有变化，智慧之人也不能一致；远近地区的服饰，圣贤也不能使之统一。僻远的地区风俗多不相同，固执浅陋的人多喜欢争辩。对于不知道的事情不随便怀疑，对于与自己不同的意见不妄加非议，这才是公正地追求真理的态度。今天您所说的，是对风俗的一般看法。我所说的，是如何改革风俗的问题。现在我国东边有黄河、薄洛之水，与齐国、中山都以它为界，而没有舟船可用来防守。从常山到代、上党，东边有与燕国、东胡相接的边境，西边有与楼烦、秦、韩相邻的边境，而没有骑射之兵可做防备。所以我将聚集船只，招募居住在水边的百姓，来防守黄河、薄洛之水；改穿胡服，练习骑马射箭，来防备与燕、东胡、楼烦、秦、韩相接的边境。况且从前简主不把自己封闭在晋阳以及上党两地，而襄主兼并了戎族夺取代地，以驱逐胡人各部，这样做的目的是蠢人和聪明人都清楚的。早先中山国依仗齐国的强大兵力，侵占掠夺我国的土地，捆绑掠走我国的百姓，引水冲灌鄗城，不是社稷神灵保佑，鄗城几乎失守。先王对此十分愤怒，这个怨仇至今未报。现在实行胡服骑射，就近来说，可以防备于上党这样的形势险要之地，就远而言，可以报中山侵犯我国的怨恨。而叔父您却以顺从中原地区的习俗为由，来违背简主、襄主的遗愿，厌恶改穿胡服的名声，而忘掉国家的耻辱，这不是我对您的希望！”

公子成再拜稽首曰："臣愚不达于王之议，敢道世俗之间。今欲继简、襄之意，以顺先王之志，臣敢不听（今）[1]【令】。"再拜。乃赐胡服。

【注释】

〔1〕今："令"字之误。

【译文】

公子成再拜叩头说："臣下愚昧，不明白大王的意图，大胆地说了些世俗之言。现在您想继承简主、襄主的遗志，来顺从先王的意愿，我敢不接受命令。"又对武灵王行再拜之礼。于是武灵王赐给他胡服。

赵文进谏曰："农夫劳而君子养焉，政之经也。愚者陈意而知者论焉，教之道也。臣无隐忠，君无蔽言，国之禄[1]也。臣虽愚，愿竭其忠。"王曰："虑无恶扰[2]，忠无过罪，子其言乎。"赵文曰："当世辅俗，古之道也。衣服有常，礼之制也。（修）[3]【循】法无愆[4]，民之职也。三者，先圣之所以教。今君释此，而袭远方之服，变古之教，易古之道，故臣愿王之图之。"王曰："子言世俗之间。常民溺于习俗，学者沉于所闻。此两者，所以成官而顺政也，非所以观远而论始也。且夫三代不同服而王，五伯[5]不同教而政[6]。知者作教，而愚者制焉。贤者议俗，不肖者拘焉。夫制于服之民，不足与论心；拘于俗之众，不足与致意。故势与俗化，而礼与变俱，圣人之道也。承教而动，循法无私，民之职也。知学之人，能与闻迁；达于礼之变，能与时化。故为己者不待人，制令者不法古，子其释之。”

【注释】

〔1〕禄：福。　〔2〕恶（wù）扰：憎恨侵扰，此指指责。〔3〕修：当依别本作“循”。　〔4〕愆：过错。　〔5〕五伯（bà）：春秋五霸。　〔6〕政：治理。

【译文】

赵文向武灵王进谏说：“农夫出力而供养君子，这是为政的常规。愚昧的人陈献意见而聪明的人加以裁断，这是教化的一般道理。臣下不隐藏他的忠心，君主不阻塞言路，这是国家之福。我虽然愚昧，但希望竭尽我的忠心。”武灵王说：“为国家考虑的人不应受到指责，忠于国事的人没有罪过，你就说吧。”赵文说：“适应社会顺从风俗，这是自古以来的做法。衣服有一定的款式，这是礼仪的规定。遵循法令不犯过错，这是百姓的职责。这三方面，是古代圣贤的教导。现在您抛弃了这些，而穿远方胡人的衣服，这是改了古人的教导，变了古代的做法，所以我希望您慎重考虑。”武灵王说：“你所说的是世俗的看法。一般百姓沉溺于习俗之中，而学者又被所学的东西迷惑。这两种人，可以完成职责，遵守政令，但不可以与他们一起瞻望未来、谋划开创事业。而且夏、商、周三代的服饰不同却称王于天下，春秋五霸的教化不同却国家大治。聪明的人制定教令，而愚蠢的人被教令制约。贤能的人议改风俗，而无能的人拘泥于旧俗。那些被旧教令制约的人，不值得与他们交流思想；那些拘泥于旧俗的人，不必要向他们说明意图。所以风俗随着时势而变，而礼仪也随着这种变化一起变化，这才是圣人之道。接到上边的命令就行动，遵守法度而没有私心，这才是百姓的职责。真正有学问的人，能根据见闻而改变以前的看法；真正通晓礼仪的人，能与时代一起变化。所以为了自己成功就不等待别人的帮助，制定现在的措施就不效法古代，你就放弃自己的想法吧。”

赵造谏曰：“隐忠不竭，奸之属也。以私诬国，贱之类也。犯奸者身死，贱国者族宗[1]。(反)[2]此两者，先(圣)[3]【王】之明刑，臣下之大罪也。臣虽愚，愿尽其忠，无遁其死。”王曰：“竭意不讳，忠也。上无蔽言，明也。忠不辟危，明不距人。子其言乎。”

【注释】

〔1〕族宗：诛灭宗族。　〔2〕反：衍文。　〔3〕圣：当依别本作“王”。

【译文】

赵造又向武灵王进谏说：“隐藏忠心不说出自己的意见，是奸佞之人。为了私利欺骗国家，是轻视国家的人。犯奸佞之罪的应当处死，轻视国家的应当灭族。犯这两种罪的人，先王有明确的刑罚，是臣子的大罪。我虽然愚昧，但希望尽进忠心，不敢逃避死罪。”武灵王说：“把自己的意见全说出来而不隐讳，这是忠臣。君主不阻塞臣下的言路，这是英明的君主。忠臣不躲避危难，明主不拒绝别人的意见。你就说吧。”

赵造曰："臣闻之，圣人不易民而教，知者不变俗而动。因民而教者，不劳而成功；据俗而动者，虑径而易见也。今王易初不循俗，胡服不顾世，非所以教民而成礼也。且服奇者志淫，俗辟[1]者乱民。是以莅国者不袭奇辟之服，中国不近蛮夷之行，非所以教民而成礼者也。且循法无过，修礼无邪，臣愿王之图之。"

【注释】

〔1〕辟：通"僻"，怪僻。

【译文】

赵造说："我听说，圣人不改变百姓的心愿而进行教化，聪明人不改变社会的风俗而行动。依据百姓的心愿进行教化，就不用烦劳而获得成功；根据风俗习惯来做事，就不用过度思虑而易见成效。现在大王改变原来的做法而不遵循习俗，改穿胡服而不顾世人的非议，这不是所用来教导百姓、确立礼制的做法啊。而且穿奇装异服的人心意就放荡，风俗怪僻的地方百姓就迷乱。所以治国之君不穿奇异怪僻的衣服，中原地区不仿效蛮夷地区的行为，这不是所用来教导百姓，确立礼制的做法。况且遵循以往的法度没有过失，奉行礼制不会偏离正道，我希望大王慎重考虑。"

王曰："古今不同俗，何古之法？帝王不相袭，何礼之循？宓戏[1]、神农教而不诛，黄帝、尧、舜诛而不怒。及至三王，观时而制法，因事而制礼，法度制令，各顺其宜；

衣服器械，各便其用。故（礼）[2]【理】世不必一其道，便国不必法古。圣人之兴也，不相袭而王。夏、殷之衰也，不易礼而灭。然则反古未可非，而循礼未足多[3]也。且服奇而志淫，是邹、鲁无奇行也；俗辟而民易，是吴、越无俊民也。是以圣人利身之谓服，便事之谓教，进退之谓节，衣服之制，所以齐常民，非所以论贤者也。故圣与俗流，贤与变俱。谚曰：'以书为御者，不尽于马之情。以古制今者，不达于事之变。'故循法之功，不足以高世；法古之学，不足以制今。子其勿反也。"

【注释】

〔1〕宓（fú）戏：即伏羲，传说中的圣王。　〔2〕礼：当依别本作"理"。治理。　〔3〕多：称赞，赞美。

【译文】

武灵王说："自古及今的风俗习惯各不相同，要效法古代什么时候的习俗？历代帝王的礼制不相沿袭，要遵循谁的礼制？伏羲氏和神农氏，对百姓只进行教化而不诛杀，黄帝和尧、舜，虽然使用刑罚而不发怒株连。到了夏、商、周三代圣王，观察时势建立法度，根据事情制订礼仪，法度命令，各顺从时宜；衣服器械，都方便使用。所以治理国家不必只采用一种办法，只要对国家有利，就不必效法古代。圣人兴起，不沿袭前代就能称王。夏、商衰败，并没改变礼制也照样灭亡。如此说来，违背古制不应该受到非议，遵循旧礼也不值得称赞。如果说穿奇装异服的人就心意放荡，那么作为礼仪之邦的邹、鲁两国就应该没有行为怪异的人了；如果说风俗怪僻的地方百姓就放荡，那么风俗怪僻的吴、越两国就不应该有杰出的人才了。所以圣人把有利于身体的东西叫做衣服，把方便做事的规定叫做教令，把待人接物的举止叫做礼节。衣服样式的规定，是用来使一般百姓整齐划一，不是用来评论贤人的依据。所以圣明的人能与新的风俗合流，贤能的人能随着时代而变化。谚语说：'用书本上的知识来赶车，就不能完全了解马的习性。用古代的办法处理今天的事情，就不能通晓事情的变化。'所以遵循古法所取得的功绩，不会是盖世之功；效法古代的学说，不能治理当世。你不要再反对了吧。"

卷二十　赵　三

平原君谓平阳君

平原君[1]谓平阳君[2]曰："公子牟[3]游于秦，且东，而辞应侯。应侯曰：'公子将行矣，独无以教之乎？'曰：'且微君之命命之也，臣固且有效于君。夫贵不与富期[4]，而富至；富不与粱肉期，而粱肉至；粱肉不与骄奢期，而骄奢至；骄奢不与死亡期，而死亡至。累世以前，坐[5]此者多矣。'应侯曰：'公子之所以教之者厚矣。'仆得闻此，不忘于心。愿君之亦勿忘也。"平阳君曰："敬诺。"

【注释】

〔1〕平原君：名赵胜，赵惠文王之弟，赵孝成王叔父，封于东武，号平原君，任赵相。　〔2〕平阳君：名赵豹，赵惠文王之弟，号平阳君。　〔3〕公子牟：魏国公子，又称魏牟，魏公子牟。　〔4〕期：相约。　〔5〕坐：因为。

【译文】

平原君对平阳君说："公子牟在秦国游历，将要到东方去，向应侯辞行。应侯说：‘你将要走了，难道没什么教导我的吗？’公子牟说：‘就是没有您命令我，我本来也有话对您说。尊贵的地位并没有与富裕相约，但人的地位尊贵了，富裕就自然而来了；富裕并没有与美食相约，但富裕了，美食就自然而来了；美食并没有与骄奢相约，但有了美食，骄奢就自然而来了；骄奢并没有与死亡相约，但骄奢了，死亡就自然而来了。以前世世代代，因这个原因而死的人太多了。’应侯说：‘你教导我的这些话太深刻了。’我听到这些，牢记在心。希望你也不忘记。”平阳君说：“遵命。”

秦围赵之邯郸

秦围赵之邯郸〔1〕。魏安釐王〔2〕使将军晋鄙救赵。畏秦，止于荡阴〔3〕，不进。魏使客将军〔4〕（新）〔5〕【辛】垣衍间入邯郸，因平原君谓赵王〔6〕曰：“秦所以急围赵者，前与齐湣王争强为帝，已而复归帝〔7〕，以齐故。今齐（湣王）〔8〕已益弱。方今唯秦雄天下，此非必贪邯郸，其意欲求为帝。赵诚发使尊秦昭王为帝，秦必喜，罢兵去。”平原君犹豫未能有所决。

【注释】

〔1〕秦围赵之邯郸：事在公元前259—前257年。前259年十月，秦国在长平之战消灭赵军主力后，进兵围困赵都邯郸达两年之久。〔2〕魏安釐（xī）王：名圉，公元前276—前243年在位。 〔3〕荡

阴：魏地，在今河南汤阴。〔4〕客将军：由别国人担任的将军。〔5〕新垣：应作“辛垣”，复姓。〔6〕赵王：赵孝成王，名丹，公元前265—前245年在位。〔7〕复归帝：又取消了帝号。公元前288年，齐湣王称东帝，秦昭王称西帝，不久齐湣王取消帝号，秦昭王也随之取消。〔8〕湣王：衍文。此时齐湣王已死二十余年。

【译文】

秦军围攻赵国的国都邯郸。魏安釐王派将军晋鄙救援赵国。因魏国惧怕秦国，就让晋鄙停留在荡阴，不再进军。魏王派客将军辛垣衍秘密进入邯郸，通过平原君对赵王说：“秦国之所以加紧围攻赵国，是因为以前秦昭王和齐闵王争强称帝，不久秦昭王又取消了帝号，这是由于齐国的缘故。现在齐国已日益衰弱，当今只有秦国称雄于天下，秦国围攻邯郸，不一定是想得到邯郸，真实的意图是想称帝。赵国如果派使者去尊秦昭王为帝，秦国一定高兴，撤军离开邯郸。”平原君犹豫，没有作出决定。

此时鲁仲连[1]适游赵，会秦围赵。闻魏将欲令赵尊秦为帝，乃见平原君曰：“事将奈何矣？”平原君曰：“胜也何敢言事？百万之众折于外，今又内围邯郸而不能去。魏王使【客】[2]将军辛垣衍令赵帝秦，今其人在是，胜也何敢言事？”鲁连曰：“始吾以君为天下之贤公子也，吾乃今然后知君非天下之贤公子也。梁[3]客辛垣衍安在？吾请为君责而归之。”平原君曰：“胜请召而见之于先生。”平原君遂见辛垣衍曰：“东国有鲁连先生，其人在此，胜请为绍介而见之于将军。”辛垣衍曰：“吾闻鲁连先生，齐国之高士也。衍，人臣也，使事有职，吾不愿见鲁连先生也。”平原君曰：“胜已泄之矣。”辛垣衍许诺。

【注释】

〔1〕鲁仲连：齐国策士，以好为人排难解患著称。 〔2〕客：原文脱。 〔3〕梁：即魏，魏惠王时，国都由安邑迁至大梁（今河南开封西北），故魏又称梁。

【译文】

这时鲁仲连正巧在赵国游历，正逢秦军围攻赵都，听说魏国想让赵国尊秦昭王称帝，于是拜见平原君说：“这事将怎么办？”平原君说：“我哪里敢谈论这事？赵国的百万军队损失于外，现在秦军又深入国内而不能打退。魏王派客将军辛垣衍让赵国尊秦王称帝，现在他就在这里，我哪里敢谈论此事呢？”鲁仲连说：“本来我认为您是天下贤能的公子，今天我才知道您不是天下贤能的公子。魏国的客人辛垣衍在哪里？请让我为您责备他一番，让他回去。”平原君说：“请让我为您介绍，让他见您。”平原君于是去见辛垣衍说：“齐国有个鲁连先生，他就在这里，请让我为您介绍，让他见您。”辛垣衍说：“我听说鲁连先生是齐国的品行高尚之士。而我是做臣的，使臣的事有一定的职守，我不想见鲁连先生。”平原君说：“我已经把你到赵国的事泄露给他了。”辛垣衍答应和鲁仲连见面。

鲁连见辛垣衍而无言。辛垣衍曰：“吾视居（北）〔1〕【此】围城之中者，皆有求于平原君者也。今吾视先生之玉貌〔2〕，非有求平原君者，曷为久居此围城之中而不去也？”

鲁连曰："世以鲍焦[3]无从容[4]而死者，皆非也。今众人不知，则为一身。彼秦者，弃礼义而上首功[5]之国也。权使其士，虏使其民。彼则肆然而为帝，过而遂正于天下，则连有赴东海而死矣。吾不忍为之民也！所为见将军者，欲以助赵也。"辛垣衍曰："先生助之奈何？"鲁连曰："吾将使梁及燕助之。齐、楚则固助之矣。"辛垣衍曰："燕则吾请以从矣。若乃梁，则吾乃梁人也，先生恶能使梁助之耶？"鲁连曰："梁未睹秦称帝之害故也，使梁睹秦称帝之害，则必助赵矣。"辛垣衍曰："秦称帝之害将奈何？"鲁仲连曰："昔齐威王[6]尝为仁义矣，率天下诸侯而朝周。周贫且微，诸侯莫朝，而齐独朝之。居岁余，周烈王[7]崩，诸侯皆吊，齐后往。周怒，赴[8]于齐曰：'天崩地拆[9]，天子下席[10]。东藩之臣田婴齐后至，则斮之。'威王勃然怒曰：'叱嗟，而母婢也[11]。'卒为天下笑。故生则朝周，死则叱之，诚不忍其求也。彼天子固然，其无足怪。"辛垣衍曰："先生独未见夫仆乎？十人而从一人者，宁力不胜、智不若耶？畏之也。"鲁仲连曰："然梁之比于秦若仆耶？"辛垣衍曰："然。"鲁仲连曰："然吾将使秦王烹醢[12]梁王。"辛垣衍怏然不悦曰："嘻，亦太甚矣，先生之言也！先生又恶能使秦烹醢梁王？"

【注释】

〔1〕北："此"字之误。　〔2〕玉貌：对别人容颜的尊称。〔3〕鲍焦：春秋末年隐士，因不满当时政治，抱木饿死。　〔4〕无从容：心地狭窄。　〔5〕上首功：崇尚斩首之功。　〔6〕齐威王：名

婴齐，公元前356—前320年在位。〔7〕周烈王：周天子，名喜，公元前375—前269年在位。〔8〕赴：同“讣”，告丧。〔9〕天崩地坼（chè）：喻天子死。〔10〕天子下席：天子，指周烈王之子周显王。下席，从宫室中移居到草庐的苫席之上，是古时的居丧之礼。〔11〕而母婢也：你的母亲是贱婢。而，你。〔12〕烹醢（hǎi）：古代两种酷刑，烹，放在鼎里煮死；醢，剁成肉酱。

【译文】

鲁仲连见到辛垣衍而不说话。辛垣衍说：“我看处在这座被围之城中的人，都是有求于平原君的。今日我看先生你的表情，不像有求于平原君，为何长久处在这座被围之城中而不离开呢？”鲁仲连说：“世人凡认为鲍焦是由于心胸狭窄而死的，都是不对的。现在大家不了解他，认为他是为了自己的名声。那个秦国，是个抛弃礼仪而崇尚斩首之功的国家。以权诈之术来使用它的士，把百姓当作奴隶来使用。假如秦国肆无忌惮地称了帝，甚至竟统治了天下，那么我只有跳入东海而死了，我不忍心做它的百姓！我之所以见将军你，是想以此帮助赵国。”辛垣衍说：“先生将怎么帮助赵国？”鲁仲连说：“我将使魏国和燕国帮助赵国。齐国、楚国本来就要帮助赵国。”辛垣衍说：“燕国吗，我认为会听从你的。至于魏国，我就是魏人，先生怎么能使魏国帮助赵国呢？”鲁仲连说：“这是因为魏国没有看到秦国称帝的危害，如果魏国看到秦国称帝的危害，就一定会帮助赵国。”辛垣衍说：“秦国称帝会有什么危害？”鲁仲连说：“从前，齐威王曾经实行仁义，率领诸侯去朝见周王室。周王室既贫穷又弱小，诸侯没有朝见的，只有齐国去朝见。过了一年多，周烈王去世，诸侯都去吊唁，齐国去晚了。周天子发怒，派人到齐国报丧说：‘天子驾崩，新天子离开宫室在草席上守丧，东方的藩臣田婴齐晚到，就斩杀了他。’齐威王听到勃然大怒，说：‘呸！你的母亲是个贱婢。’结果齐威王被天下诸侯所耻笑。齐威王之所以在周烈王活着的时候去朝见，周烈王死后又斥骂新天子，是因为实在受不了新天子的苛求。那些做天子的本来就是这样作威作福，这不足为怪。”辛垣衍说：“先生难道没见过那些奴仆吗？十个奴仆却听从一个主人的，难道是他们的力量、智慧不如主人吗？是因为害怕主人。”鲁仲连说：“那么魏国和秦国相比，就如同奴仆吗？”辛垣衍说：“是。”鲁仲连说：“那么我将让秦王把魏王烹了，剁成肉酱。”辛垣衍不高兴地说：“呀！先生的话也太过分了。您怎么能使秦王把魏王烹死，剁成肉酱呢？”

鲁仲连曰：“固也，待吾言之。昔者，鬼侯〔1〕（之）〔2〕、鄂侯、文王，纣之三公也。鬼侯有子而好，故入之于纣，纣以为恶，醢鬼侯。鄂侯争之急，辨〔3〕之疾，故脯〔4〕鄂侯。文王闻之，喟然而叹，故拘之于牖里〔5〕之（车）〔6〕【库】，百日而欲（舍）〔7〕【令】之死。曷为与人俱称帝王，卒就脯醢之地也？齐闵王将之鲁，夷维子〔8〕执策而从，谓鲁人曰：‘子将何以待吾君？’鲁人曰：‘吾将以十太牢〔9〕待子之君。’【夷】〔10〕维子曰：‘子安取礼而来待吾君？彼吾君子，天子也。天子巡狩，诸侯辟舍，纳于筦键〔11〕，摄衽抱几〔12〕，视膳于堂下，天子已食，退而听朝也。’鲁人投其籥〔13〕，不果纳。不得入于鲁，将之薛〔14〕，假途于邹〔15〕。当是时，邹君死，闵王欲入吊。夷维子谓邹之孤曰：‘天子吊，主人必将倍殡柩〔16〕，设北面于南方，然后天子南面吊也。’邹之群臣曰：'必若此，吾将伏剑而死。'故不敢入于邹。邹、鲁之臣，生则不得事养，死则不得饭含[17]，然且欲行天子之礼于邹、鲁之臣，不果纳。今秦万乘之国，梁亦万乘之国。俱据万乘之国，交有称王之名，（赌）[18]【睹】其一战而胜，欲从而帝之，是使三晋之大臣不如邹、鲁之仆妾也。且秦无已而帝，则且变易诸侯之大臣。彼将夺其所谓不肖，而予其所谓贤；夺其所憎，而与其所爱。彼又将使其子女谗妾为诸侯妃姬，处梁之宫，梁王安得晏然而已乎？而将军又何以得故宠乎？"

【注释】

〔1〕鬼侯：又作九侯，与鄂侯、文王皆为商末诸侯，文王即周文王。 〔2〕之：衍文。 〔3〕辨：同"辩"。 〔4〕脯：干肉，此指将鄂侯做成肉干。 〔5〕牖里：地名，在今河南汤阴北。 〔6〕车：当依别本作"库"。 〔7〕舍：当依别本作"令"。 〔8〕夷维子：齐臣。夷维本为齐地名，此以邑为姓。 〔9〕十太牢：牛、羊、猪各十只，为接待诸侯之礼。 〔10〕夷：原文脱。 〔11〕筦键：钥匙。筦，同"管"。 〔12〕摄衽抱几：摄，持；衽，坐席；几，几案。〔13〕投其籥（yuè）：关门落锁。籥，一说为钥匙，一说为插门之木。〔14〕薛：齐孟尝君封地，在今山东滕州南。 〔15〕邹：邹国，在今山东邹城及附近地区。 〔16〕倍殡柩：到殡柩的对面。倍同"背"，换了相反的方向。 〔17〕饭含：古代一种殡殓仪式，在死者口中放置珠玉璧贝饭等，通称饭含。 〔18〕赌："睹"字之误。

【译文】

鲁仲连说："当然会这样，等我说给你听。从前，鬼侯、鄂侯、文王是商纣王的三公。鬼侯有个女儿长得漂亮，所以就把她献给了纣王。纣王认为她长得丑，就把鬼侯剁成了肉酱。鄂侯为此事和纣王急切争辩，因此又被纣王杀死，做成了肉干。周文王听说后长叹一声，因此被纣王囚禁在牖里的车库之中，长达百日，想让他死掉。为什么和别人都称帝王，而最终到了被做成干肉、剁成肉酱的地步？齐闵王将要去鲁国，夷维子拿着马鞭跟随，对鲁国人说：‘你们准备用什么礼节接待我们的国君？’鲁人说：‘我们将用牛、羊、猪各十只接待您的国君。’夷维子说：‘你们怎么能用这样的礼节接待我们的国君？我们的国君，是天子。天子视察诸侯国，诸侯要离开宫室，交出钥匙，还要提着坐席，抱着几案，在堂下侍候天子吃饭，天子吃完了饭，才能回去听朝理事。’鲁人听了，便关闭城门，不接受齐闵王入境的要求。齐闵王不能进入鲁国，又准备到薛国去，就向邹国借道。这时，邹国国君刚去世，齐闵王想进入邹国吊唁。夷维子对已故邹君的儿子说：“天子吊唁诸侯，主人一定要站在与灵柩相反的方位，把原来放在北面的灵位改放在南面，然后天子面向南吊唁。’邹国的群臣说：‘如果一定这样做，我们将以剑自刎而死。’因此齐闵王没敢进入邹国。邹、鲁两国的臣子，在国君活着时候，不能侍奉供养，国君死后，也无力具备饭含的物品，然而想让邹、鲁之臣对齐闵王行见天子之礼，最终没被接受。当今秦是万乘大国，魏也是万乘大国。都是有万乘兵车的大国，彼此有称王之名，看到秦国一战获胜，就要服从而尊他为帝，这就使韩、赵、魏三国的大臣还不如邹、鲁的臣子。况且秦国没有止境地称帝，就将会撤换诸侯的大臣，将免去他们所认为不贤之人的官职，而给予他们所认为的贤人，免去他们所恨之人的官职，而给予他们所喜欢的人。还将会让他们善于说别人坏话的女子做诸侯的姬妾，住在魏国宫中，魏王怎么能安然呢？将军你又如何得到往日的尊崇地位呢？”

于是，辛垣衍起，再拜谢曰：“始以先生为庸人，吾乃今日而知先生为天下之士也。吾请去，不敢复言帝秦。”秦将闻之，为却军五十里。

【译文】

于是，辛垣衍起身，再拜感谢说：“起初我认为先生是个平凡的人，今天我才知道您是天下著名之士。我请求离开赵国，不敢再说尊秦为帝之事。”秦将听说了这事，因此退兵五十里。

适会魏公子无忌〔1〕夺晋鄙军以救赵击秦，秦军引而去。于是平原君欲封鲁仲连。鲁仲连辞让者三，终不肯受。平原君乃置酒，酒酣，起前以千金为鲁连寿。鲁连笑曰：“所贵于天下之士者，为人排患、释难、解纷乱而无所取也。即有所取者，是商贾之人也，仲连不忍为也。”遂辞平原君而去，终身不复见。

【注释】

〔1〕魏公子无忌：魏安釐王异母弟，封于信陵（今河南宁陵），号信陵君。为救赵而窃取魏王兵符，击杀晋鄙，夺其兵权。

【译文】

正逢魏公子无忌夺了晋鄙兵权，救援赵国，攻打秦军，秦军撤走。于是平原君想封赏鲁仲连。鲁仲连再三辞让，终不肯接受。平原君于是设置酒宴，当酒兴正浓时，平原君起身向前，赠送鲁仲连黄金千斤，并祝他长寿。鲁仲连笑着说："天下之士所看重的，是为别人排除忧患、去掉祸难、解开纷乱而不取报酬。假如收取报酬，那就是像商人一样的人，我不能容忍这么做。"于是辞别平原君而离开赵国，终身没再见平原君。

郑同北见赵王

郑同[1]北见赵王。赵王曰："子南方之（传）[2]【博】士也，何以教之？"郑同曰："臣南方草鄙之人也，何足问？虽然，王致之于前，安敢不对乎？臣少之时，亲尝教以兵。"赵王曰："寡人不好兵。"郑同因抚手仰天而笑之曰："兵固天下之狙喜[3]也，臣故意大王不好也。臣亦尝以兵说魏昭王[4]，昭王亦曰：'寡人不喜。'臣曰：'王之行能如许由[5]乎？许由无天下之累，故不受也。今王既受先王之传，欲宗庙之安，壤地不削，社稷之血食[6]乎？'王曰：'然。'今有人操随侯之珠[7]，持丘之环[8]，万金之财，（时）[9]【特】宿于野，内无孟贲之威，荆庆[10]之断，外无弓弩之御，不出宿夕，人必危之矣。今有强贪之国，临王之境，索王之地，告以理则不可，说以义则不听。王非战国守圉之具，其将何以当之？王若无兵，邻国得志矣。"赵王曰："寡人请奉教。"

【注释】

〔1〕郑同：郑国人，策士。〔2〕传：当依别本作“博”。〔3〕狙喜：狡诈之人所喜欢的。〔4〕魏昭王：名遬，公元前295—前277年在位。〔5〕许由：尧时人，相传尧想把君位让给他，他逃走。〔6〕血食：祭祀。〔7〕随侯之珠：古代传说中的明珠。随侯为周王朝所封的随国（在今湖北随州）国君。〔8〕丘之环：不详，当为古代有名的玉环。〔9〕时：“特”字之误，单独。〔10〕荆庆：一说庆通“卿”，荆卿即古勇士成荆。一说指成荆与春秋时吴王僚之子庆忌。

【译文】

郑同到北方去拜见赵王。赵王说：“您是南方的博学之士，将对我有什么教导？”郑同说：“我不过是南方一个鄙陋无知的人，哪里值得您垂问。尽管如此，大王已经把我召至御前，我怎敢不回答呢？我年轻的时候，父亲曾教给我兵法。”赵王说：“我不喜欢兵法。”郑同拍着手仰天大笑说：“兵法本来是天下狡诈之人所喜欢的，我原来就意料到您不喜欢。我曾经用兵法游说魏昭王，昭王也说：‘我不喜欢。’我说：‘大王的行为能像许由一样吗？许由不愿被治理天下所牵累，所以不接受尧的君位。而现在您接受了先王所传的王位，您想使宗庙安全，国土不被侵占，社稷永远得到祭祀吗？’魏昭王说：‘是。’现在假如有人拿着随侯之珠，持丘之环，带着万金之财，独自露宿在野外，而他自身没有孟贲那样的威猛，荆庆那样的果断，身外也没有弓箭来防御，不会超出一夜，别人一定会谋害他。现在有强大贪婪的国家进犯您的边境，索要您的土地，用道理阻止他，他不理，用道义劝说他，他不听。您如果没有作战所需的防御装备，将怎么抵御他呢？您如果没有用兵之策，邻国的野心就会得逞了。”赵王说：“我敬奉教导。”

卷二十一　赵　四

五国伐秦无功

五国伐秦[1]无功，罢于成皋。赵欲搆[2]于秦，楚与魏、韩将应之，(秦)[3]【齐】弗欲。苏（代)[4]【秦】谓齐王[5]曰："臣以为足下见奉阳君[6]矣。臣谓奉阳君曰：'天下散而事秦，秦必据宋。魏冉[7]必妒君之有阴[8]也。秦王贪，魏冉妒，则阴不可得已矣。君无搆，齐必攻宋。齐攻宋，则楚必攻宋，魏必攻宋，燕、赵助之。五国据宋，不至一二月，阴必得矣。得阴而搆，秦虽有变，则君无患矣。若不得已而必搆，则愿五国复坚约。(五国)[9]愿得赵，足下雄飞，与韩氏大吏东免[10]，齐王必无召（呡)[11]【珉】也。使臣守约，若与有倍约者，以四国攻之。无倍约者，而秦侵约，五国复坚而宾[12]之。今韩、魏与齐相疑也，若复不坚约而讲，臣恐与国之大乱也。齐、秦非复合也，必有踦重[13]者矣。(后)[14]合与踦重者，皆非赵之利也。且天下散而事秦，是秦制天下也。秦制天下，将何以天下为？臣愿君之蚤[15]计也。

【注释】

〔1〕五国伐秦：事在公元前287年，时赵、齐、楚、魏、韩联合伐秦。 〔2〕搆："构"之异体，讲和。 〔3〕秦：当依别本作"齐"。 〔4〕苏代：据马王堆出土《战国纵横家书》，当为苏秦。 〔5〕齐王：齐闵王。 〔6〕奉阳君：赵相李兑，号奉阳君，五国伐秦即由他与苏秦发起。 〔7〕魏冉：秦相。 〔8〕阴：当为"陶"字之误。时为宋邑，在今山东定陶西北。 〔9〕五国：原脱。 〔10〕东免：勉励齐国。东，指齐；免，通"勉"。 〔11〕呡：当依别本作"珉"。指韩珉，韩人，曾任齐相，主张亲秦。 〔12〕宾：通"摈"，排斥。 〔13〕踦重：偏重。 〔14〕后："复"字之误。 〔15〕蚤：通"早"。

【译文】

赵、齐、楚、魏、韩五国伐秦没有成效，停兵于成皋。赵国想与秦国讲和，楚、魏、韩三国准备响应，而齐国不想讲和。苏秦对齐王说："我已经为您拜见奉阳君了。我对他说：'如果天下各国解散联盟而服从秦国，秦国一定会攻打宋国。秦相魏冉一定嫉妒您得到陶邑。秦王贪婪，魏冉嫉妒，您就得不到陶邑了。如果您不与秦国讲和，齐国必定会攻打宋国。齐国攻宋，楚国、魏国也必定攻宋，赵国、燕国则会帮助他们。五国攻打宋国，不出一两个月，陶邑就一定到手。得到陶邑再与秦国讲和，那么您就没有什么可担心的了。如果不得已而一定要与秦国讲和，那么希望五国仍然坚守盟约。各国希望得到赵国和您有力领导，与韩国的大臣一起去勉励齐国，这样齐王就必定不会召回主张亲秦的韩珉。让我来监督盟约的执行，如果同盟的国家有背叛盟约的，就用其他四国的军队攻打它。如果没有背叛盟约的，而秦国侵犯同盟的国家，五国仍坚守盟约回击它。现在韩、魏与齐国相互猜疑，如果再不坚守盟约而与秦国讲和，我担心同盟之国会发生大乱。齐、秦两国就是不再次联合，这两国的地位也必定偏重于一方。不管他们联合不联合，或地位偏于哪一方，都对赵国没有利。况且天下各国解散联盟而服从了秦国，秦国就控制了天下。一旦秦国控制了天下，赵国又怎么领导天下各国呢？我希望您早考虑这事。

"'天下争秦有六举，皆不利赵矣。天下争秦，秦王[1]受负海内之国，合负亲之交，以据中国，而求利于三晋，是秦之一举也。秦行是计，不利于赵，而君终不得阴，一矣。天下争秦，秦王内[2]韩珉于齐，内成阳君[3]于韩，相魏怀[4]于魏，复合（衍）【衡】交两王[5]，王贲、韩他[6]之曹，皆起而行事，是秦之一举也。秦行是计也，不利于赵，而君又不得阴，二矣。天下争秦，秦王受齐受赵，三（疆）【强】[7]三亲，以据魏而求安邑[8]，是秦之一举也。秦行是计，齐、赵应之，魏不待伐，抱安邑而（信）[9]【倍】秦，秦得安邑之饶，魏为上交，韩必入朝秦，过赵已安邑矣，是秦之一举也。秦行是计，不利于赵，而君必不得阴，三矣。天下争秦，秦坚燕、赵之交，以伐齐收楚，与韩呡而攻魏，是秦之一举也。秦行是计，而燕、赵应之。燕、赵伐齐，兵始用，秦因收楚而攻魏，不至一二月，魏必破矣。秦举安邑而塞女戟[10]，韩之太（原）[11]【行】绝，下轵道、南阳、高[12]，伐魏，绝韩，包二周，即赵自消烁[13]矣。国燥[14]于秦，兵分于齐，非赵之利也，而君终身不得阴，四矣。天下争秦，秦坚三晋之交攻齐，国破（曹）[15]【财】屈，而兵东分于齐，秦桉兵[16]攻魏，取安邑，是秦之一举也。秦行是计也，君桉救魏，是以攻齐之已弊，救与秦争战也；君不救也，韩、魏焉免西合？国在谋之中，而君有[17]终身不得阴，五矣。天下争秦，秦按为义，存亡继绝，固危扶弱，定无罪之君，必起中山与（胜）[18]【滕】焉。秦起中山与胜，而赵、宋同命，何暇言阴？六矣。故曰君必无讲，则阴必得矣。'

【注释】

〔1〕秦王：秦昭王。　〔2〕内：同"纳"。　〔3〕成阳君：韩臣，封号成阳君，主张亲秦。　〔4〕魏怀：魏臣，主张亲秦。　〔5〕复合衍交两王：衍，"衡"字之误，合衡即连横，指秦联合其他诸侯国。二王，指燕、赵二王。　〔6〕王贲、韩他：皆秦臣。　〔7〕三疆：疆，当依别本作"强"，三强指秦、齐、赵。　〔8〕安邑：魏邑，在今山西夏县西北。　〔9〕信：当依别本作"倍"，此谓倍加亲善。　〔10〕女戟：魏地，在太行山西。　〔11〕太原：太行之误。　〔12〕轵道、南阳、高：轵，魏邑，在今河南济源南。南阳，古地区，属魏，相当今河南济源至朝歌镇一带。高，不详。　〔13〕消烁：削弱，烁，通"铄"。　〔14〕燥：烁，削弱。　〔15〕曹：当依别本作"财"。〔16〕桉兵：用兵。桉，同"按"。　〔17〕有：同"又"。　〔18〕胜：当为"滕"字之误。

【译文】

"'天下诸侯争着侍奉秦国，秦国大概会有六种举动，都对赵国不利。诸侯争着侍奉秦国，秦王可能接纳齐国，与曾经背叛自己的国家重新结盟，从而控制中原地区，而向韩、赵、魏三国索取利益，这是秦国的一种举动。如果秦国实行这一策略，对赵国是不利的，而您最终也得不到陶邑，这是其一。诸侯争着侍奉秦国，秦王可能会让韩珉到齐国任职，让成阳君到韩国任职，让魏怀担任魏相，再实行连横结交燕、赵二王，王贲、韩他之类的人，都会被起用治事，这是秦国的一种举动，如果秦国实行这一策略，对赵国是不利的，而您也得不到陶邑。这是其二。诸侯争着侍奉秦国，秦王可能接纳齐国、赵国，这三个强国三方亲善，而秦国会逼迫魏国而索求安邑，这是秦国的一种举动。如果秦国实行这一策略，齐、赵两国都会响应它，魏国还不等秦国来打，就会把安邑献给秦国从而与秦的关系倍加亲善，秦国得到安邑这个富饶的地方，魏国又成为和它关系最好的国家，那么韩国就一定会朝见秦国，仅就得到安邑来说，就已占了赵国的上风了，这是秦国的一种举动。如果秦国实行这一策略，对赵国是不利的，而您一定得不到陶邑。这是其三。诸侯争着侍奉秦国，秦国可能会加强与燕、赵两国的邦交，来攻打齐国争取楚国，并联合韩珉攻打魏国，这是秦国的一种举动。如果秦国实行这一策略，燕、赵两国都会响应它。燕、赵两国攻打齐国，刚刚交兵，秦国就趁机联合楚国去攻打魏国，不出一两个月，魏国就必定被攻破了。秦国夺取安邑而堵塞女戟，韩国的太行之路就被切断，秦军经过轵道、南阳、高，攻打魏国，切断韩国，包围东、西二周，那么赵国就自然削弱了。赵国被秦国削弱，兵力又分出去攻齐，这不是赵国之利，而您一辈子也得不到陶邑，这是其四。诸侯争着侍奉秦国，秦国可能会加强与韩、赵、魏三国的邦交来攻打齐国，三国国家破败，财力耗尽，而兵力又分到东方攻齐，秦国趁机用兵攻魏，夺取安邑，这是秦国的一种举动。如果秦国实行这一策略，您如果用兵救魏，就是用攻打齐国已经疲惫的军队，去救援魏国而与秦军作战；如果您不救援魏国，韩、魏两国怎能免于投靠西方的秦国呢？赵国在秦国的算计之中，而您又一辈子得不到陶邑，这是其五。诸侯争着侍奉秦国，秦国可能会打出仁义的旗号，使灭亡的国家得以保存，使灭绝的国家得以延续，安定危国，扶持弱国，定出谁是无罪之君，这样就一定会恢复被赵国灭掉的中山和被宋国灭掉的滕国。秦国恢复了这两个国家，那么赵国将会与宋国有同样的命运，哪里还有闲暇谈陶邑的事呢？这是其六。所以说您一定不能与秦国讲和，就一定能得到陶邑。'

"奉阳君曰：'善。'乃绝和于秦，而收齐、魏以成取阴。"

【译文】

"奉阳君说：'好。'于是停止与秦国讲和，而联合齐、魏，以完成取得陶邑的计划。"

虞卿请赵王

虞卿[1]请赵王[2]曰："人之情，宁朝人乎？宁朝于人也？"赵王曰："人亦宁朝人耳，何故宁朝于人？"虞卿曰："夫魏为从主[3]，而违者范座[4]也。今王能以百里之地，若万户之都，请杀范座于魏。范座死，则从事可移于赵。"赵王曰："善。"乃使人以百里之地，请杀范座于魏。魏王许诺，使司徒执范座，而未杀也。

【注释】

〔1〕虞卿：文献或作虞庆、吴庆。虞氏，任赵上卿，故称虞卿。〔2〕赵王：赵惠文王，名何，赵武灵王之子，公元前298—前266年在位。 〔3〕从主：合纵联盟的盟主。 〔4〕范座：或作范痤(cuó)，魏相。

【译文】

虞卿对赵王说："人的想法，是愿意让别人来朝见自己呢？还是愿意去朝见别人呢？"赵王说："人都愿意让别人来朝见自己，为什么愿意去朝见别人呢？"虞卿说："魏国做合纵联盟的盟主，是因为魏相范座反对赵国做盟主。现在大王可以将百里土地，或者一座万户的大城送给魏国，请魏国杀掉范座。范座一死，赵国就可以成为合纵的盟主。"赵王说："好。"于是派人以百里土地，请求魏国杀掉范座。魏王答应了赵国的要求，让司徒逮捕了范座，还没杀掉。

范座献书魏王曰："臣闻赵王以百里之地，请杀座之身。夫杀无罪范座，（座）〔1〕薄故也；而得百里之地，大利也。臣窃为大王美之。虽然，而有一焉，百里之地不可得，而死者不可复生也，则（主）〔2〕【王】必为天下笑矣！臣窃以为与其以死人市〔3〕，不若以生人市（使）〔4〕也。"

【注释】

〔1〕座：衍文。 〔2〕主："王"字之误。 〔3〕市：交易。

〔4〕使：衍文。

【译文】

范座向魏王上书说："我听说赵王用百里土地，请求杀我。杀掉我无罪的范座，这是小事；而得到百里的土地，这是大利。我私下为大王感到高兴。尽管这样，还可能会有另外一种情况，就是得不到百里土地，而死去的人也不会再复活了，那么，大王就必定被天下之人所耻笑！我私下认为，与其用死人与赵国交易，还不如用活人与赵国交易。"

又遗其后相信陵君书曰："夫赵、魏，敌战之国也。赵王以咫尺之书来，而魏王轻为之杀无罪之座，座虽不肖，故魏之免相（望）〔1〕也。尝以魏之故，得罪于赵。夫国内无用臣，外虽得地，势不能守。然今能守魏者，莫如君矣。王听赵杀座之后，强秦袭赵之欲，倍赵之割，则君将何以止之？此君之累也。"信陵君曰："善。"遽言之王而出之。

【注释】

〔1〕望：衍文。

【译文】

范座又写给继任的相国信陵君一封书信，说："赵国与魏国，是敌对交战的国家。赵王把一封书信送来，魏王就轻易地为他杀掉无罪的我，我尽管不才，也曾是魏国的相国。曾经因为魏国的缘故，得罪过赵国。如果国内没有可以任用的大臣，虽然在外边得到土地，也势必守不住。而现在能守卫住魏国的，没人比得上您。大王听从赵王的请求杀掉我之后，强大的秦国将会照着赵国的做法，让我们加倍割让从赵国得到的土地，那么您将怎么制止他呢？这将是您的麻烦。”信陵君说：“好。”就立即向魏王进言，放出了范座。

客见赵王

客见赵王曰：“臣闻王之使人买马也，有之乎？”王曰：“有之。”“何故至今不遣？”王曰：“未得相马之工也。”对曰：“王何不遣建信君乎？”王曰：“建信君有国事，又不知相马。”曰：“王何不遣纪姬乎？”王曰：“纪姬妇人也，不知相马。”对曰：“买马而善，何补于国？”王曰：“无补于国。”“买马而恶，何危于国？”王曰：“无危于国。”对曰：“然则买马善而若恶，皆无危补于国。然而王之买马也，必将待工。今治天下，举错非也，国家为虚戾〔1〕，而社稷不血食，然而王不待工，而与建信君，何也？”赵王未之应也。客曰：“燕郭之法〔2〕，有所谓（桑雍）〔3〕【柔痈】者，王知之乎？”王曰：“未之闻也。”“所谓桑雍者，便辟〔4〕左右之近者，及妇人优爱孺子也。此皆能乘王之醉昏，而求所欲于王者也。是能得之乎内，则大臣为之枉法于外矣。故日月晖于外，其贼在于内，谨备其所憎，而祸在于所爱。”

【注释】

〔1〕虚戾：当同“墟砾”，废墟瓦砾。　〔2〕燕郭之法：燕郭制

订的法律。燕郭，人名，不详。〔3〕桑雍：当依别本作“柔痈”，指近宠之人柔媚国君，有害于国，如同痈疮。〔4〕便辟（pián bì）：同“便嬖”，亲近宠爱之人。

【译文】

有位客人拜见赵王说：“我听说大王将派人去买马，有这事吗？”赵王说：“有。”客人说：“为什么到现在还没派出去？”赵王说：“还没有找到善于相马的人。”客人说：“大王为什么不派建信君去呢？”赵王说：“建信君有国事要处理，他又不懂相马。”客人说：“大王为什么不派纪姬去呢？”赵王说：“纪姬是个妇道人家，她也不懂相马。”客人说：“买的马好，对国家有什么补益吗？”赵王说：“对国家没什么补益。”客人说：“买的马不好，对国家有什么危害吗？”赵王说：“没什么危害。”客人说：“那么买的马好或者不好，都对国家没有什么危害或补益。然而大王买马，却一定要等待善于相马的人。如今治理国家，如果举措不当，国家就会成为废墟，社稷将得不到祭祀，然而您却不等待善于治国的人，而交给建信君治理，这是为什么呢？”赵王没有回答。客人说：“燕郭之法中，有柔痈一条，大王知道吗？”赵王说：“没听说过。”客人说：“柔痈，就是指国君身边的亲近宠爱之人，和夫人、倡优、年轻的姬妾之类的人。这些人都能趁国君昏醉之时从国君那里求得自己所想得到的东西。这些人能在里边得到，大臣就会在外徇私枉法以图利。所以太阳月亮光照室外，而盗贼却在室内行窃，小心防备所恨的人，而祸害却是所爱的人。”

秦攻魏取宁邑

秦攻魏，取宁邑〔1〕，诸侯皆贺。赵王〔2〕使往贺，三反不得通。赵王忧之，谓左右曰：“以秦之强，得宁邑，以制齐、赵。诸侯皆贺，吾往贺而独不得通，此必加兵我，为之奈何?”左右曰：“使者三往不得通者，必所使者非其人也。曰谅毅者，辩士也，大王可试使之。”

【注释】

〔1〕宁邑：据史实当为安邑。 〔2〕赵王：赵惠文王。

【译文】

秦国攻魏，夺取了安邑，各国诸侯都去祝贺。赵王派使者前去祝贺，往返三次都没有受到接见。赵王对此事很担忧，对身边的人说：“凭着秦国的强大，又得到了安邑，可以此控制齐国、赵国。诸侯都前去祝贺，我派使者前去祝贺却得不到接见，这说明秦国一定会攻打我们，该怎么办?”身边的人说：“使者三次前往而不被接见，一定是所派的使者不是合适的人。有个名叫谅毅的，是个善辩之士，大王可以派他去试试。”

谅毅亲受命而往。至秦，献书秦王〔1〕曰：“大王广地宁邑，诸侯皆贺，敝邑寡君亦窃嘉之，不敢宁居，使下臣奉其币物三至王廷，而使不得通。使若无罪，愿大王无绝其欢；若使有罪，愿得请之。”秦王使使者报曰：“吾所使赵国者，小大皆听吾言，则受书币。若不从吾言，则使者归矣。”谅毅对曰：“下臣之来，固愿承大国之意也，岂敢有难?大王若有以令之，请奉而(西)〔2〕行之，无所敢疑。”

【注释】

〔1〕秦王：秦昭王。　〔2〕西：衍文。

【译文】

谅毅接受了命令前往。到了秦国，向秦王上书说："大王得到安邑，扩大了国土，诸侯都来祝贺，敝国国君也私下赞许此事，不敢怠慢，派使臣带着礼物三次来到大王之廷，但没有得到接见。如果使臣没有罪过，希望大王不要断绝两国之间的友好关系；如果使臣有罪，希望大王明言。"秦王派使者回复说："我要赵国的使者，无论大事小事都听我的话，我就接受书信和礼物。如果不听我的话，就让他回去。"谅毅说"我这次前来，本来就愿意秉承贵国的意旨，怎敢有所为难？大王如果有什么事命令我办，我愿奉命执行，不敢迟疑。"

于是秦王乃见使者，曰："赵豹、平原君，数欺弄寡人。赵能杀此二人，则可，若不能杀，请今率诸侯受命邯郸城下。"谅毅曰："赵豹、平原君，亲寡君之母弟也，犹大王之有叶阳、泾阳君[1]也。大王以孝治闻于天下，衣服使之便于体，膳啗使之嗛[2]于口，未尝不分于叶阳、泾阳君。叶阳君、泾阳君之车马衣服，无非大王之服御者。臣闻之：'有覆巢毁卵，而凤皇不翔；刳胎焚夭，而骐麟不至。'今使臣受大王之令以还报，敝邑之君，畏惧不敢不行，无乃伤叶阳君、泾阳君之心乎？"

【注释】

〔1〕叶阳、泾阳君：皆秦昭王同母弟。　〔2〕嗛（qiè）：通

“慊”，满足、快意。此指合口。

【译文】

于是秦王才接见谅毅，说：“赵豹和平原君，多次欺骗玩弄我。赵国如果能杀了这二人，就罢了，如果不能杀，我将率领各国诸侯打到邯郸城下。”谅毅说：“赵豹和平原君，是敝国国君的同母弟弟，就如同您有叶阳君、泾阳君两个弟弟一样。大王您用孝道治国是天下闻名的，您穿的衣服如果合身，吃的食物如果合口，都会分给叶阳君和泾阳君。叶阳君和泾阳君的车马衣服，和您乘的穿的并无二致。我听说：‘打翻鸟巢毁掉鸟卵，凤凰就不会飞来；剖出兽胎焚烧幼兽，麒麟就不会出现。’今天如果我接受大王的命令回去报告，敝国国君心里畏惧，不敢不执行，这不就伤了叶阳君和泾阳君的心了吗?”

秦王曰：“诺。勿使从政。”谅毅曰：“敝邑之君，有母弟不能教诲，以恶大国，请黜之，勿使与政事，以称大国。”秦王乃喜，受其（弊）[1]【币】而厚遇之。

【注释】

〔1〕弊：“币”字之误。

【译文】

秦王说：“好吧。但不能让他俩参与政事。”谅毅说：“敝国国君，有弟弟却不能加以教导，以致得罪了贵国，我会请国君罢免了他们，不让他们再参与政事，以让贵国称心。”秦王这才高兴，就接受了谅毅所带的礼物，很好地接待了他。

赵太后新用事

赵太后新用事[1]，秦急攻之。赵氏求救于齐。齐曰："必以长安君[2]为质，兵乃出。"太后不肯，大臣强谏。太后明谓左右："有复言令长安君为质者，老妇必唾其面。"

【注释】

〔1〕赵太后新用事：赵太后，赵惠文王后，赵孝成王母。新用事，刚执政。时孝成王年少，由其母执政。　〔2〕长安君：赵太后的幼子，封号长安君。

【译文】

赵太后刚执政，秦国就猛攻赵国。赵国向齐国求救。齐国说："必须用长安君做人质，才出兵相救。"赵太后不肯，大臣们极力劝谏。赵太后明确地对身边的人说："有谁再说让长安君做人质的，我一定把唾沫吐在他脸上。"

左师触（詟）[1]【龙言】愿见太后。太后盛气而（揖）[2]【胥】之。入而徐趋，至而自谢，曰："老臣病足，曾不能疾走，不得见久矣。窃自恕，而恐太后玉体之有所郄[3]也，故愿望见太后。"太后曰："老妇恃辇而行。"曰："日食饮得无衰乎？"曰："恃鬻[4]耳。"曰："老臣今者殊不欲食，乃自强步，日三四里，少益耆食[5]，和于身也。"太后曰："老妇不能。"太后之色少解。

【注释】

〔1〕左师触讋：左师，官名。据《史记》及《战国纵横家书》，"触讋"之"讋"乃"龙言"二字误合为一字。左师名触龙。〔2〕揖：当依《史记》作"胥"字，等待。〔3〕郄（xì）：不舒适。〔4〕鬻（zhōu）：通"粥"。〔5〕耆：通"嗜"，喜爱。

【译文】

左师触龙说想进见太后。太后很生气地等着他。触龙入宫后，慢步做出快走的样子，来到太后面前请罪说："老臣的脚有毛病，不能快走，所以很长时间没拜见您了。我虽然私下原谅自己，但又恐怕您的身体欠安，所以想见到您。"太后说："我只能靠着车子行走。"触龙说："每天的饮食该不会减少吧?"太后说："只是靠吃粥罢了。"触龙说："老臣我近来很不想吃东西，就自己勉强散散步，每天走上三四里，就稍稍多吃点东西，身子也舒服了些。"太后说："我做不到。"太后脸上的怒色有所消除。

左师公曰："老臣贱息[1]舒祺，最少，不肖。而臣衰，窃爱怜之。愿令得补黑衣[2]之数，以卫王（官）[3]【宫】，没死[4]以闻。"太后："敬诺。年几何矣?"对曰："十五岁矣。虽少，愿及未填沟壑[5]而讬之。"太后曰："丈夫亦爱怜其少子乎?"对曰："甚于妇人。"太后笑曰："妇人异甚。"对曰："老臣窃以为媪[6]之爱燕后[7]贤于长安君。"曰："君过矣，不若长安君之甚。"左师公曰："父母之爱子，则为之计深远。媪之送燕后也，持其踵而为之泣，念悲其远也，亦哀之矣。已行，非弗思也，祭祀必祝[8]之，祝曰：'必勿使反。'岂非计久长，有子孙相继为王也哉？"太后曰："然。"左师公曰："今三世以前，至于赵之为赵，赵主之子孙侯者，其继有在者乎？"曰："无有。"曰："微独赵，诸侯有在者乎？"曰："老妇不闻也。""此其近者祸及身，远者及其子孙。岂人主之子（孙）[9]【侯】则必不善哉？位尊而无功，奉厚而无劳，而挟重器多也。今媪尊长安君之位，而封之以膏腴之地，多予之重器，而不及今令有功于国。一旦山陵崩[10]，长安君何以自托于赵？老臣以媪为长安君计短也，故以为其爱不若燕后。"太后曰："诺。恣君之所使之。"于是为长安君约车百乘，质于齐，齐兵乃出。

【注释】

〔1〕贱息：对自己儿子的谦称。 〔2〕黑衣：指王宫侍卫，时侍卫穿黑衣。 〔3〕官："宫"字之误。 〔4〕没死：冒死。 〔5〕填沟壑：指死。 〔6〕媪（ǎo）：对老年妇人的尊称。 〔7〕燕后：赵太后之女，嫁与燕王为后。 〔8〕祝：祝祷。 〔9〕孙：当依别本作"侯"。 〔10〕山陵崩：喻君主死。

【译文】

左师触龙说："老臣的一个儿子叫舒祺，年纪最小，很不成器。而我已衰老，私下很疼爱他，希望能让他补充到侍卫的队伍之中，来守卫王宫，我冒着死罪向您请求。"太后说："遵命。他年纪多大了。"触龙回答说："十五岁了。虽然他年纪还小，我想趁我没死的时候把他托付给您。"太后说："男人们也疼爱自己的小儿子吗？”触龙回答说：“比女人还疼爱。”太后笑着说：“还是女人更特别疼爱小儿子。”触龙回答说：“老臣私下认为您疼爱燕后胜过疼爱长安君。”太后说：“您错了，比疼爱长安君差得远。”触龙说：“做父母的疼爱孩子，就会为他们考虑得很长远。您送燕后出嫁的时候，握着她的脚跟而哭泣，想到她将远嫁而悲伤，也是很伤心啊。她走了以后，您不是不想她，但祭祀的时候一定为她祷告，祷告说：‘一定别让她回来。’这难道不是为她考虑得长远，希望她的子孙世世代代相继为王吗？”太后说：“是这样。”触龙说：“从现在到三代以前，直到赵国建国的时候，历代赵君的子孙被封为侯的，他们的后嗣还有存在的吗？”太后说：“没有。”触龙说：“不仅赵国，其他诸侯国有吗？”太后说：“我没听说过。”触龙说：“这些人近的是本人就遭到灾祸，远的是子孙遭到灾祸。难道君主的子孙做侯的就一定不好吗？是因为他们地位尊贵而没有为国立功，俸禄丰厚而没为国效力，而拥有的宝物多啊。现在您使长安君的地位很高贵，封给他肥沃的土地，给予他很多宝器，而不趁现在让他为国家立功，一旦您与世长辞，长安君凭什么在赵国立足呢？我认为您为长安君考虑得太短了，所以认为您疼爱他比不上疼爱燕后。”太后说：“好吧。任凭您对他安排。”于是为长安君准备了一百辆车，前去齐国做了人质，齐国才出兵救赵。

子义[1]闻之曰：“人主之子也，骨肉之亲也，犹不能恃无功之尊，无劳之奉，而守金玉之重也，而况人臣乎？”

【注释】

〔1〕子义：赵之贤士。

【译文】

子义听说此事后说："国君的儿子，是骨肉之亲，尚且不能无功而得到尊贵的地位，无劳而享有俸禄，守住金玉等宝物，何况是做臣子的呢？"

卷二十二　魏　一

知伯索地于魏桓子

知伯索地于魏桓子，魏桓子弗予。任章[1]曰："何故弗予？"桓子曰："无故索地，故弗予。"任章曰："无故索地，邻国必恐；重欲无厌，天下必惧。君予之地，知伯必憍[2]。憍而轻敌，邻国惧而相亲。以相亲之兵，待轻敌之国，知氏之命不长矣！《周书》曰：'将欲败之，必姑辅之；将欲取之，必姑与之。'君不如与之，以骄知伯。君何释以天下图知氏，而独以吾国为知氏质[3]乎？"君曰："善。"乃与之万家之邑一。知伯大说。因索蔡、皋梁[4]于赵，赵弗与，因围晋阳。韩、魏反于外，赵氏应之于内，知氏遂亡。

【注释】

〔1〕任章：魏桓子家臣。　〔2〕憍：同"骄"。　〔3〕质：目标。　〔4〕蔡、皋梁：蔡，"蔺"字之误；皋梁，即皋狼。

【译文】

知伯向魏桓子索要土地，魏桓子不给。任章说："为什么不给他?”魏桓子说:“无缘无故地索要土地,所以不给。”任章说:“无缘无故地索要土地,邻国必定害怕;欲望太多贪得无厌,天下诸侯必定恐惧。您给他土地,知伯一定会更骄横。他一骄横就会轻敌,而邻国害怕就会互相亲近。以互相亲近之国的军队,来对付轻敌的国家,知伯的性命就将不长久了!《周书》上说:‘要想打败他,一定要先辅助他;要想从他那里获取,一定要先给他。’您不如把土地给他,以此使他更骄横。您为什么放弃与天下诸侯共同对付知氏的机会,而只让我国成为知氏的攻击目标呢?”魏桓子说:“好。”于是给了知伯一座万家大邑。知伯非常高兴,于是又向赵氏索要蔺、皋狼,赵氏不给,知伯就围攻晋阳。韩、赵两家在外背叛知伯,赵氏在里边响应,知氏终于灭亡。

乐羊为魏将而攻中山

乐羊〔1〕为魏将而攻中山。其子在中山,中山之君烹其子而遗之羹,乐羊坐于幕下而啜之,尽一杯。文侯〔2〕谓睹师赞〔3〕曰:“乐羊以我之故,食其子之肉。”赞对曰:“其子之肉尚食之,其谁不食!”乐羊既罢中山,文侯赏其功而疑其心。

【注释】

〔1〕乐羊:魏将。　〔2〕文侯:魏文侯,名斯,公元前445—前396年在位,前403年被正式封为诸侯。　〔3〕睹师赞:魏臣。

【译文】

乐羊担任魏将攻打中山国。他的儿子在中山国中，中山国君就把他的儿子煮了而送给他一杯肉汤，乐羊坐在帐幕之下喝汤，把一杯全喝了下去。魏文侯对睹师赞说："乐羊为了我，竟然吃下了自己儿子的肉。"睹师赞回答说："自己儿子的肉尚且能忍心吃下，还有谁的不能吃！"乐羊在中山得胜停兵，魏文侯奖赏了他的功劳却对他的心有了怀疑。

魏武侯与诸大夫浮于西河

魏武侯〔1〕与诸大夫浮于西河〔2〕，称曰："河山之险，岂不亦信固哉！"王锺〔3〕侍王，曰："此晋国之所以强也。若善修之，则霸王之业具矣。"吴起〔4〕对曰："吾君之言，危国之道也；而子又附之，是【重】〔5〕危也。"武侯忿然曰："子之言有说乎？"

【注释】

〔1〕魏武侯：魏文侯子，名击，公元前395—前370年在位。〔2〕西河：魏国西部自北南流的一段黄河。　〔3〕王锺：魏臣。〔4〕吴起：时为魏臣。　〔5〕重：依别本补。

【译文】

魏武侯与各位大夫在西河之上乘船而行，赞叹说："河山如此险要，难道不说明国家确实很坚固吗！"王锺陪在魏文侯身旁，说："这就是晋国强大的原因啊。如果好好地治理，成就霸王之业的条件就具备了。”吴起说：“我们国君的话，是会使国家危险的说法；而你又附和他，这就加重了国家的危险。”魏武侯生气地说：“你的话有什么理由吗？”

吴起对曰：“河山之险，信不足保也；是伯王之业，不从此也。昔者，三苗[1]之居，左彭蠡[2]之波，右有洞庭[3]之水，文山[4]在其南，而衡山[5]在其北。恃此险也，为政不善，而禹放逐之。夫夏桀之国，左天门[6]之阴，而右天谿[7]之阳，庐、睪[8]在其北，伊、洛[9]出其南。有此险也，然为政不善，而汤伐之。殷纣之国，左孟门[10]而右漳、釜[11]，前带河，后被山。有此险也，然为政不善，而武王伐之。且君亲从臣而胜降城，城非不高也，人民非不众也，然而可得并者，政恶故也。从是观之，地形险阻，奚足以霸王矣！”

【注释】

〔1〕三苗：上古南方部族名。　〔2〕彭蠡（lǐ）：古泽薮名，即今江西鄱阳湖。　〔3〕洞庭：即洞庭湖，在今湖南北部。　〔4〕文山：不详。　〔5〕衡山：在今湖南衡山西北。　〔6〕天门：即天井关，又名太行关，在今山西晋城南太行山上。　〔7〕天谿：指黄河与济水。　〔8〕庐、睪（gāo）：不详。　〔9〕伊、洛：伊水与洛水。伊水发源于河南卢氏，洛水发源于陕西洛南，于河南偃师合流。　〔10〕孟门：山名，在今河南辉县西。　〔11〕漳、釜：漳水与滏水，漳水在今河北、河南两省边界；滏水即今滏阳河，在河北南部。

【译文】

吴起回答说：“河山的险要，确实不足以保住国家；霸王之业，也不是由此而建成的。从前，三苗的地盘，左边有彭蠡泽，右边有洞庭湖，文山在它的南边，衡山在它的北边。三苗依仗着这些险要，政事治理不好，结果被大禹放逐。夏桀的国都，左边有天井之险，右边有黄河、济水，庐山、睪山在它的北边，伊水、洛水在它的南边。有这样的险要地势，但因政事治理不好，而遭到商汤的讨伐。商纣的国都，左边有孟门山，右边有漳河、滏水，前临黄河，后靠高山。有这样的险要地势，但因政事治理不好，而遭到周武王的讨伐。而且您曾亲自率领我战胜敌人，使敌城投降，那些城墙不是不高，人民不是不多，然而能够吞并了它，是因为他们政治不好的缘故。由此来看，地形险阻怎么能够成就霸王之业呢！”

武侯曰：“善。吾乃今日闻圣人之言也！西河之政，专委之子矣。”

【译文】

魏武侯说：“说得好。我今天才听到了圣人之言啊！西河的政务，就完全交给你了。”

魏公叔痤为魏将

魏公叔痤[1]为魏将，而与韩、赵战浍[2]北，禽乐祚[3]。魏王[4]说，迎郊，以赏田[5]百万禄之。共叔痤反走，再拜辞曰：“夫使士卒不崩，直而不倚，挠（拣）[6]而不辟者，此吴起余教也，臣不能为也。前脉形地[7]之险阻，决利害之备，使三军之士不迷惑者，巴宁、爨襄[8]之力也。县[9]赏罚于前，使民昭然信之于后者，王之明法也。见敌之可也鼓之，不敢怠倦者，臣也。王特为臣之右手不倦赏臣，何也？若以臣之有功，臣何力之有乎？”王曰：“善。”于是索吴起之后，赐之田二十万。巴宁、爨襄田各十万。

【注释】

〔1〕公叔痤：魏国大臣，连任魏武侯、魏惠王相国。 〔2〕浍：浍河，发源于今山西翼城东，西流经曲沃、侯马注入汾河。 〔3〕乐祚：赵将。 〔4〕魏王：魏惠王，名䓨，公元前369—前320年在位。 〔5〕赏田：专门用于奖赏有功之人的闲地。 〔6〕挠拣：拣，衍文。挠，折，喻敌军压己。 〔7〕脉形地：观察地形。形地当依别本作“地形”。 〔8〕巴宁、爨（cuàn）襄：皆公叔痤部下。 〔9〕县：“悬”的本字。

【译文】

魏国的公叔痤担任魏将，与韩、赵两国军队在浍河北边作战，擒获了赵将乐祚。魏王十分高兴，亲自在国都郊外迎接公叔痤，并用一百万亩赏田作他的俸禄。公叔痤转身就走，再三推辞说：“使士卒不溃散，勇往直前而不斜行，敌军压来而不躲避，这是吴起的教导仍然在起作用，我不能做到。战前观察地形的险阻，作出关键的安排准备，使三军将士不至于迷惑，这是巴宁、爨襄的功劳。制定赏罚制度于前，使百姓明白相信于后，这是大王您的法令明确。看到敌人可以击鼓下令攻打，不敢懈怠而下令进攻的是我。大王只为了我的右手不敢懈怠就奖赏我，这是为什么呢？如果认为我有功劳，我出了什么力呢？”魏王说：“好。”于是寻找到吴起的后人，赏赐给他田地二十万亩。巴宁、爨襄也各赏赐给十万亩。

王曰：“公叔岂非长者哉！既为寡人胜强敌矣，又不遗贤者之后，不掩能士之迹，公叔何可无益乎？”故又与田四十万，加之百万之上，使百四十万。故《老子》曰：“圣人无积，尽以为人，己愈有；既以与人，己愈多。”公叔当之矣。

【译文】

魏王说：“公叔痤难道不是一个德高望重的人吗！既为我战胜了强大的敌人，又不遗忘贤人的后代，还不埋没能人的功绩，对他的赏赐怎么能不增加呢？”所以又赏赐给他田地四十万亩，加上原来的一百万亩，一共一百四十万亩。所以《老子》说：“圣人没什么积蓄，尽全力帮助别人，自己反更充足；全部给予别人，自己反更富有。”公叔痤就是这样的人啊！

魏公叔痤病

魏公叔痤病，惠王往问之。曰：“公叔病，即不可讳[1]，将奈社稷何？”公叔痤对曰：“痤有御庶子公孙鞅[2]，愿王以国事听之也。为弗能听，勿使出竟[3]。”王弗应，出而谓左右曰：“岂不悲哉！以公叔之贤，而谓寡人必以国事听鞅，不亦悖乎！”

【注释】

〔1〕不可讳：死的婉称。　〔2〕御庶子公孙鞅：御庶子，贵族家臣。公孙鞅，即商鞅。　〔3〕竟：同“境”。

【译文】

魏相公叔痤病重，魏惠王前去探视他。说：“你重病在身，假如不幸辞世，国家将怎么办？”公叔痤回答说：“我有一个家臣名叫公孙鞅，希望大王把国事交给他处理。如果不能交给他，就不要让他出境。”魏王没有回应，出来后对身边的人说：“难道不可悲吗！凭公叔痤的贤能，却告诉我一定要把国事交给公孙鞅，这不是糊涂了吗！”

公叔痤死，公孙鞅闻之，已葬，西之秦，孝公受而用之。秦果日以强，魏日以削。此非公叔之悖也，惠王之悖也。悖者之患，固以不悖者为悖。

【译文】

公叔痤去世，公孙鞅此前已知道这事，在安葬了公叔痤后，他就西行到了秦国，秦孝公接纳并重用他。秦国果然日益强大，而魏国却日益削弱。这并不是公叔痤糊涂，而是魏惠王糊涂。糊涂之人的毛病，本来就是把不糊涂的人当作糊涂的。

卷二十三　魏　二

史举非犀首于王

史举〔1〕非犀首〔2〕于王。犀首欲穷之，谓张仪曰：“请令王让先生以国，王为尧、舜矣。而先生弗受，亦许由也。衍请因令王致万户邑于先生。”张仪说，因令史举数见犀首。王闻之而弗任也，史举不辞而去。

【注释】

〔1〕史举：楚人，曾任上蔡监门，时游于魏。　〔2〕犀首：即公孙衍。

【译文】

史举在魏王那里说犀首的坏话。犀首想困住史举，就对张仪说：“我劝说魏王把国家禅让给你，魏王就会人被看作尧、舜那样的贤君。先生你不要接受，也会被人看作是像许由一样的贤人。我趁机让魏王送给你一个有万户百姓的大邑。”张仪十分高兴，于是就让史举多次去拜见犀首。魏王听说史举的行为，就不再相信他的话，于是史举不辞而别。

魏惠王死

魏惠王死，葬有日矣。天大雨雪，至于牛目，坏城郭，且为栈道〔1〕而葬。群臣多谏太子〔2〕者，曰："雪甚如此而丧行，民必甚病之。官费又恐不给，请弛期更日。"太子曰："为人子，而以民劳与官费用之故，而不行先王之丧，不义也。子勿复言。"

【注释】

〔1〕栈道：以木架成的道路。 〔2〕太子：即魏惠王之子魏襄王。

【译文】

魏惠王去世，已定下安葬日期。却赶上了天降大雪，积雪到了能埋住牛眼的厚度，城郭也被压坏，就准备修建栈道来安葬惠王。很多大臣都劝谏太子，说："这么大的雪而举行葬礼，百姓必定会很受伤害。国家的经费也恐怕不够，请更改时间，缓期举行。"太子说："做儿子的，因为百姓劳苦和国家经费不足的缘故，就不按时为先王举行葬礼，这是不合道义的。你们不要再说了。"

群臣皆不敢言，而以告犀首。犀首曰："吾未有以言之也，是其唯惠公〔1〕乎！请告惠公。"

【注释】

〔1〕惠公：即惠施，又称惠子，宋人，曾任魏相。

【译文】

群臣都不敢再说，就把这事告诉了犀首。犀首说："我也不知道该怎么劝说太子，这事大概只有惠施才有办法！请告诉他吧。"

惠公曰："诺。"驾而见太子曰："葬有日矣。"太子曰："然。"惠公曰："昔王季历[1]葬于楚山之尾，欒水[2]啮其墓，见棺之前和[3]。文王曰：'嘻！先君必欲一见群臣百姓也夫，故使欒水见之。'于是出而为之张于朝，百姓皆见之，三日而后更葬。此文王之义也。今葬有日矣，而雪甚，及牛目，难以行，太子为及日之故，得毋嫌于欲亟葬乎？愿太子更日。先王必欲少留而扶社稷、安黔首[4]也，故使雪甚。因弛期而更为日，此文王之义也。若此而弗为，意者羞法文王乎？"太子曰："甚善。敬弛期，更择日。"

【注释】

〔1〕季历：周文王之父。　〔2〕欒（luán）水：地面的积水。〔3〕和：棺头。　〔4〕黔首：百姓。

【译文】

惠施说："好吧。"于是驱车去拜见太子，说："安葬的日期定下了吧。"太子说："是。"惠施说："从前周王季历埋葬在楚山之下，地上的积水浸蚀他的坟墓，棺木前头都露出来了。周文王说：‘哎呀！先君一定是想再见群臣百姓一面吧，所以让积水把他的棺木冲出来。’于是就把季历从棺中抬出，而放在张起的幕帐中，如同朝堂，百姓都来朝见他，在三天后重新安葬。这就是文王的道义啊。现在安葬先王的日期已经定下，但雪下得太大，已厚到牛眼，难以举行葬礼，但您却因为到期的缘故，坚持举行葬礼，这能不让人怀疑您想赶快埋了先王吗？希望您更改日期。先王也一定想稍作停留来扶助国家、安抚百姓，所以才让雪下得这么大。趁这个机会更改时间，缓期举行，这也显示了像文王一样的道义。如果您不这么做，或许是因为您羞于效法周文王吧？”太子说：“你说得很对。我敬请缓期举行，重新选择日子。”

惠子非徒行其说也，又令魏太子未葬其先王而因又说文王之义。说文王之义以示天下，岂小功也哉！

【译文】

惠施不仅推行他的主张，让魏国太子延期安葬先王，又趁机阐述了文王的道义。把文王的道义向天下之人阐明，这难道是小的功劳吗！

田需贵于魏王

田需[1]贵于魏王，惠子曰：“子必善左右。今夫杨，横树之则生，倒树之则生，折而树之又生。然使十人树杨，一人拔之，则无生杨矣。故以十人之众，树易生之物，然而不胜一人者，何也？树之难而去之易也。今子虽自树于王，而欲去子者众，则子必危矣。”

【注释】

〔1〕田需：即陈需，齐人，任魏相。

【译文】

田需受到魏王的重用，惠施对他说：“你一定要和大王身边的人搞好关系。譬如杨树，横着栽也活，倒着栽也活，折断了再栽还是活。如果十个人栽杨，一个人去拔，就没有活的杨树了。所以以十人之多，栽种容易成活的东西，却比不过一个人去拔，这是为什么呢？是因为栽种困难而拔掉容易。现在你虽然在大王那里确立地位，但想除去你的人太多，你就一定危险了。”

庞葱与太子质于邯郸

庞葱〔1〕与太子质于邯郸，谓魏王曰：“今一人言市有虎，王信之乎？”王曰：“否。”“二人言市有虎，王信之乎？”王曰：“寡人疑之矣。”“三人言市有虎，王信之乎？”王曰：“寡人信之矣。”庞葱曰：“夫市之无虎明矣，然而三人言而成虎。今邯郸去大梁也远于市，而议臣者过于三人矣。愿王察之矣。”王曰：“寡人自为知。”于是辞行，而谗言先至。后太子罢质，果不得见。

【注释】

〔1〕庞葱：魏臣。

【译文】

庞葱与魏太子一起去赵国的邯郸做人质，临行前对魏王说：“现在如果有一个人说闹市中有老虎，大王会相信吗？”魏王说：“不会。”庞葱说：“如果两个人说闹市中有老虎，大王会相信吗？”魏王说：“我就会将信将疑了。”庞葱又说：“如果三个人说闹市中有老虎，大王会相信吗？”魏王说：“那我就会相信了。”庞葱说：“闹市中没有老虎是明显的事，但有三个人说有就成了真有老虎了。现在邯郸离大梁要比离市场远得多。而非议我的人也超过三人。还希望大王明察。”

魏王说：“我自己会判断。”于是庞葱向魏王告辞出发，还没到邯郸，诽谤他的话就先到了魏王那里。后来太子不做人质回到魏国，庞葱果然没有受到魏王的接见。

梁王魏婴觞诸侯于范台

梁王魏婴〔1〕觞诸侯于范台。酒酣，请鲁君〔2〕举觞。鲁君兴，避席择言曰：“昔者，帝女令仪狄〔3〕作酒而美，进之禹，禹饮而甘之，遂疏仪狄，绝旨酒，曰：‘后世必有以酒亡其国者。’齐桓公夜半不嗛〔4〕，易牙〔5〕乃煎敖〔6〕燔炙，和调五味而进之，桓公食之而饱，至旦不觉，曰：‘后世必有以味亡其国者。’晋文公得南之威[7]，三日不听朝，遂推南之威而远之，曰：“后世必有以色亡其国者。’楚王登强台而望崩山，左江而右湖，以临彷徨[8]，其乐忘死，遂盟强台而弗登，曰：‘后世必有以高台陂池亡其国者。’今主君之尊，仪狄之酒也；主君之味，易牙之调也；左白台[9]而右闾须，南威之美也；前夹林而后兰台，强台之乐也。有一于此，足以亡其国。今主君兼此四者，可无戒与!”梁王称善相属。

【注释】

〔1〕梁王魏婴：即魏惠王罃。“婴”、“罃”音近假借。〔2〕鲁君：鲁共公。〔3〕仪狄：相传夏禹时发明酿酒的人。〔4〕嗛：满足。〔5〕易牙：齐桓公宠臣。〔6〕敖：通“熬”。〔7〕南之威：晋文公时美女。〔8〕彷徨：同“方湟”，水名。〔9〕白台：与下文闾须皆美女。

【译文】

梁惠王魏罃在范台设宴招待诸侯。酒意正浓时，梁王请鲁君举杯。鲁君起身，离开席位，口择良言说：“从前，尧帝的女儿让仪狄酿酒而味道甘美，就进献给大禹，大禹喝下感到甘美，就疏远了仪狄，并戒了酒，说：‘后世一定会有因为嗜好饮酒而亡国的君主。’齐桓公半夜感到肚子饿，易牙就为他煎熬烤肉，调和五味做成菜肴进献给他，桓公饱餐之后就寝，睡到天亮还没有醒，他于是说：‘后世一定会有因为美味而亡国的君主。’晋文公得到美女南之威，一连三天不上朝听政，于是就推开南之威并疏远了她，说：‘后世一定会有因为贪恋女色而亡国的君主。’楚王登上强台而眺望崩山，左观长江，右览洞庭，俯瞰彷徨之水，其乐无比，就发誓再也不登强台，说：‘后世一定会有因为喜爱高台陂池而亡国的君主。’现在大王的酒杯里装的，就像仪狄酿造的美酒；大王所吃的，就如同易牙烹制的美味；大王左右的白台和闾须，就是南之威一样的美女；大王前边的夹林，后边的兰台，就是强台那样的娱乐之地。只要有其中的一种，就足以亡国。而现在四种兼有，能不以此为戒吗！”梁王听了，连声称好。

卷二十四　魏　三

秦败魏于华走芒卯而围大梁

秦败魏于华[1]，走芒卯[2]而围大梁。须贾[3]为魏谓穰侯[4]曰："臣闻魏氏大臣父兄皆谓魏王[5]曰：'初时惠王伐赵，战胜乎三梁[6]，十万之军拔邯郸，赵氏不割，而邯郸复归。齐人攻燕，杀子之[7]，破故国，燕不割，而燕国复归。燕、赵之所以国全兵劲，而地不并乎诸侯者，以其能忍难而重出地也。宋、中山数伐数割，而随以亡。臣以为燕、赵可法，而宋、中山可无为也。夫秦贪戾之国而无亲，蚕食魏，尽晋国，战胜睪子[8]，割八县，地未毕入而兵复出矣。夫秦何厌之有哉！今又走芒卯，入北地[9]，此非但攻梁也，且劫王以多割也，王必勿听也。今王循[10]楚、赵而讲，楚、赵怒而与王争事秦，秦必受之。秦挟楚、赵之兵以复攻，则国救亡不可得也已。愿王之必无讲也。王若欲讲，必少割而有质；不然必欺。'是臣之所闻于魏也，愿君之以是虑事也。

【注释】

〔1〕华：指华阳，韩邑，在今河南新郑北。〔2〕芒卯：文献又作孟卯，齐人，曾任魏司徒、魏相，时为魏将。〔3〕须贾：魏臣。〔4〕穰侯：秦相魏冉，时为秦军主帅。〔5〕魏王：魏安釐王。〔6〕三梁：赵地，在今河北望都东北。〔7〕子之：原为燕相，燕王哙三年将君位禅让给他。〔8〕睾子：当依《史记》作“暴子”，指韩将暴鸢。〔9〕北地：当依《史记》作“北宅”，魏邑，在今河南荥阳东。〔10〕循：当依《史记》作“背”。

【译文】

秦军在华阳战败魏军，打跑了魏将芒卯，又进兵围攻魏都大梁。魏国大夫须贾为魏国去见秦军主帅穰侯说：“我听魏国的宗室大臣都对魏王说：‘当初惠王攻打赵国，在三梁大败赵军，又率十万大军拿下了邯郸，赵国不肯割地求和，后来邯郸又回到赵国手里。齐国攻打燕国，杀了子之，攻占了国都，燕国不肯割地求和，后来又收复了国土。燕、赵两国之所以保全国家，军队强劲，土地不被诸侯兼并，是因为他们能够忍受苦难，重视土地。宋国、中山国屡遭攻打，屡次割地，国家随之而亡了。我认为燕国、赵国值得效法，而不能按照宋国、中山国的办法去做。秦国是个贪婪凶暴的国家，不讲亲近友善，它蚕食魏国，想尽吞晋国故地，打败暴鸢，使魏国割让八个县，这些土地还没全部交付纳入秦国，而它的军队又出动了。秦国的欲望哪有满足呢？现在又打跑了芒卯，进入北宅，这不只是想攻打大梁，而且想以此要挟大王多割让土地。大王一定不要听从。现在如果大王背着楚国、赵国与秦国讲和，楚、赵两国就会恼怒，而与大王争着侍奉秦国，秦国一定会接纳它们。秦国挟制楚、赵之兵再次攻魏，那么魏国想不亡国都做不到。希望大王一定不要与秦国讲和。如果大王想讲和，也一定坚持少割让地，并且还要让秦国派来人质作保证；不然，必定会受到欺骗。’这就是我在魏国所听到的，希望您据此来考虑攻打大梁的事。

“《周书》曰：‘维命不于常。’此言幸[1]之不可数[2]也。夫战胜睪子，而割八县，此非兵力之精，非计之工也，天幸为多矣。今又走芒卯，入北地，以攻大梁，是以天幸自为常也。知者不然。

【注释】

〔1〕幸：幸运。　〔2〕数：屡次，多次。

【译文】

“《周书》上说：‘命运不是固定不变的。’这就是说幸运之事不是能多次出现的。战胜暴鸢，割取八县，这不是因为兵力精壮，也不是因为计谋高妙，而是多靠运气。现在打跑了芒卯，进占北宅，又攻打大梁，于是认为幸运是常有的。聪明的人不会这样做的。

“臣闻魏氏悉其百县胜兵，以止戍大梁，臣以为不下三十万。以三十万之众，守十仞之城，臣以为虽汤、武复生，弗易攻也。夫轻信[1]楚、赵之兵，陵十仞之城，戴[2]【战】三十万之众，而志必举之，臣以为自天下之始分以至于今，未尝有之也。攻而不能拔，秦兵必罢，阴[3]必亡，则前功必弃矣。今魏方疑，可以少割收也。愿【君】[4]之及楚、赵之兵未任于大梁也，亟以少割收。魏方疑，而得以少割为和，必欲之，则君得所欲矣。楚、赵怒于魏之先已讲也，必争事秦。从是以散，而君后择焉。且君之尝割晋国取地也，何必以兵哉？夫兵不用，而魏效绛[5]、安邑，又为阴启两机，尽故宋[6]，卫效尤惮[7]。秦兵已令[8]而君制之，何求而不得？何为而不成？臣愿君之熟计而无行危也。"

【注释】

〔1〕信：当依《史记》作"背"。　〔2〕戴："战"字之误。　〔3〕阴："陶"字之误，穰侯封邑，在今山东定陶西北。　〔4〕君：原脱。　〔5〕绛：魏邑，在今山西曲沃西南。　〔6〕又为阴启两机，尽故宋：文字有脱漏讹误，《史记》作"又为陶开两道，几尽故宋"。　〔7〕尤惮：当依《史记》作"单父"，卫邑，在今山东单县。　〔8〕已令：当依《史记》作"可全"。

【译文】

"我听说魏国已经征调了国内上百个县的全部精兵，来守卫大梁，我认为不少于三十万人。用三十万的大军来守卫十仞高的城墙，我认为即使商汤、周武王复生，也不容易攻下。轻率地背着楚、赵两国军队，攻打十仞高的城墙，与三十万大军作战，而且志在必得，我认为这是从开天辟地到今天，还不曾有过的。攻打而不能拿下，秦军必定疲惫，您的封邑陶邑一定会失去，那么就前功尽弃了。现在魏国正犹豫不决，可以以少割让土地为条件来收服它。希望您趁着楚、赵援军还没来到大梁的机会，赶快以少割让土地来收服魏国。魏国正犹豫不决，而能够少割让土地来讲和，一定想这么办，那么您就得偿所愿了。楚、赵两国对魏国先于自己与秦国讲和会非常恼怒，一定争着侍奉秦国，合纵联盟会因此瓦解，然后您就可以选择更有利的办法了。况且您曾经割取魏国的土地，哪里一定要用兵攻打呢？没有用兵，魏国就献出了绛和安邑两地，又为陶邑打开了两条通道，几乎全部占有了宋国原来的土地，卫国也献出了单父。秦军没有损失，而由您控制，您有什么要求不能达到，有什么事不能成功呢？我希望您仔细考虑而不要做危险的事。”

穰侯曰："善。"乃罢梁围。

【译文】

穰侯说："好。"于是解除了对大梁的包围。

秦败魏于华魏王且入朝于秦

秦败魏于华，魏王[1]且入朝于秦。周䜣[2]谓王曰："宋人有学者，三年反而名其母。其母曰：'子学三年，反而名我者，何也？'其子曰：'吾所贤者无过尧、舜，尧、舜名；吾所大者无大天地，天地名。今母贤不过尧、舜，母大不过天地，是以名母也。'其母曰：'子之于学者，将尽行之乎？愿子之有以易名母也。子之于学也，将有所不行乎？愿子之且以名母为后也。'今王之事秦，尚有可以易入朝者乎？愿王之有以易之，而以入朝为后。”魏王曰：“子患寡人入而不出邪？许绾[3]为我祝曰：‘入而不出，请殉寡人以头。’”周䜣对曰：“如臣之贱也，今人有谓臣曰，入不测之渊而必出，不出，请以一鼠首为女[4]殉者，臣必不为也。今秦不可知之国也，犹不测之渊也。而许绾之首，犹鼠首也。内王于不可知之秦，而殉王以鼠首，臣窃为王不取也。且无梁孰与无河内[5]急？”王曰：“梁急。”“无梁孰与无身急？”王曰：“身急。”曰：“以三者，身上也；河内，其下也。秦未索其下，而王效其上，可乎？”

【注释】

〔1〕魏王：魏安釐王。 〔2〕周䜣（xī）：魏臣。 〔3〕许绾：秦臣。 〔4〕女：通“汝”。 〔5〕河内：地区名，指魏国黄河以北地区。

【译文】

秦国在华阳打败魏军，魏王准备到秦国去朝见。周䜣对魏王说：“宋国有个出外求学的人，三年后回到家里直呼母亲的名字。他的母亲说：‘你在外边学了三年，回来就直呼我的名字，这是为什么呢？’她的儿子说：‘我所认为贤德的人，没有超过尧、舜的，而我称尧、舜的名字；我所认为最伟大的东西，没有超过天地的，而我称天地的名字。如今母亲的贤德超不过尧、舜，母亲的伟大超不过天地，所以我称母亲的名字。’她的母亲说：‘你对于所学的知识，准备完全实行吗？希望你改变对母亲的称呼。你对所学的知识，将有不想实行的吗？希望你暂且把称母亲的名字之事放在后边。’现在大王侍奉秦国，还有可以代替去秦国朝见的办法吗？希望大王有代替的办法，而把去秦国朝见之事放在后边。”魏王说：“你担心我进入秦国就出不来了吗？许绾向我发誓说：‘如果我进入秦国而不能出来，他愿意用自己的头来为我殉葬。’”周䜣回答说：“像我这样低贱的人，如果现在有人对我说，跳入深不可测的渊中一定能出来，如果出不来，就用一颗老鼠头为你殉葬，我肯定不会这么做。如今的秦国是一个不可猜测的国家，就如同不可测的深渊。许绾的头就如同老鼠的头一样。让大王进入不可猜测的秦国，却用一个老鼠头作担保，我私下认为大王这个做法是不可取的。再说丢掉大梁和丢掉河内哪个重要？”魏王说：“大梁重要。”周䜣说：“丢掉大梁和丢掉性命哪个重要？”魏王说：“性命重要。”周䜣说：“河内、大梁、性命三者，性命是最重要的，河内是最不重要的。秦国还没有索要最不重要的，大王却要献上最重要的，能这么做吗？”

王尚未听也。支期[1]曰：“王视楚王[2]。楚王入秦，王以三乘先之；楚王不入，楚、魏为一，尚足以捍秦。”王乃止。王谓支期曰：“吾始已诺于应侯[3]矣，今不行者欺之矣。”支期曰：“王勿忧也。臣使长信侯[4]请无内王，王待臣也。”

【注释】

〔1〕支期：魏臣。 〔2〕楚王：楚顷襄王。 〔3〕应侯：殆“穰侯”之误。 〔4〕长信侯：魏相，与应侯亲善。

【译文】

魏王还没有听从周䜣的劝告。支期对魏王说：“大王看着楚王的做法。如果楚王到秦国去，大王就带三辆车抢先进入秦国；如果楚王不去，楚魏两国联合起来，还足以抵抗秦国。”魏王这才取消了去秦国的想法。魏王对支期说：“我当初已经答应了秦国的穰侯，现在不去就是欺骗他了。”支期说：“大王不用担心。我让长信侯去请求应侯，不再让大王去秦国，请大王等我的消息吧。”

支期说于长信侯曰：“王命召相国。”长信侯曰：“王何以臣为？”支期曰：“臣不知也，王急召君。”长信侯曰：“吾内王于秦者，宁以为秦邪？吾以为魏也。”支期曰：“君无为魏计，君其自为计。且安死乎？安生乎？安穷乎？安贵乎？君其先自为计，后为魏计。”长信侯曰：“楼公〔1〕将入矣，臣今从。”支期曰：“王急召君，君不行，血溅君襟矣！”

【注释】

〔1〕楼公：指楼缓，赵人，曾任赵武灵王大臣，后入秦为相。

【译文】

支期对长信侯说：“大王有令要召见您。”长信侯说：“大王为了什么事召见我？”支期说：“我不知道，只知道大王急着召见您。”长信侯说：“我让大王去秦国，难道是为了秦国吗？我是为了魏国。”支期说：“您不要替魏国打算了，您暂且为自己打算吧。你是愿意死呢？还是愿意活呢？愿意贫穷呢？还是愿意富贵呢？你还是先为自己打算，然后再替魏国打算吧。”长信侯说：“楼公将要来魏国了，我要等他来了一起商议此事。”支期说：“大王紧急召见您，您如果不去，鲜血就会溅在您衣襟上了！”

长信侯行，支期随其后。且见王，支期先入谓王曰：“伪病者乎而见之，臣已恐之矣。”长信侯入见王，王曰：“病甚奈何！吾始已诺于应侯矣，意虽道死，行乎。”长信侯曰：“王毋行矣！臣能得之于应侯，愿王无忧。”

【译文】

长信侯前去见魏王，支期跟在他后边。将要见到魏王的时候，支期先进去对魏王说：“您装成有病的样子来接见他，我已经恐吓过他了。”长信侯进来拜见魏王。魏王说：“我病得很重，该怎么办呢？我当初已经答应穰侯了，即使死在路上，还是要去吧？”长信侯说：“大王不要去了！我能让应侯答应不让您去秦国，请大王不要担忧。”

华军之战

华（军）[1]【阳】之战，魏不胜秦。明年，将使段干崇[2]割地而讲。

【注释】

〔1〕华军：当依别本作“华阳”。　〔2〕段干崇：魏臣。

【译文】

华阳之战，魏国被秦军打败。第二年，魏国准备派段干崇向秦国割地讲和。

孙臣[1]谓魏王[2]曰："魏不以败之上[3]割，可谓善用不胜矣；而秦不以胜之上割，可谓不能用胜矣。今处期年[4]乃欲割，是群臣之私而王不知也。且夫欲玺者[5]，段干子也，王因使之割地；欲地者，秦也，而王因使之受[6]玺。夫欲玺者制地，而欲地者制玺，其势必无魏矣。且夫奸臣固皆欲以地事秦。以地事秦，譬犹抱薪而救火也，薪不尽，则火不止。今王之地有尽，而秦之求无穷，是薪火之说也。"

【注释】

〔1〕孙臣：魏臣。　〔2〕魏王：魏安釐王。　〔3〕上：指当时。〔4〕期（jī）年：一整年。　〔5〕欲玺者：指想受到秦国的封赏，得到秦国所授印玺的人。　〔6〕受：同"授"。

【译文】

孙臣对魏王说："魏国不在战败的当时向秦国割让土地，可以说是善于运用不胜的形势；而秦国不在战胜的当时要求魏国割让土地，可以说是不善于运用战胜的形势。现在已经过了一年才想割地，这是群臣的私心大王不知道啊。而且想得到印玺的，是段干崇，大王就派他去割地；想得到土地的，是秦国，而大王就让它授予印玺。想得到印玺的掌管着割地，而想得到土地的掌管着授予印玺，这样下去，就势必没有魏国了。并且奸臣本来都想用土地讨好秦国。用土地来讨好秦国，就如同抱着柴草去救火一样，柴草烧不完，火就不会灭。如今大王的土地有限，而秦国的索求却无穷无尽，这就是抱薪救火之说啊。"

魏王曰："善。虽然，吾已许秦矣，不可以革[1]也。"对曰："王独不见夫博者之用枭[2]邪？欲食[3]则食，欲握[4]则握。今君劫于群臣而许秦，因曰不可革，何用智之不若枭也？"魏王曰："善。"乃案其行。

【注释】

〔1〕革：变更。　〔2〕枭：古代博戏的采名，掷骰子得到枭者，可以吃对方的棋子而走棋，也可不走棋。　〔3〕食：指吃对方的棋子。　〔4〕握：停棋不走。

【译文】

魏王说："好。虽然这样，但我已经答应秦国了，不可以改变。"孙臣回答说："大王难道没见过那些下棋的人怎样使用枭棋吗？得到枭棋的人，想吃对方的棋子走棋就吃对方的棋子走棋，想停棋不走就停棋不走。如今大王被群臣胁迫而答应了秦国，于是说不可改变，为什么使用智慧还不如使用枭棋的人呢？"魏王说："好。"于是停止了段干崇向秦国割地的行动。

秦将伐魏

秦将伐魏。魏王[1]闻之，夜见孟尝君[2]，告之曰："秦且攻魏，子为寡人谋，奈何？"孟尝君曰："有诸侯之救，则国可存也。"王曰："寡人愿子之行也。"重[3]为之约车百乘。

【注释】

〔1〕魏王：魏昭王。　〔2〕孟尝君：即齐孟尝君田文，时被齐闵

王免去相位，出奔魏国为相。　〔3〕重：郑重。

【译文】

秦国将要攻打魏国。魏王得知这个消息，连夜去见孟尝君，告诉他说："秦国将要攻打魏国，您为我谋划谋划，该怎么办？"孟尝君说："如果有诸侯的救援，国家就可以保全。"魏王说："我希望您到国外求救。"魏王郑重地为孟尝君准备了一百辆车。

孟尝君之赵，谓赵王[1]曰："文愿借兵以救魏。"赵王曰："寡人不能。"孟尝君曰："夫敢借兵者，以忠王也。"王曰："可得闻乎？"孟尝君曰："夫赵之兵，非能强于魏之兵；魏之兵，非能弱于赵也。然而赵之地不岁危，而民不岁死；而魏之地岁危，而民岁死者，何也？以其西为赵蔽也。今赵不救魏，魏歃盟[2]于秦，是赵与强秦为界也，地亦且岁危，民亦且岁死矣。此文之所以忠于大王也。"赵王许诺，为起兵十万，车三百乘。

【注释】

〔1〕赵王：赵惠文王。　〔2〕歃盟：歃血结盟。

【译文】

孟尝君到了赵国，对赵王说："我希望借赵国的军队来救援魏国。"赵王说："我不能借。"孟尝君说："我大胆地向您借兵，是因为忠于大王您。"赵王说："能听听你的说法吗？"孟尝君说："赵国的军队，并不比魏国的军队强大；魏国的军队，并不比赵国的衰弱。然而赵国的国土上每年不出现危险，百姓每年也都没有大量死亡；而魏国的国土上每年都出现危险，百姓每年也大量死亡，这是为什么呢？是因为魏国在西边成为赵国的屏障。如果现在赵国不救援魏国，魏国就会与秦国歃血结盟，这样赵国就要与强大的秦国为邻，国土也将会每年出现危险，百姓也将会每年都大量死亡了。这就是我所说的忠于大王。”于是赵王同意借兵，为此发兵十万，战车三百辆。

又北见燕王〔1〕曰：“先日公子〔2〕常约两王之交矣。今秦且攻魏，愿大王之救之。”燕王曰：“吾岁不熟二年矣，今又行数千里而以助魏，且奈何？”田文曰：“夫行数千里而救人者，此国之利也。今魏王出国门而望见军，虽欲行数千里而助人，可得乎？”燕王尚未许也。田文曰：“臣效便计于王，王不用臣之忠计，文请行矣。恐天下之将有大变也。”王曰：“大变可得闻乎？”曰：“秦攻魏未能克之也，而台已燔，游〔3〕已夺矣。而燕不救魏，魏王折节割地，以国之半与秦，秦必去矣。秦已去魏，魏王悉韩、魏之兵，又西借秦兵，以因赵之众，以四国攻燕，王且何利？利行数千里而助人乎？利出燕南门而望见军乎？则道里近而输〔4〕又易矣，王何利？”燕王曰：“子行矣，寡人听子。”乃为之起兵八万，车二百乘，以从田文。

【注释】

〔1〕燕王：燕昭王。　〔2〕公子：指燕、魏公子。　〔3〕游：游观娱乐。　〔4〕：输：输送军饷。

【译文】

孟尝君又北上拜见燕王说："以前两国公子曾约合两国国君结盟。现在秦国就要攻打魏国，希望大王出兵相救。"燕王说："我国已经两年没有收成了，现在又要跋涉数千里去援助魏国，将怎么办?"田文说："能跋涉数千里救援别人，这是对国家有利的。现在魏王一出国都之门就看到秦军，即使想跋涉数千里去救援别人，能做得到吗?"燕王还没有答应。田文又说："我献给大王有利的计策，而大王不用我的忠心之计，我只得请求回去了。恐怕天下的形势将有大的变化。"燕王说："能听听是什么大的变化吗?"孟尝君说："秦国攻打魏国还没有攻克，而魏王已经烧掉了高台，没有心思游观了。如果燕国不救援魏国，魏王就会向秦国屈服割地，把半个魏国献给秦国，秦军一定会撤退。秦军离开了魏国，魏王就会调动韩、魏的全部兵力，又从西边的秦国借兵，再联合赵军，用四国的军队来攻打燕国，大王能得到什么好处呢？是跋涉数千里去救助别人有利呢？还是出了燕都南门就看见四国的大军有利呢？而且四国相距燕国很近，运输粮饷也方便，这对大王有什么好处呢?"燕王说："你回去吧，我听从你的。"于是为此发兵八万，战车二百辆，随着田文。

魏王大说，曰："君得燕、赵之兵甚众且亟矣。"秦王〔1〕大恐，割地请讲于魏。因归燕、赵之兵而封田文。

【注释】

〔1〕秦王：秦昭王。

【译文】

魏王非常高兴，说："您借来燕、赵很多军队，而且很快。"秦王十分恐慌，向魏国割地求和。于是魏国使燕、赵的军队回国，并封赏了田文。

卷二十五　魏　四

秦攻韩之管

秦攻韩之管[1]，魏王发兵救之。昭忌[2]曰："夫秦强国也，而韩、魏壤梁[3]，不出攻则已，若出攻，非于韩也必魏也。今幸而于韩，此魏之福也。王若救之，夫解攻者，必韩之管也；致攻者，必魏之梁也。"魏王不听，曰："若不因救韩，韩怨魏，西合于秦，秦、韩为一，则魏危。"遂救之。

【注释】

〔1〕管：韩地，在今河南郑州。　〔2〕昭忌：魏臣。　〔3〕梁：当依别本作"秦"。

【译文】

秦国攻打韩国的管城，魏王派军队救援韩国。昭忌说："秦国是个强大的国家，而韩、魏两国与秦国接壤，秦国不出兵攻打别国则罢了，如果出兵攻打，不是把矛头对准韩国，就一定对准魏国。现在它幸好把矛头对准了韩国，这是魏国的福气。大王如果救援韩国，被解除攻打的，必定是韩国的管城；而招来攻打的，必定是魏国的大梁。”魏王不听昭忌的劝告，说：“如果不趁此时救援韩国，韩国就会怨恨魏国，而投靠西方的秦国，秦、韩两国联合在一起，魏国就危险了。”于是发兵救援韩国。

秦果释管而攻魏。魏王大恐，谓昭忌曰：“不用子之计而祸至，为之奈何？”昭忌乃为之见秦王曰：“臣闻明主之听也，不以挟私为政，是参行也。愿大王无攻魏，听臣也。”秦王曰：“何也？”昭忌曰：“山东之从〔1〕，时合时离，何也哉？”秦王曰：“不识也。”曰：“天下之合也，以王之不必也；其离也，以王之必也。今攻韩之管，国危矣，未卒而移兵于梁，合天下之从，无精于此者矣。以为秦之求索，必不可支也。故为王计者，不如齐〔2〕赵。秦已制赵，则燕不敢不事秦，荆、齐不能独从。天下争敌于秦，则弱矣。”秦王乃止。

【注释】

〔1〕山东之从：指崤山以东六国的合纵联盟。从，通“纵”。〔2〕齐：当依别本作“制”。

【译文】

秦军果然放弃管城而攻打魏国。魏王十分害怕，对昭忌说：“没有听从你的意见而导致祸难到来，该怎么办？”昭忌于是为此事去拜见秦王，说：“我听说英明的君主处理事情，不把一己之见作为正确的，而是参考各方面的利弊行事。希望大王不要攻打魏国，听从我的意见。”秦王说：“你的意见是什么？”昭忌说：“崤山以东各国的合纵联盟，时而联合，时而分离，是为什么呢？”秦王说：“我不清楚。”昭忌说：“天下诸侯联合在一起，是因为大王您要攻打哪国还不一定；它们分裂，是因为大王的进攻目标已经确定。现在攻打韩国的管城，韩国已经危险了，可是还没有结果又转移军队攻打魏国，那么各国诸侯合纵的愿望，就没有比这时更明确的了。它们会认为秦国的索求，肯定无法应付。所以为大王您考虑，不如制服赵国。如果秦国控制了赵国，燕国就不敢不侍奉秦国，楚、齐两国就无法单独合纵。如若不然，天下诸侯争相与秦国为敌，秦国就会衰弱了。”秦王于是停止了攻魏。

魏王欲攻邯郸

魏王〔1〕欲攻邯郸，季梁〔2〕闻之，中道而反，衣焦〔3〕不申，头尘不去，往见王曰：“今者臣来，见人于大行〔4〕，方北面而持其驾，告臣曰：‘我欲之楚。’臣曰：‘君之楚，将奚为北面？’曰：‘吾马良。’臣曰：‘马虽良，此非楚之路也。’曰：‘吾用多。’臣曰：‘用虽多，此非楚之路也。’曰：‘吾御者善。’‘此是者愈善，而离楚愈远耳。’今王动欲成霸王，举欲信于天下。恃王国之大，兵之精锐，而攻邯郸，以广地尊名，王之动愈数，而离王愈远耳。犹至楚而北行也。”

【注释】

〔1〕魏王：魏惠王。　〔2〕季梁：魏人。　〔3〕焦：褶皱。〔4〕大行：大路。

【译文】

魏王准备攻打赵国的邯郸，季梁听到了这个消息，半道就返回来，衣服上的皱褶顾不得伸展，头上的尘土也没有洗去，匆忙去见魏王说："今天我来的时候，在大路上见到一个人，正向北赶着他的车，告诉我说：'我要到楚国去。'我说：'您到楚国，为什么向北走呢？'他说：'我的马好。'我说：'马虽然好，可是这不是去楚国的路啊。'他说：'我的资财多。'我说：'资财虽然多，可是这不是去楚国的路啊。'他又说：'为我赶车的人技术高。'我说：'这几个方面越好，就会离楚国越远了。'如今大王一有行动就想成就霸王之业，一有举动就想在天下取得威信。依仗着您国家的强大，军队的精锐，去攻打邯郸，以此扩大国土提高名声，大王这样的举动越多，就会离称王的事业越远。就好像到楚国去而向北走一样。"

秦魏为与国

秦、魏为与国。齐、楚约而欲攻魏，魏使人求救于秦，冠盖相望，秦救不出。

【译文】

秦、魏两国是同盟国。齐、楚两国订立盟约准备攻打魏国，魏国派人向秦国求救，派出的一批一批使者在路上都能互相看得见帽子和车顶，而秦国的救兵一直没出来。

魏人有唐且[1]者，年九十余，谓魏王[2]曰："老臣请出西说秦，令兵先臣出可乎？"魏王曰："敬诺。"遂约车而遣之。唐且见秦王[3]，秦王曰："丈人芒然[4]乃远至此，甚苦矣。魏来求救数矣，寡人知魏之急矣。"唐且对曰："大王已知魏之急而救不至者，是大王筹筴[5]之臣无任矣。且夫魏一万乘之国，称东藩，受冠带，祠春秋者，以为秦之强足以为与也。今齐、楚之兵已在魏郊矣，大王之救不至，魏急则且割地而约齐、楚，王虽欲救之，岂有及哉？是亡一万乘之魏，而强二敌之齐、楚也。窃以为大王筹筴之臣无任矣。"

【注释】

〔1〕唐且（jū）：又作"唐雎"，魏国策士。　〔2〕魏王：魏安釐王。　〔3〕秦王：秦昭王。　〔4〕芒然：疲劳的样子。　〔5〕筹筴：计谋策划。筴，"策"之古体字。

【译文】

魏国有个叫唐且的人，九十多岁了，他对魏王说："老臣我请求出国西行去劝说秦国，让秦国的救兵在我回来之前就赶到，可以吗？"魏王说："遵命。"于是准备车辆派他前往。唐且拜见秦王，秦王说："老人家一路劳顿远道至此，太辛苦了。魏国已多次前来求救了，我已知道魏国的危急了。"唐且说："大王已经知道魏国的危急而救兵不到，这是大王的出谋划策之臣不能胜任。况且魏国是一个拥有万辆兵车的大国，甘愿做秦国的东方属国，接受秦国授予的职务，向秦国纳贡帮助举行春秋祭祀，是认为秦国强大，足以作为自己的盟国。现在齐、楚的军队已经到了魏都的郊外了，但大王的救兵还没有到，魏国危急时就将会割让土地而与齐、楚两国结盟，到那时大王即使想救援魏国，怎么来得及呢？这样就失去了一个拥有万辆兵车的魏国，而使齐、楚这两个敌国强大。所以我私下认为大王的出谋划策之臣不能胜任。”

秦王喟然愁悟，遽发兵，日夜赴魏。齐、楚闻之，乃引兵而去。魏氏复全，唐且之说也。

【译文】

秦王感叹一声猛然醒悟，立刻派出救兵，日夜兼程赶往魏国。齐、楚两国得知秦军赶来，就率军撤退了。魏国又能够保全，全靠唐且的游说啊。

信陵君杀晋鄙

信陵君杀晋鄙[1]，救邯郸，破秦人，存赵国，赵王[2]自郊迎。唐且谓信陵君曰：“臣闻之曰，事有不可知者，有不可不知者；有不可忘者，有不可不忘者。”信陵君曰：“何谓也？”对曰：“人之憎我也，不可不知也；吾憎人也，不可得而知也。人之有德于我也，不可忘也；吾有德于人也，不可不忘也。今君杀晋鄙，救邯郸，破秦人，存赵国，此大德也。今赵王自郊迎，卒然见赵王，臣愿君之忘之也。”信陵君曰：“无忌谨受教。”

【注释】

〔1〕信陵君杀晋鄙：信陵君，名无忌，魏安釐王之弟，封于信陵，号信陵君。公元前257年，设法窃取魏王兵符，击杀将军晋鄙，夺取兵权，救援赵国，打败秦军。 〔2〕赵王：赵孝成王。

【译文】

信陵君杀掉将军晋鄙，救援邯郸，打败秦军，保存了赵国，赵王亲自到赵都郊外迎接他。唐且对信陵君说：“我听人说，事情有不能知道的，有不能不知道的；有不能忘记的，有不能不忘记的。”信陵君说：“这话说的是什么？”唐且回答说：“别人憎恨我，我不能不知道；我憎恨别人，不能使别人知道。别人对我有恩德，我不能忘记；我对别人有恩德，我不能不忘记。如今您杀了晋鄙，救了邯郸，打败了秦军，保存了赵国，这是很大的恩德。现在赵王亲自到郊外迎接您，忽然见到赵王，我希望您忘记您对赵国的恩德。”信陵君说：“我敬受您的教导。”

魏攻管而不下

魏攻管〔1〕而不下。安陵〔2〕人缩高，其子为管守。信陵君使人谓安陵君曰：“君其遣缩高，吾将仕之以五大夫〔3〕，使为持节尉[4]。”安陵君曰：“安陵，小国也，不能必使其民。使者自往，请使道[5]使者至缩高之所，复信陵君之命。”缩高曰：“君之幸高也，将使高攻管也。夫以父攻子守，人大笑也。是臣而下，是倍[6]主也。父教子倍，亦非君之所喜也。敢再拜辞。”

【注释】

〔1〕管：原为韩邑，此时已被秦夺取。 〔2〕安陵：魏地，安陵君封国，始于魏襄王封其弟为安陵君，在今河南鄢陵西北。 〔3〕五大夫：魏爵位名。 〔4〕持节尉：授予符节的尉，有诛杀下级官吏的权力。 〔5〕道：同“导”，引导。 〔6〕倍：同“背”，背叛。

【译文】

魏国攻打管城不能拿下。安陵有个名叫缩高的人，他的儿子负责管城的守卫。信陵君派人对安陵君说：“请你派缩高去攻打管城，我将任命他为五大夫，让他当持节尉。”安陵君说：“安陵，是个小国，不一定能支使得动它的百姓，请使者你亲自前去，我派人领着你到缩高的住处，来传达信陵君的命令。”缩高说：“您来到我这里，想让我攻打管城。父亲攻打儿子守卫的地方，人们会很笑话的。如果儿子听我的而投降，就是背叛他的君主。父亲教儿子背叛，这也不是您所高兴的事吧。我只好大胆推辞。”

使者以报信陵君，信陵君大怒，遣大使之安陵曰：“安陵之地，亦犹魏也。今吾攻管而不下，则秦兵及我，社稷必危矣。愿君之生束缩高而致之。若君弗致也，无忌将发十万之师，以造安陵之城。”安陵君曰：“吾先君成侯[1]，受诏襄王[2]以守此地也，手受大府之宪[3]。宪之上篇曰：‘子弑父，臣弑君，有常[4]不赦。国虽大赦，降城亡子不得与焉。’今缩高谨解大位，以全父子之义，而君曰‘必生致之’，是使我负襄王诏而废大府之宪也，虽死终不敢行。”

【注释】

〔1〕成侯：安陵的始封之君。 〔2〕襄王：魏襄王，名嗣，公元前318—前296年在位。 〔3〕大府之宪：收藏在文书府库中的法令。 〔4〕常：指常刑，规定的刑罚。

【译文】

使者把情况报告给信陵君，信陵君大怒，派出更高级别的使者到安陵君那里说：“安陵的土地，也如同魏国的土地。如今我攻打管城而不能拿下，秦军就会打到我国，国家就一定危险了。希望你把缩高活着捆起来，送到我这里。如果你不把他送来，我将派出十万大军，来到安陵城下。”安陵君说：“我的先君成侯，接受襄王的诏令守卫此地，亲手接过大府的法令。法令的上篇说：‘儿子杀父亲，臣下杀君主，有规定的刑罚不能赦免。国家即使举行大赦，带城投降敌人的和逃亡国外的人都不在赦免之列。’现在缩高谨慎地推辞高位，来保全父子之间的道义，而您却说‘一定把他活着送来’，这是让我辜负襄王的诏令并废弃大府的法令啊，我即使是死也终不敢这样做。”

缩高闻之曰：“信陵君为人，悍而自用也。此辞反，必为国祸。吾已全己，无（为）【违】[1]人臣之义矣，岂可使吾君有魏患也。”乃之使者之舍，刎颈而死。

【注释】

〔1〕为：当依别本作“违”。

【译文】

缩高得知此事后说：“信陵君的为人，强悍而自以为是。安陵君的话回报到他那里，一定会给安陵带来灾祸。我已经保全了自己的父子道义，也没有让儿子违背做人臣的道义，怎么能使我的君主有被魏国攻打的患难呢?”于是到了使者居住的客舍，自刎而死。

信陵君闻缩高死，(素)[1]服缟素辟舍[2]，使使者谢安陵君曰：“无忌，小人也，困于思虑，失言于君，敢再拜释罪。”

【注释】

〔1〕素：衍文。　〔2〕服缟素辟舍：身穿丧服离开居住的宫舍，为古时的服丧之礼。缟素，白色的丧服。辟，同“避”。

【译文】

信陵君得知缩高已死，身穿白色的丧服，离开居住的宫舍，派使者向安陵君谢罪说：“我是个小人，考虑不周，对你说了些不该说的话，请宽恕我的罪过。”

魏王与龙阳君共船而钓

魏王与龙阳君[1]共船而钓，龙阳君得十余鱼而涕下。

王曰："有所不安乎？如是，何不相告也？"对曰："臣无敢不安也。"王曰："然则何为涕出？"曰："臣为（王）[2]【臣】之所得鱼也。"王曰："何谓也？"对曰："臣之始得鱼也，臣甚喜，后得又益大，今臣直欲弃臣前之所得矣。今以臣凶恶[3]，而得为王拂枕席。今臣爵至人君，走人于庭[4]，辟[5]人于途。四海之内，美人亦甚多矣，闻臣之得幸于王也，必褰裳[6]而趋王。臣亦犹曩[7]臣之前所得鱼也，臣亦将弃矣，臣安能无涕出乎？"魏王曰："误！有是心也，何不相告也？"于是布令于四境之内曰："有敢言美人者族。"

【注释】

〔1〕龙阳君：魏王的宠幸之臣，封号龙阳君；或言为魏王宠姬。〔2〕王：当作"臣"。 〔3〕凶恶：相貌丑陋。 〔4〕走人于庭：在庭中别人见到要小步快走，以示恭敬。 〔5〕辟：同"避"。〔6〕褰（qiān）裳：提着裙边。 〔7〕曩（nǎng）：以前。

【译文】

魏王与龙阳君同在一只船上钓鱼，龙阳君钓上来十几条鱼后流下了眼泪。魏王说："你有什么不如意的事吗？如果是这样，为什么不告诉我呢？"龙阳君回答说："我不敢有什么不如意的事啊。"魏王说："那为什么流泪了呢？"龙阳君说："我是因为我所钓到的鱼而流泪。"魏王说："这话怎么说？"龙阳君回答说："我开始钓到鱼的时候，非常高兴，后来又钓到更大的鱼，我就一直想把我以前钓到的鱼扔掉。现在凭着我丑陋的相貌，能够侍奉大王安歇就寝。如今我的爵位已经到封君，在庭中别人见到我要小步快走，在路上别人见到我要回避躲让。

可是天下的美人也太多了，她们听说我得到大王的宠幸，一定会提着裙摆奔向大王。到那时，我也就如同先前钓到的鱼一样了，也将被抛弃了，我怎么能不流泪呢?”魏王说：“你错了！你有这种想法，为什么不早告诉我呢?”于是向全国发布命令说：“有敢向我推荐美人的，诛灭全族。”

由是观之，近习之人，其挚[1]谄也固矣，其自纂繄[2]也完矣。今由千里之外，欲进美人，所效者庸[3]必得幸乎？假之得幸，庸必为我[4]用乎？而近习之人相与怨，我见有祸，未见有福；见有怨，未见有德，非用知之术也。

【注释】

〔1〕挚：进。　〔2〕纂繄：指自我保护。　〔3〕庸：难道。〔4〕我：指进献美人者。

【译文】

由此来看，君主身边的宠幸之人，他们向君主谄媚是必然的，他们自我保护的方法是完备的。现在有人从千里之外，想进献美人，所进献的美人难道就一定能得到君主的宠幸吗？假如得到宠幸，难道就一定会使进献的人也得到君主的重用吗？而君主身边其他的宠幸之人，都会怨恨那个进献美人的人，他只能见到有祸，不能见到有福；只能见到怨恨，不能见到感谢，这样做并不是运用智谋的办法啊。

秦王使人谓安陵君

秦王[1]使人谓安陵君曰：“寡人欲以五百里之地易安

陵，安陵君其许寡人?”安陵君曰：“大王加惠，以大易小，甚善。虽然，受地于先（生）[2]【王】，愿终守之，弗敢易。”秦王不说。安陵君因使唐且使于秦。秦王谓唐且曰：“寡人以五百里之地易安陵，安陵君不听寡人，何也？且秦灭韩亡魏，而君以五十里之地存者，以君为长者，故不错意[3]也。今吾以十倍之地，请广于君，而君逆寡人者，轻寡人与?”唐且对曰：“否，非若是也。安陵君受地于先（生）【主】而守之，虽千里不敢易也，岂直五百里哉?”秦王佛然[4]怒，谓唐且曰：“公亦尝闻天子之怒乎?”唐且对曰：“臣未尝闻也。”秦王曰：“天子之怒，伏尸百万，流血千里。”唐且曰：“大王尝闻布衣之怒乎?”秦王曰：“布衣之怒，亦免冠徒跣，以头抢地尔。”唐且曰：“此庸夫之怒也，非士之怒也。夫专诸之刺王僚[5]也，彗星袭月；聂政之刺韩傀[6]也，白虹贯日；要离之刺庆忌[7]也，苍鹰击于殿上。此三子者，皆布衣之士也，怀怒未发，休祲[8]降于天，与臣而将四矣。若士必怒，伏尸二人，流血五步，天下缟素，今日是也。”挺剑而起。秦王色挠，长跪而谢之曰：“先生坐，何至于此！寡人谕矣。夫韩、魏灭亡，而安陵以五十里之地存者，徒以有先生也。”

【注释】

〔1〕秦王：嬴政，后吞灭六国，改尊号为秦始皇帝。　〔2〕生：当依别本作“王”。　〔3〕错意：留意，放在心上。错，通“措”，置。〔4〕佛（bó）然：发怒的样子。佛，通“勃”。　〔5〕专诸之刺

王僚：专诸为春秋时吴国人，为助公子光（即吴王阖闾）夺取君位，把匕首藏于鱼腹之中，将吴王僚刺杀。〔6〕聂政之刺韩傀：聂政为战国时韩国人，为韩臣严光将仇敌韩相韩傀刺杀。〔7〕要离之刺庆忌：要离为春秋时吴国人，为吴王阖闾将逃亡到卫国的政敌吴王僚之子庆忌刺杀。〔8〕休祲（jīn）：休，吉兆。祲，凶兆。

【译文】

秦王派人对安陵君说："我打算用五百里的土地来交换安陵，安陵君能答应我吗？"安陵君说："大王施以恩惠，用大的来交换小的，这很好。虽然这样，可安陵是从先王那里继承下来的，我愿意一直守着它，不敢用来交换。"秦王知道后很不高兴。安陵君于是派唐且出使秦国。秦王对唐且说："我用五百里的土地交换安陵，安陵君却不听我的，这是为什么呢？况且秦国已经灭了韩国、魏国，而安陵君仅凭着五十里的地盘保存下来，是因为安陵君是个有德行的人，所以我没有放在心上。现在我用十倍的土地，来扩大他的地盘，而他却违抗我，是看不起我吗？"唐且回答说："不，不是像您想的那样。安陵君从先王那里继承了这块土地而守着它，即使用一千里土地也不敢交换，何况只有五百里呢？"秦王勃然大怒，对唐且说："你也曾听说过天子发怒吗？"唐且说："我不曾听说过。"秦王说："天子发起怒来，就会尸横遍野，血流千里。"唐且说："大王可曾听说过平民百姓发怒吗？"秦王说："平民百姓发起怒来，也就是摘掉帽子，光着脚丫，用头撞地罢了。"唐且说："这是平庸之人的发怒，不是侠士的发怒。当年专诸刺杀吴王僚的时候，彗星的光芒直射月亮；聂政刺杀韩傀的时候，白色的长虹贯通太阳；要离刺杀庆忌的时候，苍鹰飞翔在殿上。这三个人，都是身为平民的侠士，他们胸中的怒气还没发出之时，上天就降下了吉凶之兆，再加上我就将是四个人了。如果侠士真的发起怒来，倒下的尸体只有两具，流血只有五步之长，但天下之人都将穿上丧服，今天就是这样的时候。”唐且说完，拔剑而起。秦王吓得脸色大变，直起身来向唐且道歉说：“先生请坐，何至于到这种地步呢！我已经明白了。韩国、魏国灭亡了，而安陵仅凭着五十里的地盘还保持着，正是因为有先生你啊。”

卷二十六　韩　一

魏之围邯郸

魏之围邯郸也，申不害〔1〕始合于韩王〔2〕，然未知王之所欲也，恐言而未必中于王也。王问申子曰："吾谁与而可?"对曰："此安危之要，国家之大事也。臣请深惟而苦思之。"乃微谓赵卓、韩晁〔3〕曰："子皆国之辩士也，夫为人臣者，言可〔4〕必用，尽忠而已矣。"二人各进议于王以事。申子微视王之所说〔5〕以言于王，王大说之。

【注释】

〔1〕申不害：郑人，韩昭侯时任韩相十五年，主张以"术"治国，是战国中期的法家代表人物。　〔2〕韩王：指韩昭侯，公元前362年—前333年在位。　〔3〕赵卓、韩晁：皆韩臣。　〔4〕可：岂可。〔5〕说：同"悦"。

【译文】

魏国围攻赵国的都城邯郸，当时申不害刚与韩王接触，但还不知韩王的意图，害怕自己的话未必符合韩王的心意。韩王问申不害说："魏、赵两国我支持哪国好呢?"申不害回答说："这个问题是安危的关键，国家的大事。我要对此深思熟虑。"申不害于是暗地里对赵卓、韩晁说："你们都是国家的善辩之士，做为人臣的，所说的建议怎么能一定被君主采用呢，只要尽到自己的忠心就罢了。"赵卓、韩晁二人各自把关于这件事的建议进献给韩王。申不害则暗地观察韩王所喜欢的建议，再把这个建议进献给韩王，结果韩王十分喜欢他。

申子请仕其从兄官

申子〔1〕请仕其从兄官，昭侯不许也。申子有怨色。昭侯曰："非所谓学于子者也。听子之谒，而废子之道乎？又亡其〔2〕行子之术，而废子之谒乎？子尝教寡人循功劳，视次第，今有所求，此我将奚听乎?"申子乃辟舍请罪，曰："君真其人也!"

【注释】

〔1〕申子：即申不害。　〔2〕亡（wú）其：抑或，还是。

【译文】

申不害请求给他的堂兄任命个官职，韩昭侯不同意。申不害面露怨色。韩昭侯说："我这不是从你那里学到的吗？是让我听从你的请求，而废弃你的主张呢，还是实行你的主张，而拒绝你的请求呢？你曾经告诫我要根据功劳大小给予奖赏，按照能力大小安排官职。如今你有所请求，这将让我听从哪种意见呢?”申不害于是就离开官舍前去请罪，说：“您真是理想的国君啊!”

苏秦为楚合从说韩王

苏秦为楚[1]合从说韩王[2]曰：“韩北有巩、洛、成皋[3]之固，西有宜阳、常阪[4]之塞，东有宛、穰、洧水[5]，南有陉山[6]，地方千里，带甲数十万。天下之强弓劲弩，皆自韩出。溪子、少府时力、距来[7]，皆射六百步之外。韩卒超足[8]而射，百发不暇止，远者达胸，近者掩心。韩卒之剑戟皆出于冥山、棠溪、墨阳、合伯（膊）[9]。邓师、宛冯、龙渊、大阿[10]，皆陆断马牛，水击鹄雁，当敌即斩坚。甲、盾、鞮、鍪、铁幕、革抉、㕹芮[11]，无不毕具。以韩卒之勇，被坚甲，跖[12]劲弩，带利剑，一人当百，不足言也。夫以韩之劲，与大王之贤，乃欲西面事秦，称东藩，筑帝宫，受冠带，祠春秋，交臂[13]而服焉。夫羞社稷而为天下笑，无过此者矣。是故愿大王之熟计之也。大王事秦，秦必求宜阳、成皋。今兹效之，明年又益求割地。与之，即无地以给之；不与，则弃前功而后更受其祸。且夫大王之地有尽，而秦之求无已。夫以有尽之地，而逆无已之求，此所谓市怨而买祸者也，不战而地已削矣。臣闻鄙语曰：‘宁为鸡口，无为牛后。’今大王西面交臂而臣事秦，何以异于牛后乎？夫以大王之贤，挟强韩之兵，而有牛后之名，臣窃为大王羞之。”

【注释】

〔1〕楚：当作“赵”。 〔2〕韩王：韩宣惠王，韩昭侯之子，公元前332—前312年在位。 〔3〕巩、洛、成皋：皆韩地。巩在今河南巩义；洛在今河南洛阳；成皋在今河南荥阳。 〔4〕宜阳、常阪：皆韩地。宜阳在今河南宜阳；常阪当为商阪，即商山，在今陕西商县东南。 〔5〕宛、穰、洧（wěi）水：皆韩地。宛在今河南南阳；穰在今河南邓州；洧水即今河南双洎河。 〔6〕陉山：山名，在今河南新郑、长葛、禹州三市交界处。 〔7〕奚子、少府时力、距来：皆弩弓名。 〔8〕超足：举足踏弩。 〔9〕冥山、棠溪、墨阳、合伯（膊）：皆产精良戟剑之地。“膊”字，衍文。 〔10〕邓师、宛冯、龙渊、大阿：皆宝剑名。 〔11〕鞮（dī）、鍪（móu）、铁幕、革抉、呋芮：鞮，皮制的鞋靴。鍪，头盔。铁幕，以铁制造的臂胫之甲。革抉，戴在右手拇指上用来拉弓弦的革制扳指。呋芮，呋，当依《史记》作“吠(fá)”，同“瞂”，即盾；芮，系盾的带子。 〔12〕跖：踏。〔13〕交臂：犹拱手。

【译文】

苏秦为赵国组织合纵联盟，游说韩王说：“韩国北面有巩邑、洛城、成皋坚固的防守，西面有宜阳、商阪险要的边塞，东面有宛邑、穰邑、洧水，南面有陉山，土地方圆千里，精兵数十万。天下的强弓劲弩都产自韩国。奚子、少府时力、距来这些良弓，都可射到六百步之外。韩国士卒举足踏弩而射，连续百发也不间断，远的可射到胸膛，近的可洞穿心脏。韩国士卒所用的剑戟都产自冥山、棠溪、墨阳、合伯。邓师、宛冯、龙渊、太阿一类的宝剑，都能在陆地上斩断牛马，在水中击杀天鹅和大雁，临阵杀敌就能斩透坚固的铠甲。铠甲、盾牌、战靴、头盔、铁制护臂、革制扳指、系盾的带子，这些东西无不具备。凭着韩国士卒的勇猛，披上坚固的铠甲，脚踏强劲的弩弓，佩带锋利的宝剑，一人抵挡百人，那不在话下。可是凭着韩国的强大，大王的贤明，竟然要向西侍奉秦国，自称秦国的东方属国，为秦王建造宫殿，接受秦国赏赐的冠带，纳贡助秦国举行春秋祭祀，就这么恭恭敬敬地臣服了。使国家蒙受羞辱而被天下耻笑，没有比这更过分的了。所以希望大王认真考虑此事。大王侍奉秦国，秦国一定会索要宜阳、成皋。如果今年献给了它，明年它又会要求割更多的土地。如果给它，就没有多少土地可给；不给它，就会前功尽弃，此后还将遭到秦国的侵犯。况且大王的土地有限，而秦国的索求没有穷尽。用有限的土地，去迎合无休止的索求，这就是所说的购怨买祸啊，没有交战国土就丧失了。我听俗语说：'宁做鸡口，不做牛屁股。'现在大王要向西恭恭敬敬地臣服秦国，这和做牛屁股有什么不同呢？凭着大王的贤明，拥有强大的军队，却有牛屁股的名声，我私下为大王感到羞愧。"

韩王忿然作色，攘臂按剑，仰天太息曰："寡人虽死，必不能事秦。今主君以楚王之教诏之，敬奉社稷以从。"

【译文】

韩王听了这番话后，面露怒色，捋起衣袖，伸出手臂按住宝剑，仰天叹息说："我即使死，也一定不侍奉秦国。今天您把赵王的教导告诉我，我愿率领全国上下听从。”

秦韩战于浊泽

秦、韩战于浊泽[1]，韩氏急。公仲（明）[2]【朋】谓韩王[3]曰：“与国不可恃。今秦之心欲伐楚，王不如因张仪为和于秦，赂之以一名都，与之伐楚。此以一易二之计也。”韩王曰：“善。”乃儆[4]公仲之行，将西讲于秦。

【注释】

〔1〕浊泽：韩地，在今河南长葛西北。 〔2〕公仲明：当作“公仲朋”，韩相，文献或作公中倗、公仲侈。 〔3〕韩王：韩宣惠王。〔4〕儆：告诫。

【译文】

秦、韩两国军队在浊泽交战，韩国处境危急。公仲朋对韩王说：“盟国不可依靠。现在秦国的心意是想攻打楚国，大王不如通过张仪与秦国讲和，送给秦国一座大城，和他一同去攻打楚国。这是以一换二的计策。”韩王说：“好。”于是告诫有关人员为公仲出发做准备，将西行与秦国讲和。

楚王[1]闻之大恐，召陈轸[2]而告之。陈轸曰：“秦欲伐我久矣，今又得韩之名都一而具甲，秦、韩并兵南乡[3]，此秦所以庙祠而求也。今已得之矣，楚国必伐矣。王听臣，为之儆四境之内选师，言救韩，令战车满道路；发信臣，多其车，重其币，使信王之救己也。纵韩为不能听我，韩必德王也，必不为雁行[4]以来。是秦、韩不和，兵虽至，楚国不大病矣。为能听我绝和于秦，秦必大怒，以厚怨于韩。韩得楚救，必轻秦。轻秦，其应秦必不敬。是我困[5]秦、韩之兵，而免楚国之患也。”

【注释】

〔1〕楚王：楚怀王。 〔2〕陈轸：楚臣。 〔3〕乡：通“向”。〔4〕雁行：并行。 〔5〕困：《史记》作“因”，当是。

【译文】

楚王听说此事十分害怕，召来陈轸，把这事告诉了他。陈轸说：“秦国想攻打我们已经很久了，现在又得到韩国的一座大城，提供了更充足的甲兵，韩、魏两国合兵向南，这是秦国在宗庙祭祀时所向祖先神灵祈求的事。现在已经实现了，楚国一定会遭到攻打。大王听从我的建议，为此命令全国调集军队，扬言救援韩国，让战车布满道路；派出信任的使臣，多配备车辆，带着厚礼，让韩国相信大王会救援它。即使韩国不能听从我们不与秦国讲和的建议，也一定会感谢大王的，必定不会与秦国一同前来攻打我们的。这样秦、韩两国就不和了，军队即使来到，楚国也不会有太大的伤害。假如韩国听从我们的建议拒绝与秦国讲和，秦国必定大怒，从而加深对韩国的怨恨。而韩国自认为得到楚国的救援，一定会轻视秦国。轻视秦国，它对待秦国就一定不恭敬。这样我们就利用秦、韩两国之间的军事对立，而免除了楚国的祸患。”

楚王大说，乃儆四境之内选师，言救韩，发信臣，多其车，重其币。谓韩王曰："弊邑虽小，已悉起之矣。愿大国遂肆意于秦，弊邑将以楚殉韩。"

【译文】

楚王十分高兴，于是命令全国调集军队，扬言救援韩国，派出信任的使臣，多配备车辆，带着厚礼。对韩王说："敝国虽小，已经调动了全国的兵力前来救援。希望贵国大胆地与秦国作战，敝国将与贵国共存亡。"

韩王大说，乃止公仲。公仲曰："不可。夫以实（告）〔1〕【困】我者，秦也；以虚名救我者，楚也。恃楚之虚名，轻绝强秦之敌，必为天下笑矣。且楚、韩非兄弟之国也，又非素约而谋伐秦矣。秦欲伐楚，楚因以起师言救韩，此必陈轸之谋也。且王以使人报于秦矣，今弗行，是欺秦也。夫轻强秦之祸，而信楚之谋臣，王必悔之矣。"韩王弗听，遂绝和于秦。秦果大怒，兴师与韩氏战于岸门〔2〕，楚救不至，韩氏大败。

【注释】

〔1〕告：当依别本作"困"。　〔2〕岸门：韩地，在今河南许昌西北。

【译文】

韩王十分高兴，就让公仲朋停止到秦国讲和。公仲朋说：

“不可这样。以实际的军事行动使我们陷于困境的，是秦国；用空话来救援我们的，是楚国。靠着楚国的一番空话，就轻易地拒绝与强敌秦国讲和，这一定会遭到天下的嘲笑。况且楚国与韩并非兄弟之国，又不是一向有约定共同谋划伐秦的。秦国想要攻打楚国，楚国才扬言发兵救援韩国，这一定是陈轸的计谋。而且大王已经派人把讲和的事情通报了秦国，现在不去，这是欺骗秦国。轻视强秦带来的灾祸，而相信楚国的谋臣，大王一定会后悔的。”韩王不听公仲朋的劝告，最终拒绝与秦国讲和。秦国果然大怒，兴兵与韩国在岸门大战，楚国救兵没到来，结果韩国大败。

韩氏之兵非削弱也，民非蒙愚也，兵为秦禽，智为楚笑，过听于陈轸，失计于韩明也。

【译文】

韩国的军队并没有削弱，百姓也并不愚昧，结果军队被秦国打败，智慧被楚国嘲笑，这是因为错误地听信了陈轸的谎言，而没有采用公仲朋的计策。

卷二十七　韩　二

谓公叔曰公欲得武遂于秦

谓公叔[1]曰："公欲得武遂[2]于秦，而不患楚之能(扬)[3]【伤】河外[4]也。公不如令人恐楚王[5]，而令人为公求武遂于秦。谓楚王曰：'发重使为韩求武遂于秦。秦王[6]听，是令得行于万乘之主也。韩得武遂以（恨）[7]【限】秦，毋秦患而得[8]楚。韩，楚之县而已。秦不听，是秦、韩之怨深，而交楚也。'"

【注释】

〔1〕公叔：韩相。　〔2〕武遂：原为韩邑，后为秦所夺。在今山西垣曲东南。　〔3〕扬：当作"伤"。　〔4〕河外：韩地，在今河南郑州市及滑县一带。　〔5〕楚王：楚怀王。　〔6〕秦王：秦昭王。〔7〕恨：当作"限"。　〔8〕得：同"德"，感激。

【译文】

有人对公叔说："您想要从秦国得到武遂，又不用担心楚国会侵扰河外。您不如派人去警告楚王，让他派人为您去秦国讨回武遂。对楚王说：‘请您派特使去秦国为韩国讨要武遂。如果秦王答应了，这就是大王的命令能被万乘大国的君主接受。韩国得到了武遂之地制约秦国，没有了秦国这一隐患，就会感激楚国。韩国就像楚国的一个县一样了。如果秦王不答应，那么秦国、韩国的仇怨就会加深，就会争着与楚国结交。’”

谓公叔曰乘舟

谓公叔曰：“乘舟，舟漏而弗塞，则舟沉矣。塞漏舟，而轻阳侯之波〔1〕，则舟覆矣。今公自以辩〔2〕于薛公〔3〕而轻秦，是塞漏舟而轻阳侯之波也，愿公之察也。”

【注释】

〔1〕阳侯之波：大风浪，阳侯为古代传说中的波涛之神。 〔2〕辩：同“辨”，分别，区别，此指能力超过别人。 〔3〕薛公：指齐靖郭君田婴。

【译文】

有人对公叔说：“坐船，船漏了却不去堵，船就会沉。堵住了船上的漏洞，而轻视狂风巨浪，船就会倾覆。现在您自认为能力超过薛公而轻视秦国，这就如同是堵住了船上的漏洞却轻视了大波浪，希望您明察。”

齐令周最使郑

齐令周最[1]使郑[2]，立韩扰[3]而废公叔。周最患之，曰："公叔之与周君交[4]也，令我使郑，立韩扰而废公叔。语曰：'怒于室者色[5]于市。'今公叔怨齐，无奈何也，必【绝】[6]周君而深怨我矣。"史舍[7]曰："公行矣，请令公叔必重公。"

【注释】

〔1〕周最：西周国公子。 〔2〕郑：即韩。公元前 375 年韩国灭郑，将国都迁至新郑，故又称郑。 〔3〕韩扰：韩国公族，名扰。 〔4〕交：交好，相善。 〔5〕色：作色，发怒。 〔6〕绝：字原脱，据别本增。 〔7〕史舍：随同周最出使者。

【译文】

齐国派周最出使韩国，要求立韩扰为相而罢免公叔。周最很担心此事，说："公叔与周国国君交好，让我出使韩国，去立韩扰为相而罢免公叔。谚语说：'在家里生气的人，在外面也没好脸色。'如今公叔怨恨齐国，却无可奈何，但他一定会与周君绝交并且很怨恨我。"史舍说："您尽管去吧，我一定会让公叔尊敬您的。"

周最行至郑，公叔大怒。史舍入见曰："周最固不欲来使，臣窃强之。周最不欲来，以为公也；臣之强之也，亦以为公也。”公叔曰：“请闻其说。”对曰：“齐大夫诸子有犬，犬猛不可叱，叱之必噬人。客有请叱之者，疾视而徐叱之，犬不动；复叱之，犬遂无噬人之心。今周最固[1]得事足下，而以不得已之故来使，彼将礼陈其辞而缓其言，郑王[2]必以齐王[3]为不急，必不许也。今周最不来，他人必来。来使者无交于公，而欲德于韩扰，其使之必疾，言之必急，则郑王必许之矣。”公叔曰：“善。”遂重周最。王果不许韩扰。

【注释】

〔1〕固：同“故”，原来，本来。 〔2〕郑王：韩襄王，韩宣惠王子，名仓，公元前 318—前 296 年在位。 〔3〕齐王：齐闵王。

【译文】

周最到了韩国，公叔勃然大怒。史舍入府拜见他说：“周最本来不想来出使，是我私下逼他来的。周最不想来，是为您着想；我逼他来，也是为您着想。”公叔说：“愿闻其详。”史舍回答说：“齐国大夫的儿子有一条狗，很凶猛，不能呵斥它，一旦呵斥它一定会咬人。有个客人请求去呵斥它，此人紧紧盯着狗，慢慢呵斥，狗没有动；又大声呵斥，狗最终也没有咬人的意思。周最原来曾侍奉您，但因为不得已的原因前来出使，他将会按照礼仪慢慢陈述他的话，韩王一定会认为齐闵王并不急于促成此事，一定不会答应。如今周最如果不来，别的使者也一定会来。另派来的使者跟您没有交情，又想让韩扰感激他，他一定会尽快完成使命，说话口气一定会很紧迫，那么韩王一定就会答应了。”公叔说：“您说得对。”于是很尊重周最。韩王果然没有答应让韩扰做相国。

韩咎立为君而未定

韩咎[1]立为君而未定也，其弟在周，周欲以车百乘重而送之，恐韩咎入韩之不立也。綦母恢[2]曰："不如以百金从之，韩咎立，因也以为戒[3]；不立，则曰来效贼[4]也。"

【注释】

〔1〕韩咎：韩襄王太子，后继位为韩釐王。 〔2〕綦母恢：西周国大臣。 〔3〕戒：军饷。 〔4〕效贼：献贼。

【译文】

韩国公子咎被立为太子的事情还没有最后定下来，这时候他的弟弟在西周，西周国想用一百两兵车隆重地送他弟弟回国，又担心公子咎在韩国的地位没有确立。綦母恢说："不如带一百斤黄金跟着他，韩咎被立为储君，就说这一百金是用来做军饷的；没被立为太子，就说是来献贼的。"

史疾为韩使楚

史疾[1]为韩使楚，楚王问曰："客何方[2]所循？"曰："治列子圉寇[3]之言。"曰："何贵？"曰："贵正[4]。"王曰："正亦可为国乎？"曰："可。"王曰："楚国多盗，正可以圉[5]盗乎？”曰：“可。”曰：“以正圉盗，奈何？”顷间有鹊止于屋上者，曰：“请问楚人谓此鸟何？”王曰：“谓之鹊。”曰：“谓之乌，可乎？”曰：“不可。”曰：“今王之国有柱国、令尹、司马、典令[6]，其任官置吏，必曰廉洁胜任。今盗贼公行，而弗能禁也，此乌不为乌，鹊不为鹊也。”

【注释】

〔1〕史疾：韩臣。 〔2〕方：学术，学说。 〔3〕列子圉寇：即列圉寇，又作御寇、圄寇。战国时郑人，道家学派代表人物。圉，同“御”。 〔4〕正：正名。 〔5〕圉：同“御”，阻止，防御。〔6〕柱国、令尹、司马、典令：皆为楚国官名。柱国，楚国最高武官。令尹，楚国最高官职，地位相当于别国的相。司马，掌管军政和军赋之官。典令，掌管接待及礼仪、传达王命之官。

【译文】

史疾为韩国出使楚国，楚王问他：“您信奉哪种学说？”史疾回答说：“我研究列御寇的学说。”楚王说：“这种学说崇尚什么？”史疾回答说：“崇尚正名。”楚王问：“正名可以用来治国吗？”史疾回答说：“可以。”楚王说：“楚国多盗贼，正名可以防范盗贼吗？”史疾回答说：“可以。”楚王说：“怎么用正名来防御盗贼呢？”不久，有只喜鹊落到了房顶上，史疾问道：“请问楚国人把这种鸟叫什么呢？”楚王说：“叫喜鹊。”史疾说：“叫它做乌鸦，可以吗？”楚王说：“不行。”史疾说：“如今大王的国家，有柱国、令尹、司马、典令，在任命官员的时候，一定会要求他们廉洁奉公，尽职尽责。如今盗贼公然横行却不能禁止，这就是乌鸦不叫乌鸦，喜鹊不叫喜鹊了。”

韩傀相韩

韩傀[1]相韩，严遂[2]重于君，二人相害也。严遂政议直指[3]，举韩傀之过。韩傀以之叱之于朝。严遂拔剑趋之，以救解。于是严遂惧诛，亡去，游求人可以报韩傀者。

【注释】

〔1〕韩傀：韩哀侯相国，韩哀侯叔父，又称韩廆、韩傫、侠累。〔2〕严遂：濮阳人，字仲子。韩哀侯大臣。 〔3〕政议直指：议论公正，直言不讳。政，同“正”。

【译文】

韩傀出任韩相的时候，严仲子受到国君的重用，两个人互相嫉恨。严遂议论公正，直言不讳，曾列举韩傀的罪过。韩傀因此在朝廷上叱骂他。严遂拔出宝剑直扑韩傀，经别人劝解才得以停息。于是严遂害怕被韩傀谋杀，逃出了韩国，云游天下，寻找可以替他向韩傀报仇的人。

至齐，齐人或言：“轵深井里[1]聂政，勇敢士也，避仇隐于屠者之间。”严遂阴交于聂政，以意厚之。聂政问曰：“子欲安用我乎？”严遂曰：“吾得为役之日浅，事今薄[2]，奚敢有请？”于是严遂乃具酒，觞聂政母前。仲子奉黄金百镒，前为聂政母寿。聂政惊，愈怪其厚，固谢严仲子。仲子固进，而聂政谢曰：“臣有老母，家贫，客游以为狗屠，可旦夕得甘脆[3]以养亲。亲供养备，义不敢当仲子之赐。”严仲子辟[4]人，因为[5]聂政语曰：“臣有仇，而行游诸侯众矣。然至齐，闻足下义甚高。故直进百金者，特以为夫人粗粝[6]之费。以交足下之驩[7]，岂敢以有求邪？”聂政曰：“臣所以降志辱身，居市井者，徒幸而养老母。老母在，政身未敢以许人也。”严仲子固让，聂政竟不肯受。然仲子卒备宾主之礼而去。

【注释】

〔1〕轵深井里：轵，邑名，在今河南济源东南。深井里，轵邑一里名。 〔2〕薄：迫。 〔3〕甘脆：指可口的饭食。 〔4〕辟：避开。 〔5〕为：与。 〔6〕粗粝：糙米。 〔7〕驩：同“欢”。

【译文】

严遂到了齐国，齐国有人跟他说，轵邑深井里有个叫聂政的，是勇猛之人，为躲避仇家隐迹在屠户之中。严遂于是暗地里结交聂政，有意厚待他。聂政问他说：“您有需要我的地方吗？”严仲子说：“我为您效劳的日子还很短，如今事情急迫，怎么敢请您为我办事呢？”于是严遂准备好酒宴，并到聂政的母亲面前敬酒。严遂献出一百镒黄金，为聂政母亲祝寿。聂政很吃惊，更加认为他无故送厚礼目的不一般，就坚持谢绝。严遂坚持献礼，聂政谢绝道：“我有老母，家境贫寒，客居他乡做了杀狗的屠户，只能够早晚之间得到一份可口的饭食侍奉老母。侍奉老母所需的已经足够，断不敢接受您的恩赐。”严遂避开旁人，对聂政说：“我有仇人，为了报仇到过很多诸侯国。然而到了齐国，听说您深明大义，所以冒昧献上黄金百镒，不过是为老夫人做粗茶淡饭的费用。以此来讨您的欢心，怎么敢有求于您呢？”聂政说：“我之所以降低志向，辱没身份，住在这市井之间，只求能奉养老母。老母亲在，我不敢将自身性命交付他人。”严仲子极力劝让，聂政最终也不肯接受礼物。严仲子只好尽了宾主之礼后离去。

久之，聂政母死，既葬，除服〔1〕。聂政曰：“嗟乎！政乃市井之人，鼓刀〔2〕以屠，而严仲子乃诸侯之卿相也，不远千里，枉〔3〕车骑而交臣，臣之所以待之至浅鲜〔4〕矣，未有大功可以称者，而严仲子举百金为亲寿，我虽不受，然是深知政也。夫贤者以感忿睚眦之意〔5〕，而亲信穷僻之人，而政独安可嘿〔6〕然而止乎？且前日要政，政徒以老母。老母今以天年终，政将为知己者用。”

【注释】

〔1〕除服：服丧期满，脱去丧服。〔2〕鼓刀：操刀。〔3〕枉：屈。〔4〕鲜：浅。〔5〕感忿睚眦之意：因感念怨恨而愤怒之心。睚眦，瞪眼，代指小的怨恨。这里泛指怨恨。〔6〕嘿：同“默”。

【译文】

过了很久，聂政的母亲去世，聂政安葬了母亲，守丧期满。聂政说道：“唉！我只是个市井小民，操刀杀狗，但严仲子是诸侯的大臣，他不远千里，屈尊纡贵来跟我结交，我对他却太淡薄了，没有值得一提的大功劳，而严仲子却拿出黄金百镒来给我的母亲祝寿，我虽然没有接受，但由此可见他是很懂我的。贤德之人因为感念怨恨而愤怒之心，来亲近我这偏僻穷困的人，我怎么可以一声不响地就算了呢？况且他之前邀请我，我只是因为有老母在世。老母如今尽享天年，我就要去报答知己了。”

遂西至濮阳[1]，见严仲子曰：“前所以不许仲子者，徒以亲在。今亲不幸，仲子所欲报仇者为谁？”严仲子具告曰：“臣之仇韩相傀。傀又韩君之季父也，宗族盛，兵卫设，臣使人刺之，终莫能就。今足下幸而不弃，请益具车骑壮士，以为羽翼。”政曰：“韩与卫，中间不远，今杀人之相，相又国君之亲，此其势不可以多人。多人不能无生得失，生得失则语泄，语泄则韩举国而与仲子为仇也，岂不殆哉！”遂谢车骑人徒，辞，独行仗剑至韩。

【注释】

〔1〕濮阳：魏邑，在今河南濮阳市南。

【译文】

聂政于是向西到了濮阳，见到严遂说：“先前之所以没有答应您，只是因为老母在堂。如今老母已逝，您想要找谁报仇？”严仲子将事情原委都告诉了聂政，说：“我的仇人是韩相韩傀。韩傀又是韩国国君的叔父，宗族非常强大，兵卫森严，我派人刺杀他，始终未能成功。如今有幸您不舍弃我，请让我为您多准备车马勇士，作为您的帮手。”聂政回答说：“韩国与卫国中间相隔不远，如今去刺杀韩国的相国，相国又是国君的亲戚，这样的情况下不可以有过多的人参与。参与行动的人多了，就不能保证不出差错，出了差错就会泄密，泄密的话，韩国就会以全国之力与您为仇，岂不就危险了吗！”于是谢绝了车马随从，辞别严遂，只身带剑来到了韩国。

韩适有东孟之会[1]，韩王及相皆在焉，持兵戟而卫者甚众。聂政直入，上阶刺韩傀。韩傀走而抱哀侯，聂政刺之，兼中哀侯，左右大乱。聂政大呼，所杀者数十人。因自皮面抉眼[2]，自屠出肠，遂以死。韩取聂政尸于市，县购[3]之千金。久之莫知谁子。

【注释】

〔1〕东孟之会：韩国与他国在东孟进行会盟。东孟，不详何地。〔2〕皮面抉眼：用刀削掉脸皮，挖出眼睛。皮，同“批”。〔3〕县购：悬赏辨认凶手的身份。县，“悬”的本字。

【译文】

韩国正在举办东孟大会，韩王和相国都在场，拿着兵器守卫的军士人数很多。聂政径直闯入，冲上台阶直刺韩傀。韩傀奔逃，抱住了韩哀侯，聂政仗剑便刺，连带刺中了哀侯，左右于是大乱。聂政高声呼喝，斩杀数十人。然后自己削掉脸皮，挖出眼睛，剖开肚子，肠流遍地，终于死去。韩国把聂政的尸体陈列在集市上，悬赏千金求人辨认。过了很久也没人知道他是谁家的人。

政姊闻之，曰：“弟至贤，不可爱妾之躯，灭吾弟之名，非弟意也。”乃之韩。视之曰：“勇哉！气矜之隆[1]。是其轶贲、育而高成荆[2]矣。今死而无名，父母既殁矣，兄弟无有，此为我故也。夫爱身不扬弟之名，吾不忍也。”乃抱尸而哭之曰：“此吾弟轵深井里聂政也。”亦自杀于尸下。

【注释】

〔1〕气矜之隆：气概豪迈壮烈。气矜，所持的气概。 〔2〕轶贲、育而高成荆：轶，超过。贲，孟贲。育，夏育。与成荆皆古代勇士。

【译文】

聂政的姐姐听说了这件事，说：“我弟弟贤能如此，我不能吝惜自己的性命而致使弟弟名声埋没，这不是我弟弟的本意。”于是去了韩国。看到聂政的尸体之后，说：“勇敢啊！气概豪壮，超过了孟贲、夏育、成荆这些古人了。如今死了，却没有留下姓名，父母已经去世，又没有兄弟，你这样做都是为了我啊。吝惜自己的性命而不宣扬弟弟的英名，我不忍心这样做。”于是抱着尸体大哭，说：“这是我弟弟，轵邑深井里的聂政。”说完，也在聂政的尸体旁边自杀了。

晋、楚、齐、卫闻之曰：“非独政之能，乃其姊者，亦列女〔1〕也。”聂政之所以名施于后世者，其姊不避菹醢之诛〔2〕，以扬其名也。

【注释】

〔1〕列女：即烈女。 〔2〕菹醢：古代一种酷刑，把人剁成肉酱。菹，菜。醢，肉酱。

【译文】

晋、楚、齐、卫等国的人听说了这件事，都说：“不但聂政贤能，就是他的姐姐，也是个刚烈的女子啊。”聂政之所以能名传千古，就是因为他姐姐不畏极刑诛杀，来宣扬他的名声。

卷二十八　韩　三

或谓韩公仲

或谓韩公仲[1]曰："夫孪子[2]之相似者，唯其母知之而已；利害之相似者，唯智者知之而已。今公国，其利害之相似，正如孪子之相似也。得以其道为之，则主尊而身安；不得其道，则主卑而身危。今秦、魏之和成，而非公适束[3]之，则韩必谋矣。若韩随魏以善秦，是为魏从也，则韩轻矣，主卑矣。秦已善韩，必将欲置其所爱信者，令用事于韩以完之，是公危矣。今公与安成君[4]为秦、魏之和，成固为福，不成亦为福。秦、魏之和成，而公适束之，是韩为秦、魏之门户也，是韩重而主尊矣。安成君东重于魏，而西贵于秦，操右契[5]而为公责德于秦、魏之主，裂地而为诸侯，公之事也。若夫安韩、魏而终身相，公之下服[6]，此主尊而身安矣。秦、魏不终相听者也。秦怒于不得魏，必欲善韩以塞魏；魏不听秦，必务善韩以备秦，是公择布而割也。秦、魏和，则两国德公；不和，则两国争事公。所谓成为福，不成亦为福者也。愿公之无疑也。”

【注释】

〔1〕公仲：韩相公仲朋。 〔2〕李子：双胞胎。 〔3〕适束：亲自约合。适，亲。束，约。 〔4〕安成君：韩人，韩宣惠王时封君。 〔5〕右契：讨债的凭证。古时借债刻于木契之上，剖为两半，债主执右半边，借债人执左半边。此指可凭借的资本。 〔6〕下服：次等之事。服，事。

【译文】

有人对韩相公仲说：“双胞胎长得相似，只有他们的母亲才能够分辨出来；利与害表面相似，只有智慧的人才能看得清楚。如今您的国家利害相似，正如同双胞胎相似一样。用正确的方法去解决，那么国君尊贵您也会安然无恙；不按正确的策略去解决，那么国君就会卑贱，您也会身处危险。如果现在秦国与魏国结成盟国，但不是您促成的，那么韩国一定会遭它们算计。如果韩国跟随着魏国去亲近秦国，就成了魏国的随从，那么韩国就会被轻视，韩王的地位也就卑贱了。秦国结交了韩国，一定会把喜欢信任的人安排到韩国，让他在韩国当权，来维护秦国利益，这样您就危险了。如果您与安成君促成秦国、魏国结盟，能成功当然是幸事，不能成功也是幸事。秦、魏两国结成盟国，又是您亲自促成的这件事，这样韩国就成了秦、魏两国来往的门户，这样韩国的地位就重要了，韩王的地位也就尊贵了。安成君在东面受到魏国的重视，在西面受到秦国的重视，就可以凭借这些资本为您向秦、魏两国要求报答，分封土地成为诸侯，自然有您的份。至于使韩、魏两国相安无事，而您终身为相，这是您次一等的事了。这两者都能使韩王的地位尊贵，您自身安全。秦、魏两国是不可能永远互相信任的。秦国因恼怒不能与魏国保持友好，一定会亲近韩国来遏制魏国；而魏国不与秦国友好，一定会亲近韩国来防备秦国，这样您就可以像选择布匹进行剪裁一样来随心选择了。所以，秦、魏两国结盟，两国就都会感激您；结盟不成，两国就会争着侍奉您。这就是所说的成功了是福气，不成功也是福气啊。希望您不要犹豫了。”

秦大国

秦，大国也。韩，小国也。韩甚疏秦。然而见亲秦，计之，非金无以也，故卖美人。美人之贾〔1〕贵，诸侯不能买，故秦买之三千金。韩因以其金事秦，秦反得其金与韩之美人。韩之美人因言于秦曰："韩甚疏秦。"从是观之，韩亡美人与金，其疏秦乃始益明。故客有说韩者曰："不如止淫用，以是为金以事秦，是金必行，而韩之疏秦不明。美人知内行〔2〕者也，故善为计者，不见内行。"

【注释】

〔1〕贾：同"价"。　〔2〕内行：内情，国内隐情。

【译文】

秦国，是个大国。韩国，是个小国。韩国与秦国关系很疏远。但韩国想表现出亲近秦国，考虑这件事，不使用黄金就无法办到，所以就出卖美女。美女卖价很高，诸侯都买不起，所以被秦国花了三千斤黄金买去。韩国于是用这些黄金侍奉秦国，秦国反又得到了这些黄金和韩国美女。韩国的美女因此对秦国说："韩国很疏远秦国。"由此来看，韩国失去了美女和黄金，而他疏远秦国的态度却开始更加明显。所以有到韩国游说的人说："不如停止那些淫奢的开销，用这方面的费用积聚黄金来侍奉秦国，这些黄金一定会起到作用，而韩国疏远秦国的态度也不会显露。美女是知道韩国内情的人，所以善于使用计谋的人，不会让内情外泄。"

段干越人谓新城君

段干越人[1]谓新城君[2]曰："王良[3]之弟子驾，云取千里马，遇造父[4]之弟子。造父之弟子曰：'马不千里。'王良弟子曰：'马[5]，千里之马也；服[6]，千里之服也。而不能取千里，何也？'曰：'子纆[7]牵长。故纆牵于事，万分之一也，而难千里之行。'今臣虽不肖，于秦亦万分之一也，而相国见臣不释塞[8]者，是纆牵长也。"

【注释】

〔1〕段干越人：魏人。　〔2〕新城君：名芈戎，秦昭王之母宣太后的同母弟，初封华阳君，后改封新城君，任秦相。　〔3〕王良：战国初人，曾为赵简子驾车，以善驾著称。　〔4〕造父：相传是为周穆王驾车的人，亦以善驾著称。　〔5〕马：指骖马。古时一车驾四马，两旁的为骖马，中间两匹为服马。　〔6〕服：服马。　〔7〕纆：马

缰绳。 〔8〕释塞：除去阻碍，意为放手任用。

【译文】

段干越人对新城君说："王良的弟子驾车，说使用的是千里马，遇到了造父的弟子。造父的弟子说：'你这马不能日行千里。'王良的弟子说：'骖马，是千里马；服马，也是千里马。你却说不能日行千里，这是为什么？'造父的弟子说：'你的马缰绳太长了。缰绳在驾车这件事上，起的作用即使是万分之一，却也妨碍日行千里。'如今我虽然不才，也能对秦国起到万分之一的作用，但相国任用我却不放手让我行事，这也是缰绳太长了啊。"

卷二十九　燕　一

人有恶苏秦于燕王者

人有恶苏秦于燕王〔1〕者，曰："武安君〔2〕，天下不信人也。王以万乘下之，尊之于廷，示天下与小人群也。"

【注释】

〔1〕燕王：燕昭王。　〔2〕武安君：苏秦在燕国的封号。

【译文】

有人在燕王面前诽谤苏秦，说："武安君苏秦，是天下最不讲信用的人。大王以万乘之君的身份礼遇他，在朝廷之上推重他，这是在告诉天下人您与小人为伍啊。"

武安君从齐来，而燕王不馆〔1〕也。谓燕王曰："臣东周之鄙人也，见足下身无咫尺之功，而足下迎臣于郊，显臣于廷。今臣为足下使，利得十城，功存危燕，足下不听臣者，人必有言臣不信，伤臣于王者。臣之不信，是足下之福也。

使臣信如尾生，廉如伯夷，孝如曾参，三者天下之高行，而以事足下，(不)[2]可乎?”燕王曰：“可。”曰：“有此，臣亦不事足下矣。”

【注释】

〔1〕不馆：没有去其所住的馆舍慰问。　〔2〕不：衍文。

【译文】

武安君从齐国回来，燕王没有去他所住的馆舍慰问。武安君对燕王说：“我本是东周的乡野之人，当年拜见您时身无寸功，而您却到郊外来迎接我，在朝廷之上给我显赫的地位。如今我为您出使齐国，获得了十座城邑的利益，有使面临危亡的燕国得以保存之功，而您却不信任我，一定是有人说我不讲信用，在您面前中伤我。我不讲信用，这是您的福气。假如我像尾生那么守信，像伯夷那么廉洁，像曾参那么孝顺，以这三个人这样天下最高洁的品行来侍奉您，可以吗?”燕王说：“可以。”武安君说：“有这样的品行，我也不会侍奉您了。”

苏秦曰：“且夫孝如曾参，义不离亲一夕宿于外，足下安得使之之齐？廉如伯夷，不取素餐[1]，污武王之义而不臣焉[2]，辞孤竹之君[3]，饿而死于首阳之山。廉如此者，何肯步行数千里，而事弱燕之危主乎？信如尾生，期而不来，抱梁柱而死。信至如此，何肯(杨)[4]【扬】燕、秦之威于齐而取大功乎哉？且夫信行者，所以自为也，非所以为人也，皆自覆之术[5]，非进取之道也。且夫三王代兴，五霸迭盛，皆不自覆也。君以自覆为可乎？则齐不益于营丘[6]，足下不逾楚境，不窥于边城之外。且臣有老母于周，离老母而事足下，去自覆之术，而谋进取之道，臣之趣固不与足下合者。足下皆自覆之君也，仆者进取之臣也，所谓以忠信得罪于君者也。”

【注释】

〔1〕素餐：不劳而获的食物。〔2〕污武王之义而不臣焉：认为武王的行为不符合道义而不做他的臣。〔3〕辞孤竹之君：指伯夷辞孤竹国君之事。〔4〕杨：当依别本作“扬”。〔5〕自覆之术：保全自我名声的做法。〔6〕营丘：周初齐太公望的封地。在今山东临淄。

【译文】

苏秦说：“况且像曾参那样孝顺，奉行孝道而不肯离开双亲在外住宿一夜，您怎么能派他到齐国去呢？像伯夷那样廉洁，不吃不劳而获的食物，认为武王的行为不符合道义而不做他的臣子，辞让了孤竹国的君位，饿死在首阳山上。廉洁如此的人，怎么肯步行几千里，去侍奉弱小燕国的危难之君呢？像尾生那样守信，与情人约好时间相会而情人没来，就抱着桥梁柱子淹死了。诚信至此，怎么肯到齐国宣扬燕国、秦国的声威，从而取得巨大的功劳呢？况且讲究信用品行的人，是为了自己，并非为了他人，都是保全自我名声的做法，不是谋求功业的途径。况且夏商周三代交替兴盛，春秋五霸更迭称雄，都不注重保全自我名声。您认为保全自身名声是对的吗？那么齐国的国土就不会大于营丘，您也不会越过楚国边境，不能窥视边城的外面。况且我有老母在东周，远离老母来侍奉您，抛开自我保全的方式，来谋求进取之道，臣的志趣，本来就不与您相同。您是顾及自己名声的君主，我是谋求进步的大臣，这就是所说的因为忠诚守信的问题而得罪国君的原因啊。”

燕王曰：“夫忠信，又何罪之有也？”

【译文】

燕王说：“忠诚守信，又有什么罪过呢？”

对曰：“足下不知也。臣邻家有远为吏者，其妻私人。其夫且归，其私之者忧之。其妻曰：‘公勿忧也，吾已为药酒以待之矣。’后二日，夫至。妻使妾奉卮酒进之。妾知其药酒也，进之则杀主父，言之则逐主母，乃阳〔1〕僵弃酒。主父大怒而笞之。故妾一僵而弃酒，上以活主父，下以存主母也。忠至如此，然不免于笞，此以忠信得罪者也。臣之事，适不幸而有类妾之弃酒也。且臣之事足下，亢〔2〕义益国，今乃得罪，臣恐天下后事足下者，莫敢自必也。且臣之说齐，曾不欺之也。使之说齐者，莫如臣之言也，虽尧、舜之智，不敢取也。”

【注释】

〔1〕阳：同“佯”，假装。　〔2〕亢：高，极。

【译文】

苏秦回答说：“您不知道。我的邻居有在远方做官的，他的妻子在家与人私通。做丈夫的就要回来了，与她私通的那个人很担心。做妻子的说：‘您不要担心，我已经准备好了药酒等着他了。’过了两天，丈夫回家了。妻子让小妾端着一杯毒酒送上去。小妾知道那是毒酒，如果献上，就会毒死男主人；如果说出来，就会使女主人被驱逐，于是她假装跌倒打翻了酒杯。男主人大怒，鞭打了她。所以说小妾一跌倒，打翻了酒杯，在上救了男主人的命，在下保全了女主人。忠诚到了这种地步，却免不了受到鞭打，这就是因为忠诚守信获罪啊。我的事，恰巧不幸和小妾打翻酒杯有类似的地方。况且我侍奉您，极力宣扬您的信义，使燕国获得利益，如今竟然获罪，我恐怕天下以后所有来侍奉您的人，都不敢再像我这样行事了。何况我游说齐国，不曾欺骗过他们。如果派去游说齐国的人，不像我那样去说，即使他们有尧、舜那样的智慧，也是不能取得成功的。”

苏秦死，其弟苏代欲继之

苏秦死，其弟苏代欲继之，乃北见燕王哙[1]曰：“臣东周之鄙人也，窃闻王义甚高甚顺，鄙人不敏，窃释鉏耨而干[2]大王。至于邯郸，所闻于邯郸者，又高于所闻东周。臣窃负其志，乃至燕廷，观王之群臣下吏，大王天下之明主也。”

【注释】

〔1〕燕王哙（kuài）：燕国国君，名哙，公元前320—前318年在

位。〔2〕干：求取，此指求取官职。

【译文】

苏秦去世，他的弟弟苏代想承袭他的事业，于是北上去见燕王哙说："我是东周的乡野之人，听说了大王的德义很崇高，很顺理，鄙人没什么才能，就私自放下锄头来求见大王。到了邯郸，在邯郸所听到的关于大王的事情，又比在东周听到的评价更高。我暗中怀抱志向，来到燕国朝堂之上，见到大王的臣子官吏们，知道大王真是天下明君啊"

王曰："子之所谓天下之明主者，何如者也？"

【译文】

燕王哙说："您所说的天下明君，是什么样的呢？"

对曰："臣闻之，明主者务闻其过，不欲闻其善。臣请谒王之过。夫齐、赵者，王之仇雠也；楚、魏者，王之援国也。今王奉仇雠以伐援国，非所以利燕也。王自虑此则计过。无以谏者，非忠臣也。"

【译文】

苏代回答说："臣听说，英明的君主，一定要听到自己的过错，不喜欢听自己的优点。请让我说一下大王您的过错。齐国和赵国，是大王的仇敌；楚国和魏国，是大王的援国。如今大王侍奉仇敌去攻打援国，这不是对燕国有利的行为。大王自己想这样做，就是错误的决策。不就这件事向您劝谏，就不是忠臣。”

王曰：“寡人之于齐、赵也，非所敢欲伐也。”

【译文】

燕王哙说：“我对于齐国和赵国，不敢有攻伐他们的想法。”

曰：“夫无谋人之心，而令人疑之，殆；有谋人之心，而令人知之，拙；谋未发而闻于外，则危。今臣闻王居处不安，食饮不甘，思念报齐，身自削甲扎〔1〕，曰有大数矣。妻自组甲絣〔2〕，曰有大数矣。有之乎？”

【注释】

〔1〕甲扎：组成铠甲的叶片。甲，铠甲。扎，甲叶。 〔2〕甲絣：穿铠甲的绳子。

【译文】

苏代回答说：“没有算计别人的想法，却让人怀疑自己，就会危险；有算计别人的想法，却让对方知道了，就是愚笨；计划没开始就被外界听说了，就更危险。如今我听说大王坐卧不安，食不甘味，想着报复齐国，自己亲手削制铠甲叶片，说这是有定额的。您的妻子亲自编织穿甲片的绳子，也说这是有定额的。有这回事儿吗？”

王曰：“子闻之，寡人不敢隐也。我有深怨积怒于齐，而欲报之二年矣。齐者，我雠国也，故寡人之所欲伐也。直患国弊，力不足矣。子能以燕敌齐，则寡人奉国而委之于子矣。”

【译文】

燕王哙说：“你听说了这件事，我不敢对您隐瞒。我与齐国有深仇大恨，想报复它已经有两年了。齐国，是我的仇国，所以我想要攻打他。只是担心国家疲敝，力量不足。你如果能够使燕国可以与齐国相抗衡，我就把整个国家托付给你。”

对曰：“凡天下之战国七，而燕处弱焉。独战则不能，有所附则无不重。南附楚则楚重，西附秦则秦重，中附韩、魏则韩、魏重。且苟所附之国重，此必使王重矣。今夫齐王〔1〕，长主〔2〕也，而自用也。南攻楚五年〔3〕，畜积散。西困秦三年〔4〕，民憔瘁，士罢弊。北与燕战〔5〕，覆三军，获二将。而又以其余兵南面而举五千乘之劲宋〔6〕，而包十二诸侯〔7〕。此其君之欲得也，其民力竭也，安犹取哉？且臣闻之，数战则民劳，久师则兵弊。”

【注释】

〔1〕齐王：齐闵王。　〔2〕长主：指强国之君。　〔3〕南攻楚五年：公元前303年，齐国联合魏、韩两国攻打楚国。两年后，齐国又联合魏、韩两国攻楚，杀楚将唐昧。至两年后孟尝君入秦为相，攻楚之役，前后五年。　〔4〕西困秦三年：指公元前298—前296年，齐、韩、魏三国连年攻秦之事。　〔5〕北与燕战：指公元前296年的齐、燕权之战。　〔6〕举五千乘之劲宋：指公元前286年齐灭宋之事。　〔7〕十二诸侯：指泗水流域的邹、鲁等小国。

【译文】

苏代回答说：“天下的征战之国有七个，而燕国是比较弱的一个。单独作战则力量不足，依附哪个国家，就会使哪个国家的地位重要。向南依附楚国，楚国就变得重要，向西依附秦国，秦国就变得重要。在中原依附韩国、魏国，韩国、魏国就变得重要。如果所依附的国家重要了，这一定会使大王您的地位提高。如今的齐王，是强国之君，而且刚愎自用。向南攻打楚国五年之久，耗尽了积存的储备。在西边围困秦国长达三年，百姓憔悴，士兵疲敝。在北面与燕军作战，击败了燕国的三军，俘获了两员燕将。又用这些长期以来疲于作战的军队，向南攻取了拥有五千辆兵车的强大宋国，并控制了泗上十二个诸侯小国。这使齐王的欲望得到了满足，但齐国百姓民力衰竭，还能再夺取哪里呢？况且我听说，多次作战会使百姓劳苦，长期征伐会使军队疲敝。”

王曰：“吾闻齐有清济、浊河〔1〕，可以为固；有长城、钜防〔2〕，足以为塞。诚有之乎？”

【注释】

〔1〕清济、浊河：济水与黄河，二水在齐国西部，济水较清，黄河水浊。　〔2〕长城、钜防：长城为齐长城，西起防门（今山东平阴），东向经五道岭，绕泰山西北麓的长城岭，经泰沂山区，一直到今胶南小朱山入海。钜防，指齐国西部的堤防，钜，同“巨”，大。

【译文】

燕王哙说：“我听说齐国有水清的济水和水浊的黄河，可以作为天堑固守；有长城、钜防，足以作为要塞。是真的吗？”

对曰："天时不与，虽有清济、浊河，何足以为固？民力穷弊，虽有长城、钜防，何足以为塞？且异日也，济西不役[1]，所以备赵也；河北不师，所以备燕也。今济西、河北，尽以役矣，封内弊矣。夫骄主必不好计，而亡国之臣贪于财。王诚毋爱宠子、母弟以为质，宝珠玉帛以事其左右，彼且德燕而轻亡宋，则齐可亡已。"

【注释】

〔1〕不役：不征发兵役，养兵以备敌。

【译文】

苏代回答说："上天不帮助它，即使有济水、黄河，怎么能够固守？民力凋敝，即使有长城、钜防，怎么能作为要塞？况且从前，齐国济水之西的地区不征发兵役，是为了防备赵国；黄河以北的地区不征发兵役，是为了防备燕国。如今济水以西、黄河以北，全都征发兵役了，整个国内已经十分疲敝了。骄横的君主必定不善于谋划，亡国的大臣又贪图财物。大王如果不惜让心爱的儿子与同胞的弟弟去做人质，用珠宝玉帛来贿赂齐王身边的大臣，齐国就会感激燕国而轻易出兵去消灭宋国，那么齐国就可以被灭掉了。"

王曰："吾终以子受命于天矣！"

【译文】

燕王哙说："我就接受上天的命令使用你吧！"

曰："内寇不与，外敌不可距。王自治其外，臣自报其内，此乃亡之之势也。"

【译文】

苏代说："内乱不消除，就不能抵挡外敌。大王您在外率军攻齐，我去齐国在内部制造混乱，这就形成了灭亡齐国的形势。"

燕王哙既立

燕王哙既立，苏秦死于齐。苏秦之在燕也，与其相子之[1]为婚，而苏代与子之交。及苏秦死，而齐宣王复用苏代。

【注释】

〔1〕子之：燕王哙时相国。

【译文】

燕王哙即位后，苏秦在齐国被杀。苏秦在燕国的时候，跟燕相国子之结为姻亲，苏代跟子之也有交情。苏秦死了之后，齐宣王又起用苏代。

燕哙三年，与楚、三晋攻秦，不胜而还。子之相燕，贵重主断。苏代为齐使于燕，燕王问之曰："齐宣王何如?"对曰："必不霸。"燕王曰："何也?"对曰："不信其臣。"苏代欲以激燕王以厚任子之也。于是燕王大信子之。子之因遗苏代百金，听其所使。

【译文】

燕哙王三年，燕国与楚国、三晋攻打秦国，没有得胜就回师了。子之出任燕相国，位高权重，独断专行。苏代为齐国出使燕国，燕王问苏代说："齐宣王这人怎么样?"苏代回答说；"一定不能成霸主。"燕王说："为什么呢?"苏代回答说："他不信任自己的大臣。"苏代想用这话来刺激燕王，让他重用子之。于是燕王果然更加信任子之。子之因此送给苏代一百斤黄金，任凭苏代使用。

鹿毛寿[1]谓燕王曰："不如以国让子之。人谓尧贤者，以其让天下于许由，由必不受，有让天下之名，实不失天下。今王以国让相子之，子之必不敢受，是王与尧同行也。"燕王因举国属[2]子之，子之大重。

【注释】

〔1〕鹿毛寿：燕臣。　〔2〕属：同"嘱"，托付。

【译文】

鹿毛寿对燕王说："不如把国家让给子之。人们都说尧贤能，因为他把天下让给许由，许由坚持不接受，这样尧就有了禅让天下的美名，而实际上并没有失去天下。如今大王把国家让给相国子之，子之一定不敢接受，这样大王就与尧齐名了。"燕王于是把整个国家托付给了子之，子之的势力更大了。

或曰："禹授益而以启为吏[1]，及老，而以启为不足任天下，传之益也。启与支党攻益而夺之天下，是禹名传天下于益，其实令启自取之。今王言属国子之，而吏无非太子人者，是名属子之，而太子用事。"王因收印自三百石吏而效之子之。子之南面行王事，而哙老不听政，顾[2]为臣，国事皆决子之。

【注释】

〔1〕禹授益而以启为吏：禹把权力交给伯益，让启做伯益的官吏。益，又称伯益，上古时嬴姓之祖，曾助禹治水，有功，被选为继承人。启，夏禹之子。　〔2〕顾：反而。

【译文】

有人说："禹把权力交给伯益，让启做伯益的官吏，到禹老的时候，认为启没有能力治理天下，就把天下传给了伯益。后来，启和他的党羽攻打伯益而夺得了天下。这是禹名义上把天下传给伯益，实际上是让启自己去夺取。如今大王说把国家托付给子之，但官吏没有不是太子的人，这是名义上托付给子之，实际上是太子执政啊。"燕王于是收回俸禄三百石以上的大臣的官印，全都交给子之。子之面朝南行使王权，燕王哙年老不处理政事，反而成了臣子，国家大事全都由子之决断。

子之三年，燕国大乱，百姓恫怨[1]，将军市被、太子平谋，将攻子之。储子[2]谓齐宣王："因而仆[3]之，破燕必矣。"王因令人谓太子平曰："寡人闻太子之义，将废私而立公，饬[4]君臣之义，正父子之位。寡人之国小，不足先后。

虽然，则唯太子所以令之。”

【注释】

〔1〕恫怨：痛恨。 〔2〕储子：齐人。 〔3〕仆：同“扑”，攻打。 〔4〕饬：整饬，整顿。

【译文】

子之执政三年，燕国大乱，百姓痛恨子之。将军市被和太子平一起谋划，准备攻打子之。储子对齐宣王说：“趁这个机会攻打燕国，一定能灭了燕国。”齐宣王于是派人对太子平说：“我听说太子坚持正义，打算废除私权确立公法，整饬君臣大义，端正父子序位。我的国家弱小，不足以为您前后效力。即使这样，也愿意听从太子的调遣。”

太子因数党聚众，将军市被围公宫，攻子之，不克；将军市被及百姓乃反攻太子平。将军市被死已殉，国构难数月，死者数万众，燕人恫怨，百姓离意。

【译文】

太子平于是调集党羽，聚集徒众，在将军市被率领下包围了王宫，攻打子之，没有攻进去；将军市被和百姓转而反攻太子平。将军市被被杀后又被示众，燕国动乱持续了数月之久，死难之人数以万计，燕国百姓痛恨，人心离散。

孟轲[1]谓齐宣王曰：“今伐燕，此文、武[2]之时，不可失也。”王因令章子[3]将五都[4]之兵，以因北地[5]之众以伐燕。士卒不战，城门不闭，燕王哙死。齐大胜燕，子之亡。二年，燕人立公子平[6]，是为燕昭王。

【注释】

〔1〕孟轲：战国时儒家学派代表人物孟子。 〔2〕文、武：周文王、周武王。 〔3〕章子：即齐国大将匡章。 〔4〕五都之兵：又称“五家之兵”，战国时齐置五都，类似于郡，其军队统称五都之兵。〔5〕北地：齐国北部，靠近燕国的地区。 〔6〕公子平：公子平死于燕国内乱，燕昭王名职，此处恐误。

【译文】

孟子对齐宣王说：“如今攻打燕国，这正如同文王、武王伐纣的大好时机，不可失去。”齐宣王于是令章子率领齐国的五都之兵，又使用齐国北部的民众攻打燕国。燕国士兵不愿打仗，城门也不关闭，结果燕王哙被杀。齐国大胜燕国，子之逃亡。第二年，燕国人拥立公子平，就是燕昭王。

燕昭王收破燕后即位

燕昭王[1]收破燕后即位，卑身厚币，以招贤者，欲将以报仇。故往见郭隗[2]先生曰：“齐因孤国之乱，而袭破燕，孤极知燕小力少，不足以报。然得贤士与共国，以雪先王之耻，孤之愿也。敢问以国报仇者奈何?”

【注释】

〔1〕燕昭王：燕王哙庶子，名职。原流亡在韩，齐破燕后，被赵

国护送回国即位，公元前 311—前 279 年在位。　〔2〕郭隗（wěi）：燕人。

【译文】

燕昭王收拾残破的燕国后即了王位，以谦卑的态度、丰厚的礼品，来招纳贤士，想依靠他们向齐国报仇。所以前去拜见郭隗先生说："齐国趁我国内乱，突然袭击，攻破了燕国，我非常清楚燕国国小力弱，不足以报仇。但得到贤士与他们共同治理国家，来洗刷先王的耻辱，是我的心愿。请问怎样才能为国家报仇呢？"

郭隗先生对曰："帝者与师处，王者与友处，霸者与臣处，亡国与役〔1〕处。诎指〔2〕而事之，北面而受学，则百己者〔3〕至。先趋而后息，先问而后嘿〔4〕，则什己者至。人趋己趋，则若己者至。冯〔5〕几据杖，眄视〔6〕指使，则厮役之人至。若恣睢〔7〕奋击，呴籍叱咄〔8〕，则徒隶之人至矣。此古服道致士之法也。王诚博选国中之贤者，而朝其门下，天下闻王朝其贤臣，天下之士必趋于燕矣。"

【注释】

〔1〕役：仆役。　〔2〕诎指：折节，屈己下人。　〔3〕百己者：才能超过自己百倍的人。　〔4〕嘿：同"默"。　〔5〕冯：同"凭"。〔6〕眄（miǎn）视：斜视。　〔7〕恣睢（suī）：放肆骄横。恣，放肆；睢，仰视貌。　〔8〕呴（hǒu）籍叱咄（duō）：大声呵责吼叫。呴，通"吼"；籍，通"藉"，凌辱。叱咄，吼叫。

【译文】

郭隗先生回答说："成就帝业的君主，把贤人当作老师来相处；成就王业的君主，把贤人当作朋友来相处；成就霸业的君主，把贤人作为臣下来相处；亡国之君则把贤人当作仆役来相处。君主如果屈身侍奉贤人，恭敬地向贤人求教，才能超过自己百倍的人就会到来。如果做事在先、休息在后，发问在先、沉默在后，才能超过自己十倍的人就会到来。如果跟着别人亦步亦趋，才能和自己相当的人就会到来。如果靠着几案，拄着拐杖，眼睛斜视，指手画脚，做杂活的仆役就会到来。如果放肆骄横，动辄发怒，大声呵责吼叫，就只有刑徒奴隶才会到来。这些都是古代侍奉贤才，招致贤士的方法。大王如果能够广泛选拔国内的贤才，亲自登门拜访，天下人听说大王拜访贤臣，天下的贤士一定会奔赴燕国的。”

昭王曰："寡人将谁朝而可?"郭隗先生曰："臣闻古之君人，有以千金求千里马者，三年不能得。涓人[1]言于君曰：'请求之。'君遣之。三月得千里马，马已死，买其首五百金，反以报君。君大怒曰：'所求者生马，安事死马而捐五百金?'涓人对曰：'死马且买之五百金，况生马乎？天下必以王为能市马，马今至矣。'于是不能期年，千里之马至者三。今王诚欲致士，先从隗始；隗且见事，况贤于隗者乎？岂远千里哉?"

【注释】

〔1〕涓人：君主的亲信侍臣。

【译文】

昭王说："我该去拜访谁呢?"郭隗先生说："我听说古代

的国君，有一个想用千金求购千里马，三年都没有买到，一个亲信侍臣对他说：‘请让我去买吧。’国君就派他去了。用了三个月找到一匹千里马，但马已经死了，就用五百金买了那匹死马的头，回来报告国君。国君大怒说：‘我所要的是活马，怎么去买死马而白白花费了五百金。’侍臣回答说：‘死马尚且肯花五百金，何况活马呢？天下人由此一定会认为大王喜欢买好马，千里马将会到来了。’于是不满一年，被送来的千里马就有三匹。如今大王确实想招致贤士，就先从我开始吧；像我这样的人尚且被任用，何况比我更有才干的人呢？难道他们还会以燕国为远而不来吗？”

于是昭王为隗筑宫而师之。乐毅自魏往，邹衍〔1〕自齐往，剧辛〔2〕自赵往，士争凑燕。燕王吊死问生，与百姓同其甘苦。二十八年，燕国殷富，士卒乐佚轻战。于是遂以乐毅为上将军，与秦、楚、三晋合谋以伐齐。齐兵败，闵王出走于外。燕兵独追北入至临淄，尽取齐宝，烧其宫室宗庙。齐城之不下者，唯独莒、即墨。

【注释】

〔1〕邹衍：齐人，战国时阴阳家代表人物。〔2〕居辛：赵国名士。

【译文】

于是燕昭王为郭隗建造了房舍并尊他为师。很快，乐毅从魏国前来，邹衍从齐国前来，剧辛从赵国前来，天下的贤士争着聚集到燕国。燕昭王吊唁死者，慰问生者，与百姓同甘共苦。过了二十八年，燕国富足，战士安乐舒适，敢于作战。于是燕昭王就任命乐毅为上将军，与楚、秦、赵、魏、韩等国共同谋划攻打齐国。齐军被打得大败，齐闵王逃出国都奔到外地。燕国军队独自追击溃败的齐军，向北攻入齐都临淄，夺取了齐国的全部宝物，烧毁了齐国的宫殿宗庙。齐国的城邑没有被攻下的，只有莒和即墨。

燕王谓苏代

燕王谓苏代曰："寡人甚不喜訑〔1〕者言也。"苏代对曰："周埊〔2〕贱媒，为其两誉也。之男家曰'女美'，之女家曰'男富'。然而周之俗，不自为取妻。且夫处女无媒，老且不嫁；舍媒而自衒〔3〕，弊而不售〔4〕。顺而无败，售而不弊者，唯媒而已矣。且事非权不立，非势不成。夫使人坐受成事者，唯訑者耳。"王曰："善矣。"

【注释】

〔1〕訑（dàn）：通"诞"，欺骗。　〔2〕埊：同"地"。　〔3〕衒：夸耀。　〔4〕弊而不售：弊，败。售，出售，此指嫁。

【译文】

燕王对苏代说："我最不喜欢骗子的谎话。"苏代回答说："周地看不起媒人，因为媒人两边说好话。到男方家说'女子长得很美'，到女方家说'男方家里很富'。然而周地的风俗，不可以自主娶妻。而且处女没有人说媒，到老也嫁不出去；不要媒人而自我夸耀，就会婚事失败而嫁不出去。顺应风俗就不会坏事，要嫁出去而不使婚事失败，只有依靠媒人。况且做事离开权谋就不会有成就，不顺应形势就不能成功。能让人坐享其成的，只有依靠骗子。”燕王说：“说得好。”

卷三十　燕　二

苏代为燕说齐

苏代为燕说齐，未见齐王，先说淳于髡曰："人有卖骏马者，比[1]三旦立市，人莫之知。往见伯乐曰：'臣有骏马，欲卖之，比三旦立于市，人莫与言，愿子还[2]而视之，去而顾之，臣请献一朝之贾。'伯乐乃还而视之，去而顾之，一旦而马价十倍。今臣欲以骏马见于王，莫为臣先后[3]者，足下有意为臣伯乐乎？臣请献白璧一双，黄金千镒，以为马食[4]。"淳于髡曰："谨闻命矣。"入言之王而见之，齐王大说苏子。

【注释】

〔1〕比：接连。　〔2〕还：同"旋"，绕。　〔3〕先后：指帮助。　〔4〕马食：做马食的费用，对报酬的谦称。

【译文】

苏代为燕国游说齐国，还没有去拜见齐王，先去游说淳于髡说："有个卖骏马的人，接连三个早上站在集市里，没有人知道他的马是骏马。他就去拜见伯乐说：'我有一匹骏马，想卖掉它，接连三个早上站在集市里，也没人向我问过一句话。希望您能去绕着马看一看，离开后再回头看一眼，我将付给您一早上的费用。'伯乐于是绕着马看了一圈，离开后又回头看了看，结果一个早晨马价就涨了十倍。如今我想以骏马之才进见齐王，但没有人帮助我向齐王推荐，您愿意当我的伯乐吗？我敬献白璧一双，黄金千镒，作为您的酬劳。"淳于髡说："敬遵吩咐。"于是入宫向齐王推荐使齐王接见了苏代，结果齐王非常喜欢苏代。

苏代自齐使人谓燕昭王

苏代〔1〕自齐使人谓燕昭王曰："臣（闻）〔2〕【间】离齐、赵，齐赵已孤矣，王何不出兵以攻齐？臣请王弱之。"燕乃伐齐攻晋〔3〕。

【注释】

〔1〕苏代：当为苏秦。　〔2〕闻："间"字之讹。　〔3〕晋：齐地，不详。

【译文】

苏秦从齐国派人对燕昭王说："我离间齐、赵两国，如今齐国赵国已经都孤立了，大王为什么不发兵攻打齐国呢？我愿为大王削弱齐国。"燕国于是讨伐齐国，攻打晋地。

令人谓闵王曰："燕之攻齐也，欲以复振[1]古塈[2]也。燕兵在晋而不进，则是兵弱而计疑也。王何不令苏子将而应燕乎？夫以苏子之贤，将而应弱燕，燕破必矣。燕破则赵不敢不听，是王破燕而服赵也。"闵王曰："善。"乃谓苏子曰："燕兵在晋，今寡人发兵应之，愿子为寡人为之将。"对曰："臣之于兵，何足以当之，王其改举。王使臣也，是败王之兵，而以臣遗[3]燕也。战不胜，不可振[4]也。"王曰："行，寡人知子矣。"

【注释】

〔1〕振：举，收复。　〔2〕古塈：故地。　〔3〕遗：送给。〔4〕振：救。

【译文】

苏秦派人对齐闵王说："燕国攻打齐国，是想要收复以前失去的土地。燕国军队驻扎在晋地却不进军，这是因为他们的兵力不足而迟疑不决啊。大王为什么不派苏秦率兵去迎战燕军呢？凭苏秦的才能，率兵迎战弱小的燕军，燕军一定会被打败。燕国战败，赵国就不敢不听从齐国的了，这是大王打败了燕国又使赵国臣服了。"齐闵王说："好。"于是对苏秦说："燕国军队在晋地，现在我派军队迎战，希望你为我来做将领。"苏秦回答说："我对于带兵打仗，哪里能担当得了呢，大王还是另选他人吧。大王派我领兵，就会使您的军队失败，而把我也送给了燕国。如果不能获胜，局势就无法挽救了啊。"齐闵王说："去吧，我是了解你的。"

苏子遂将，而与燕人战于晋下，齐军败。燕得甲首二万人。苏子收其余兵，以守阳城[1]，而报于闵王曰："王过举，令臣应燕。今军败亡二万人，臣有斧质之罪[2]，请自归于吏以戮。"闵王曰："此寡人之过也，子无以为罪。"

【注释】

〔1〕阳城：齐邑，在今河北顺平东南。　〔2〕斧质之罪：死罪。斧质为杀人的刑具。

【译文】

苏秦于是率兵，和燕军在晋城之下交战，齐国军队大败。燕国斩获齐军首级两万多。苏秦收拢残兵，退守阳城，并向齐闵王报告说："大王错用了我，派我率兵迎战燕军。如今我军大败，阵亡两万余人，我有死罪，我请求到执法的官员那里受戮。"齐闵王说："这是我的过错，你没什么罪过。"

明日又使燕攻阳城及狸[1]。又使人谓闵王曰："日者齐不胜于晋下，此非兵之过，齐不幸而燕有天幸也。今燕又攻阳城及狸，是以天幸自为功也。王复使苏子应之，苏子先败王之兵，其后必务以胜报王矣。"王曰："善。"乃复使苏子，苏子固辞，王不听。遂将以与燕战于阳城。燕人大胜，得首三万。齐君臣不亲，百姓离心。燕因使乐毅大起兵伐齐，破之。

【注释】

〔1〕狸：齐邑，在今河北任丘东北。

【译文】

第二天，苏秦又让燕军攻打阳城和狸地。又派人对齐闵王说："先前，齐军在晋城失利，这不是用兵的失误，是齐国运气不好而燕国有上天眷顾。现在燕军又攻打阳城和狸邑，这是把上天的眷顾当作自己的功劳。大王再让苏秦应战，苏秦先前使大王的军队失利，以后一定会全力取胜来报答大王。"齐闵王说："好。"于是又起用苏秦，苏秦坚决推辞，齐闵王不答应。于是苏秦率兵与燕国军队在阳城作战。燕军大胜，斩获齐军首级三万颗。齐国君臣不睦，百姓人心离散。燕国于是派乐毅大规模发兵攻打齐国，最后攻破了齐国。

昌国君乐毅为燕昭王合五国之兵而攻齐

昌国君乐毅为燕昭王合五国〔1〕之兵而攻齐，下七十余城，尽郡县之以属燕。三城〔2〕未下，而燕昭王死。惠王即位，用齐人反间，疑乐毅，而使骑劫代之将。乐毅奔赵，赵封以为望诸君。齐田单欺诈骑劫，卒败燕军，复收七十城以复齐。燕王悔，惧赵用乐毅承燕之弊以伐燕。

【注释】

〔1〕五国：韩、赵、魏、燕、秦。　〔2〕三城：当为"二城"之误，未被燕军攻克的只有莒、即墨两城。

【译文】

昌国君乐毅为燕昭王率领五国的军队攻打齐国，攻下了七十多座城池，把占领的齐国土地全部都设成属于燕国的郡县。还有两座齐城没有攻下，燕昭王就去世了。燕惠王即位后，中了齐人的反间计，对乐毅起了疑心，派骑劫代替乐毅为将。乐毅逃到了赵国，赵王封他为望诸君。齐国田单用计欺骗骑劫，最后打败了燕军，收复了七十多座城池。燕惠王后悔，害怕赵国任用乐毅，趁着燕国疲敝的时候攻打燕国。

燕王乃使人让乐毅，且谢之曰："先王举国而委将军，将军为燕破齐，报先王之仇，天下莫不振动，寡人岂敢一日而忘将军之功哉？会先王弃群臣，寡人新即位，左右误寡人。寡人之使骑劫代将军者，为将军久暴露于外，故召将军且休计事。将军过听，以与寡人有郄〔1〕，遂捐燕而归赵。将军自为计则可矣，而亦何以报先王之所以遇将军之意乎？"

【注释】

〔1〕郄：通"隙"，嫌隙。

【译文】

燕惠王于是派人去责备乐毅，并且向他道歉说："先王把整个国家托付给将军，将军为燕国大败齐国，报了先王的仇，天下没有不震惊的，我怎么敢有一天忘记将军的功劳呢？适逢先王撇下群臣而去，我刚刚即位，是身边的人蒙蔽了我。我之所以派骑劫代替你，是因为你长期征战在外，所以召回你暂且休息，并商议大事。将军错信流言，以至和我有了隔阂，竟抛弃燕国去了赵国。将军为自己打算，这样做是对的，但用什么报答先王对将军的知遇之恩呢？"

望诸君乃使人献书报燕王曰："臣不佞，不能奉承先王之教，以顺左右之心，恐抵斧质之罪，以伤先王之明，而又害于足下之义，故遁逃奔赵。自负以不肖之罪，故不敢为辞说。今王使使者数之罪，臣恐侍御者之不察先王之所以畜幸臣之理，而又不白于臣之所以事先王之心，故敢以书对。

【译文】

望诸君于是派人献书信给燕惠王说："臣下不才，不能遵奉行先王的教导，来顺从大王左右之人的心意，恐怕遭受杀头之罪，有损于先王的知人之明，又有损于您的道义名声，所以逃到了赵国。我自认为身负不仁不义的罪名，所以不敢为自己辩解。如今大王派使者来数说我的罪过，我担心侍奉您的人不了解先王使用信任我的原因，又不了解我侍奉先王的忠心，所以斗胆上书回复。

"臣闻贤圣之君，不以禄私其亲，功多者授之；不以官随其爱，能当之者处之。故察能而授官者，成功之君也；论行而结交者，立名之士也。臣以所学者观之，先王之举错[1]，有高世之心，故假节于魏王[2]，而以身得察于燕。先王过举，擢之乎宾客之中，而立之乎群臣之上，不谋于父兄，而使臣为亚卿[3]。臣自以为奉令承教，可以幸无罪矣，故受命而不辞。

【注释】

〔1〕举错：同“举措”。 〔2〕假节于魏王：借着为魏王出使。节，古代使者所持的符节。 〔3〕亚卿：燕国爵位，仅次于上卿。

【译文】

“我听说贤明的君主，不把俸禄私下给予他亲近的人，而是授给功劳多的人；不把官职随便授给他喜爱的人，而是任用有能力的人。所以考察能力而授给适当的官职的，是成功的君主；考虑品行而结交朋友的，是能名扬天下的士人。我用所学到的知识来观察，先王的举措，有高于世人的志向，所以我借替魏王出使机会，使我得以被燕国了解。先王过分抬举我，把我从宾客之中提拔出来，让我居于群臣之上，不跟父兄商量，就让我做了亚卿。我自认为接受命令遵奉教导，就可以幸免于罪，所以就接受了任命，并没有推辞。

“先王命之曰：‘我有积怨深怒于齐，不量轻弱，而欲以齐为事。’臣对曰：‘夫齐霸国之余教也，而骤胜〔1〕之遗事也，闲〔2〕于兵甲，习于战攻。王若欲攻之，则必举天下而图之。举天下而图之，莫径于结赵矣。且又淮北、宋地，楚、魏之所同愿也。赵若许，约楚、魏，宋尽力，四国攻之，齐可大破也。’先王曰：‘善。’臣乃口受令，具符节，南使臣于赵。顾反命，起兵随而攻齐。以天之道，先王之灵，河北之地，随先王举而有之于济上。济上之军，奉令击齐，大胜之。轻卒锐兵，长驱至国。齐王〔3〕逃遁走莒，仅以身免。珠玉财宝，车甲珍器，尽收入燕。大吕〔4〕陈于元英[5]，故鼎[6]反于历室[7]，齐器设于宁台[8]。蓟丘[9]之植，植于汶皇[10]。自五伯以来，功未有及先王者也。先王以为惬[11]其志，以臣为不顿命[12]，故裂地而封之，使之得比乎小国诸侯。臣不佞，自以为奉令承教，可以幸无罪矣，故受命而弗辞。

【注释】

〔1〕骤胜：屡次获胜。 〔2〕闲：同“娴”，熟习。 〔3〕齐王：齐闵王。 〔4〕大吕：齐国钟名。 〔5〕元英：燕国宫殿名。〔6〕故鼎：指燕国被齐国掠走的鼎。 〔7〕历室：燕国宫殿名。〔8〕宁台：燕国台名。 〔9〕蓟丘：燕都蓟城之丘，在今北京德胜门外西北隅。 〔10〕汶皇：齐国汶水流域的竹田。皇，同“篁”，竹田。 〔11〕惬：满足。 〔12〕顿命：不辱使命。顿，坠落，失去。

【译文】

“先王命令我说：‘我与齐国有深仇大恨，不考虑自己的国力弱小，想把报复齐国作为头等大事。’我回答说：‘齐国有霸国的遗风，又有多次战胜他国的遗业，熟习军事，善于打仗。大王如果想攻打齐国，就一定要联合各国共同对付它。联合各国共同对付齐国，最首要的莫过于结交赵国。另外，齐国所占据的淮北、宋国，是楚国、魏国都想得到的地方。赵国如果答应与燕国结盟，再联合楚、魏两国，宋国也会全力以赴，四国联合攻打，就可以大败齐国。’先王说：‘好。’于是先王亲口向我下达命令，准备了符节，派我南行出使赵国。在我回国复命后，随即起兵攻打齐国。靠着上天的保佑，先王的英明，黄河以北的地区，随着先王攻占济上而尽归燕国。济上的燕国军队，奉命进攻齐军，大获全胜。燕国的精锐之师，长驱直入打到齐国国都。齐闵王逃到了莒地，仅只身逃过一死。齐国的珠玉财宝，车马兵甲，奇珍异玩，统统归了燕国。大吕之钟被陈放在燕国的元英殿内，被齐国掠走的燕国宝鼎又回到了历室宫中，齐国的器物摆设在宁台之上。燕都蓟丘的植物，移种到了齐国汶水之滨的竹田里。自春秋五霸以来，功业没有比得上先王的。先王感到心愿满足，认为我不辱使命，所以划出土地来封赏我，让我能够同小国诸侯的地位一样。本人不才，自以为接受命令遵奉教导，就可以幸免于罪，所以就接受命令而没有推辞。

“臣闻贤明之君，功立而不废，故著于春秋〔1〕；蚤知〔2〕之士，名成而不毁，故称于后世。若先王之报怨雪耻，夷〔3〕万乘之强国，收八百岁〔4〕之蓄积，及至弃群臣之日，余令诏后嗣之遗义，执政任事之臣，所以能循法令，顺庶孽〔5〕者，施及萌隶〔6〕，皆可以教于后世。

【注释】

〔1〕春秋：指史书。 〔2〕蚤知：先见。蚤，同“早”。 〔3〕夷：平，消灭。 〔4〕八百岁：指齐国存在时间。齐国自姜尚立国至被乐毅攻破，约八百年。 〔5〕顺庶孽：端正嫡庶名分。 〔6〕萌隶：百姓。萌，同“氓”，即民。

【译文】

“我听说贤明的君主，功业建立后就不会半途而废，所以载入史册；有先见之明的人，成名之后就不会毁弃，所以被后世称颂。像先王这样报仇雪恨，灭掉拥有万乘兵车的强国，尽收其八百年积蓄的财物，直到抛下大臣们离世那天，还留下遗诏，向继承者阐明遗愿，那些执掌政事的大臣，才能遵循法令，端正嫡庶的名分，恩惠施予百姓，这些都可以用来教导后世。

“臣闻善作者，不必善成；善始者，不必善终。昔者五子胥〔1〕说听乎阖闾，故吴王远迹至于郢〔2〕。夫差弗是也，赐之鸱夷而浮之江〔3〕。故吴王夫差不悟先论之可以立功，故沉子胥而不悔。子胥不蚤见主之不同量，故入江而不改。夫免身全功，以明先王之迹者，臣之上计也。离〔4〕毁辱之非，堕〔5〕先王之名者，臣之所大恐也。临不测之罪，以幸为利者，义之所不敢出也。

【注释】

〔1〕五子胥：即伍子胥。 〔2〕远迹至于郢：指公元前506年吴王阖闾攻陷楚国郢都之事。 〔3〕赐之鸱（chī）夷而浮之江：指伍子胥被逼自杀后，尸体被吴王夫差盛入皮囊，投入江中之事。鸱夷，皮囊。 〔4〕离：同“罹”，遭受。 〔5〕堕：同“隳”，毁坏。

【译文】

“我听说善于开创的人，不一定善于完成；有好的开端，不一定有好的结局。以前伍子胥的建议被吴王阖闾采纳，所以吴王的足迹远至于楚国的郢都。夫差不接受伍子胥的意见，赐杀伍子胥后，把他的尸体装入皮囊，扔到了江中。所以说吴王夫差不明白伍子胥先前的意见可以使自己建功立业，所以把伍子胥沉入江中也不后悔。伍子胥不能预见到阖闾和夫差两个君主的度量不同，所以被沉入江中也不改变态度。能够免遭杀身之祸，保全功劳，来彰明先王的功绩，是我的上策。遭受诽谤的侮辱，损害先王知人的名声，是我最害怕的事。面对不可预料的罪名，还希望利用别国来谋取利益，按照道义，这是我所不敢做的。

“臣闻古之君子，交绝不出恶声；忠臣之去也，不洁其名。臣虽不佞，数奉教于君子矣。恐侍御者之亲左右之说，而不察疏远之行也。故敢以书报，唯君之留意焉。”

【译文】

“臣听说古代的君子，与人断交而不说别人的坏话；忠臣被迫离开国家，也不洗刷自己的冤名。我虽然不才，也曾多次受到君子的教诲。我担心侍奉您的亲近之人议论我，而您又不清楚我这个被疏远之臣的行为。所以斗胆上书回复大王，希望您有所留意。”

或献书燕王

或献书燕王:“王而不能自恃[1],不恶卑名以事强，事强可以令国安长久，万世之善计。以事强而不可以为万世，则不如合弱。将奈何合弱而不能如一，此臣之所为山东苦也。

【注释】

〔1〕自恃：自立自强。

【译文】

有人给燕王上书说："身为君主却不能依靠自己的力量生存，不怕身负卑贱的名声去侍奉强国，如果侍奉强国可以让自己的国家长治久安，那也是永保平安的好策略。如果侍奉强国却不能永保平安，就不如与弱国联合在一起。如果联合弱国却不能团结一致该怎么办呢，这正是我为崤山以东各国所担心的事。

"比目之鱼，不相得则不能行，故古之人称之，以其合两而如一也。今山东合弱而不能如一，是山东之知不如鱼也。又譬如车士之引车也，三人不能行，索二人，五人而车因行矣。今山东三国[1]弱而不能敌秦，索二国，因能胜秦矣。然而山东不知相索，智固不如车士矣。胡与越人，言语不相知，志意不相通，同舟而凌波，至其相救助如一也。今山东之相与也，如同舟而济，秦之兵至，不能相救助如一，智又不如胡、越之人矣。三物者，人之所能为也，山东之主遂不悟，此臣之所为山东苦也。愿大王之熟虑之也。

【注释】

〔1〕三国：指任何三个国家。

【译文】

"有一种比目鱼，两条不并在一起就无法游动，所以古代的人称它为比目鱼，因为它们两条合在一起像一条一样。如今崤山以东各弱国联合却不能像一个国家那样，这是崤山以东各国的智慧不如比目鱼啊。又比如车夫拉车，三个人拉不动，再找两个人，五个人就能把车拉走了。如今崤山以东任何三个国家的力量都很弱小，无法抵抗秦国，但再联合两个国家，就能打败秦国了。然而崤山以东各国不知道互相联合，智慧居然不如车夫。北方的胡人和南方的越人，语言互相听不懂，思想意识也不一样，可是他们同乘一船遇上风浪的时候，互相救助，也像一个人一样。现在崤山以东各国互为与国，就如同同舟共济，但秦国的军队打来，却不能像一个国家那样互相救助，智慧又不如胡人和越人了。这三件事，是人们都能做到的，崤山以东各国的国君竟然不明白这个道理，这正是我替崤山以东各国所担心的啊。希望大王仔细考虑下这件事。

“山东相合，之主者不卑名，之国者可长存，之卒者出士以戍韩、梁之西边，此燕之上计也。不急为此，国必危矣，主必大忧。今韩、梁、赵三国以合矣，秦见三晋之坚也，必南伐楚。赵见秦之伐楚也，必北攻燕。物固有势异而患同者。秦久伐韩，故中山亡；今久伐楚，燕必亡。臣窃为王计，不如以兵南合三晋，约戍韩、梁之西边。山东不能坚为此，此必皆亡。”

【译文】

“崤山以东各国互相联合，他们的国君名声不会卑贱，他们的国家可以长治久安，他们的军队就可以出去戍守在韩、魏两国的西部边境，这是燕国的上策。不立即这样做，国家一定危险，大王一定有大的忧患。如今韩、魏、赵三国已经联合了，秦国看到三国同盟坚不可破，一定会向南攻打楚国。赵国看到秦国攻打楚国，一定会向北攻打燕国。事情本来就有形式不同但祸患相同的。秦国长期攻打韩国，所以中山国被赵国灭了；如今若长期攻打楚国，燕国也一定会亡国。我私下里为大王考虑，不如派军队向南联合三晋，相约一起戍守韩、魏两国的西部边境。崤山以东各国如果不能坚定地这么做，一定会全被灭亡。”

燕果以兵南合三晋也。

【译文】

燕国果然派兵向南，与三晋结盟。

赵且伐燕

赵且伐燕，苏代为燕谓惠王[1]曰：“今者臣来，过易水，蚌方出曝，而鹬[2]啄其肉，蚌合而箝其喙[3]。鹬曰：‘今日不雨，明日不雨，即有死蚌。’蚌亦谓鹬曰：‘今日不出，明日不出，即有死鹬。’两者不肯相舍，渔者得而并禽[4]之。今赵且伐燕，燕、赵久相支，以弊大众，臣恐强秦之为渔父也。故愿王之熟计之也。”惠王曰：“善。”乃止。

【注释】

〔1〕惠王：赵惠文王。 〔2〕鹬（yù）：一种以水生动物为食的水鸟。 〔3〕喙（huì）：鸟兽的嘴。 〔4〕禽："擒"的本字。

【译文】

赵国打算攻打燕国，苏代为燕国对赵惠文王说："我今天来的时候，经过易水，有个河蚌正张开蚌壳晒太阳，一只鹬鸟去啄食它的肉，河蚌闭合了壳，夹住了鹬鸟的嘴。鹬鸟说：'今天不下雨，明天不下雨，就会有一只死蚌了。'蚌也对鹬鸟说：'今天拔不出嘴，明天拔不出嘴，就会有一只死鹬了。'双方都不肯放过对方，结果被一个渔翁一并捉到了。如今赵国打算攻打燕国，燕、赵两国长期相持不下，使百姓军士疲敝不堪，我恐怕强大的秦国会成为渔翁啊。希望大王认真考虑。"赵惠文王说："好。"于是罢兵。

卷三十一　燕　三

齐韩魏共攻燕

齐、韩、魏共攻燕，燕使太子请救于楚。楚王〔1〕使景阳〔2〕将而救之。暮舍，使左右司马各营壁〔3〕地，已，稙表〔4〕。景阳怒曰："女〔5〕所营者，水皆至灭表。此焉可以舍！"乃令徙。明日大雨，山水大出，所营者，水皆灭表。军吏乃服。于是遂不救燕，而攻魏邕丘〔6〕，取之以与宋。三国惧，乃罢兵。魏军其西，齐军其东，楚军欲还不可得也。景阳乃开西和门〔7〕，昼以车骑，暮以烛见，通使于魏。齐师怪之，以为燕、楚与魏谋之，乃引兵而去。齐兵已去，魏失其与国，无与共击楚，乃夜遁。楚师乃还。

【注释】

〔1〕楚王：楚顷襄王。　〔2〕景阳：楚将。　〔3〕壁：军垒，营垒。　〔4〕稙表：稙，同"植"，埋插。表，识别营垒的标志。〔5〕女：同"汝"。　〔6〕邕丘：即雍丘，魏地，在今河南杞县。

〔7〕西和门：西边的营门。

【译文】

齐、韩、魏三国一起攻打燕国，燕国派太子到楚国求援。楚王派景阳带兵前去援救。晚上扎营，派左右司马各自选地扎营，安营之后，将营标埋下。景阳非常生气，说："你们安营的地方，山洪来了能连营标都淹没。这里怎么可以扎营呢！"就命令迁移营址。第二天下大雨，山洪暴发，原来安营的地方，洪水都涨到淹没营标的高度。军士们于是对景阳心服口服。于是就不直接去援救燕国，转而攻打魏国的邕丘，攻下之后送给了宋国。齐、韩、魏三国害怕了，于是停兵。魏军驻扎在楚军西边，齐军驻扎在楚军东边，楚军想要回国，却无路可走。景阳于是打开西边的营门，白天让车马来回驰行，晚上照得灯火通明，派使节到魏国军营。齐军觉得奇怪，认为燕、楚和魏国有阴谋，于是撤兵离开了。齐军撤退之后，魏军失去了盟国，没有友军一起进攻楚军了，就趁夜撤走。楚军于是班师回国。

张丑为质于燕

张丑〔1〕为质于燕，燕王欲杀之，走且出境，境吏得丑。丑曰："燕王所为将杀我者，人有言我有宝珠也，王欲得之。今我已亡之矣，而燕王不我信。今子且致我，我且言子之夺我珠而吞之，燕王必当杀子，刳〔2〕子腹及子之肠矣。夫欲得之君，不可说以利。吾要且死，子肠亦且寸绝。"境吏恐而赦之。

【注释】

〔1〕张丑：齐国大臣。　〔2〕刳（kū）：剖。

【译文】

张丑在燕国做人质，燕王要杀他，张丑逃走，就要出边境的时候，守边的小吏抓获了他。张丑说："燕王之所以要杀我，是因为有人说我有宝珠，大王想要得到它。如今我已经把宝珠丢了，但是燕王不相信我。如今你要把我献给大王，我就说你抢了我的宝珠吞了，燕王一定会杀了你，剖开你的肠肚。你想要国君赏识，也不能用私利来讨好他。我如果死了，你也会肠肚寸断。"境吏害怕了，就放了张丑。

燕太子丹质于秦

燕太子丹质于秦，亡归。见秦且灭六国，兵以临易水〔1〕，恐其祸至。太子丹患之，谓其太傅鞫武〔2〕曰："燕、秦不两立，愿太傅幸而图之。"武对曰："秦地遍天下，威胁韩、魏、赵氏，则易水以北，未有所定也。奈何以见陵〔3〕之怨，欲排其逆鳞〔4〕哉？"太子曰："然则何由？"太傅曰："请入，图之。"

【注释】

〔1〕易水：水名，发源于今河北易县。　〔2〕鞫武：一作"鞠

武”，燕国太傅。〔3〕见陵：被欺侮，指太子丹在秦受欺侮之事。〔4〕排其逆鳞：排，一作“批”，触动。逆鳞，传说龙喉下有逆鳞，人若触之，必被杀。此指触犯强秦。

【译文】

燕太子丹在秦国做人质，逃回了燕国。他看到秦国将要灭亡六国，军队已经逼近易水，害怕将大祸临头。太子丹很担忧此事，对太傅鞠武说；“燕国、秦国势不两立，希望您想想办法。”鞠武回答说：“秦国的地盘遍布天下，威胁着韩国、魏国和赵国，而易水以北的土地最终归谁，还没确定。您为什么因为遭到欺侮而心存怨恨，要触犯强暴的秦国呢？”太子丹说：“那么该怎么办呢？”太傅说：“请您入宫休息，让我考虑考虑。”

居之有间，樊将军[1]亡秦之燕，太子容之。太傅鞠武谏曰：“不可。夫秦王[2]之暴，而积怨于燕，足为寒心，又况闻樊将军之在乎！是以委肉当饿虎之蹊[3]，祸必不振[4]矣！虽有管、晏[5]，不能为谋。愿太子急遣樊将军入匈奴以灭口。请西约三晋，南连齐、楚，北讲于单于[6]，然后乃可图也。”太子丹曰：“太傅之计，旷日弥久，心惛[7]然，恐不能须臾。且非独于此也。夫樊将军困穷于天下，归身于丹，丹终不迫于强秦，而弃所哀恋之交置之匈奴，是丹命固卒之时也。愿太傅更虑之。”鞠武曰：“燕有田光先生者，其智深，其勇沉，可与之谋也。”太子曰：“愿因太傅交于田先生，可乎？”鞠武曰：“敬诺。”出见田光，道太子曰：“愿图国事于先生。”田光曰：“敬奉教。”乃造焉。

【注释】

〔1〕樊将军：名樊於（wū）期，原为秦将，因得罪于秦王而奔燕。〔2〕秦王：秦王嬴政，即后来的秦始皇。〔3〕蹊：径。〔4〕振：救。〔5〕管、晏：春秋时齐国之卿管仲、晏婴。〔6〕单（chán）于：匈奴的最高君长。〔7〕惛：同“闷”，忧虑。

【译文】

过了一段时间，樊於期将军从秦国逃到燕国，太子丹收留了他。太傅鞫武向太子丹进谏说：“您不可以这样做。以秦王的暴虐，并且对燕国仇视已久，这足以让人胆战心惊的了，更何况再得知樊将军在燕国呢！这是把肉放在饿虎经过的路上，灾难到来一定无法挽救！即使有管仲、晏婴那样的谋臣，也没有计谋解决了。希望您即刻把樊将军送到匈奴去，从而消除秦国进攻燕国的借口。并请您西边与三晋结盟，南边与齐、楚联合，北边与匈奴单于讲和，然后才可以谋划对抗秦国。”太子丹说：“太傅的计划，需要很长时间才能完成，我心中忧虑惶恐，怕一时也等不得了。而且还不仅于此。樊将军走投无路来投靠我，我总不能因为迫于强秦的压力而抛弃这个可怜的朋友，把他交给匈奴之时，也是我该死的日子了。希望太傅您重新考虑这件事。”鞫武说：“燕国有位田光先生，智虑精深，勇敢沉着，可以跟他一起谋划这件事。”太子丹说：“希望通过您结交田先生，可以吗？”鞫武说：“遵命。”鞫武出宫见到田光，转达了太子的话说：“希望跟先生商量国家大事。”田光说：“谨遵君命。”于是进宫拜见太子。

太子跪而逢迎，却行为道〔1〕，跪而拂席。田先生坐定，左右无人，太子避席而请曰："燕、秦不两立，愿先生留意也。"田光曰："臣闻骐骥盛壮之时，一日而驰千里。至其衰也，驽马先之。今太子闻光壮盛之时，不知吾精已消亡矣。虽然，光不敢以乏[2]国事也。所善荆轲[3]，可使也。"太子曰："愿因先生得愿交于荆轲，可乎？"田光曰："敬诺。"即起，趋出。太子送之至门，曰："丹所报，先生所言者，国大事也，愿先生勿泄也。"田光俛[4]而笑曰："诺。"

【注释】

〔1〕却行为道：倒退着引路，表示恭敬。道，同"导"。〔2〕乏：弃置，不理会。〔3〕荆轲：卫国人，秦灭卫后，逃亡至燕。〔4〕俛："俯"之异体。

【译文】

太子丹跪着迎接田光，倒退着行走为他引路，跪着为他拂拭坐席。田光入座之后，左右没有别人，太子丹离开坐席向田光请教说："燕国、秦国势不两立，希望先生帮我拿个主意。"田光说："我听说骏马年轻力强的时候，可日行千里。衰老之后，劣马也能跑到它的前面。如今太子您听说的是我年富力强的时候，不知道我已经精力耗尽了。即使如此，我也不敢置国家大事于不顾。我有个好朋友荆轲可以任用。"太子丹说："希望通过先生与荆轲结交，可以吗？"田光说："遵命。"于是立刻起身，快步走出。太子丹送他到门口，说："我跟您说的，您所说的，是关于国家的大事，希望先生您不要外泄。"田光俯身笑着说："好的。"

偻行[1]见荆轲，曰："光与子相善，燕国莫不知。今太子闻光壮盛之时，不知吾形已不逮[2]也，幸而教之曰：'燕、秦不两立，愿先生留意也。'光窃不自外[3]，言足下于太子，愿足下过太子于宫。"荆轲曰："谨奉教。"田光曰："光闻长者之行，不使人疑之，今太子约光曰：'所言者，国之大事也，愿先生勿泄也。'是太子疑光也。夫为行使人疑之，非节侠士也。"欲自杀以激荆轲，曰："愿足下急过太子，言光已死，明不言也。"遂自刭而死。

【注释】

〔1〕偻行：弓着身子行走，表示敬意。　〔2〕不逮：达不到。〔3〕不自外：言不与荆轲见外。

【译文】

田光伛偻着身子去见荆轲，说："我和您交好，燕国没有人不知道。如今太子只知道我盛年时候的事，不知道我已经老朽不堪了，有幸承蒙他的教导，说：'燕国、秦国势不两立，希望先生帮我拿个主意。'我自觉不与您见外，就向太子推荐了您，希望您去宫中拜见太子。"荆轲说："谨遵君命。"田光说："我听说品德高尚之人的行为，不会使人疑心，如今太子跟我约定说：'我们所说的这些话，关系国家大事，希望先生不要外泄。'这是太子怀疑我啊。自己的行为使人怀疑，这不是有节气的侠义之士。"想要自杀来激励荆轲，说："希望您即刻去拜见太子，就说田光已经死了，让他明白我不会泄密。"于是自刎而死。

轲见太子，言田光已死，明不言也。太子再拜而跪，膝下行流涕，有顷而后言曰：“丹所请田先生无言者，欲以成大事之谋，今田先生以死明不泄言，岂丹之心哉？”荆轲坐定，太子避席顿首曰：“田先生不知丹不肖，使得至前，愿有所道，此天所以哀燕不弃其孤也。今秦有贪饕之心，而欲不可足也。非尽天下之地，臣海内之王者，其意不餍。今秦已虏韩王〔1〕，尽纳其地，又举兵南伐楚，北临赵。王翦〔2〕将数十万之众，临漳、邺〔3〕，而李信〔4〕出太原、云中〔5〕。赵不能支秦，必入臣。入臣，则祸至燕。燕小弱，数困于兵，今计举国不足以当秦。诸侯服秦，莫敢合从。丹之私计，愚以为诚得天下之勇士，使于秦，窥〔6〕以重利，秦王贪其贽，必得所愿矣。诚得劫秦王，使悉反诸侯之侵地，若曹沫之与齐桓公〔7〕，则大善矣；则不可，因而刺杀之。彼大将擅兵于外，而内有大乱，则君臣相疑，以其间诸侯，诸侯得合从，其偿破秦必矣。此丹之上愿，而不知所以委命，唯荆卿留意焉。”久之，荆轲曰：“此国之大事，臣驽下，恐不足任使。”太子前顿首，固请无让。然后许诺。于是尊荆轲为上卿，舍上舍，太子日日造问，供太牢〔8〕异物，间进车骑美女，恣荆轲所欲，以顺适其意。

【注释】

〔1〕虏韩王：公元前230年，秦灭韩，俘虏韩王安。 〔2〕王翦：秦将。 〔3〕漳、邺：漳水、邺城。漳水在今河北、河南两省边界，邺城在今河北临漳西南。均魏地。 〔4〕李信：秦将。

〔5〕太原、云中：皆赵地，分别在今山西太原、内蒙古托克托。〔6〕窥：示。〔7〕曹沫之与齐桓公：春秋时，鲁庄公与齐桓公会于柯，鲁大夫曹沫以剑劫持桓公，订立盟约，收回失地。〔8〕太牢：牛、羊、猪各一。

【译文】

荆轲见到了太子丹，告诉他田光已死，以此表明不会泄密。太子丹行再拜之礼，跪下，用膝盖行走，痛哭流涕，过了一会儿才说："我之所以请田先生不要对人言及此事，是希望大计能够实现，如今田先生用死来表明不泄密，哪里是我的本意呢？"荆轲坐下之后，太子丹离开坐席对荆轲叩首，说："田先生不知道我无能，让您来到我面前，希望您能助我一臂之力，这是上天哀怜孤单的燕国，不抛弃它啊。如今秦国贪婪，欲望没有满足的时候。如果不是尽得天下土地，使各国的君主都向他称臣，他的贪欲不会满足。如今秦国已经俘虏了韩王，完全得到了他的土地；又发兵向南攻打楚国，向北逼近赵国。王翦率领数十万大军，打到了漳水、邺城，李信出兵太原、云中。赵国抵挡不住秦国，一定向秦国投降称臣。赵国投降，那么燕国就大难临头了。燕国弱小，多次遭受战争困扰，如今算来，就是发动全国的力量也不足以抵挡秦国。诸侯都臣服了秦国，没有敢和燕国联合抗秦的。我私下考虑，认为如果真能得到天下的勇士，让他出使秦国，让秦国看到重利，秦王贪图丰厚的礼物，我们一定能达到目的。如果能够劫持秦王，让他返还所侵占的诸侯土地，就像曹沫胁持齐桓公那样，就是最好的结果了；如果不能成功，就趁机杀死他。秦国大将拥兵在外，而国内发生大的变乱，他们君臣之间就会互相猜忌。趁此机会诸侯们联合起来，最终将一定打败秦国，以偿所愿。这是我最大的愿望，但不知道把这个使命托付给谁，只希望您能留心这件事。”过了很久，荆轲说：“这是关系国家存亡的大事，我愚笨，恐怕不足以担此重任。”太子丹上前磕头，坚持请求荆轲不要推辞。然后荆轲才答应。于是太子丹尊荆轲为上卿，让他住在最好的客房，太子丹天天登门问候，供给他丰盛的食物和奇珍异玩，还不时送去车马和美女，尽量满足荆轲的要求，使他称心如意。

久之，荆卿未有行意。秦将王翦破赵，虏赵王〔1〕，尽收其地，进兵北略地，至燕南界。太子丹恐惧，乃请荆卿曰：“秦兵旦暮渡易水，则虽欲长侍足下，岂可得哉！”荆卿曰：“微太子言，臣愿得谒之。今行而无信，则秦未可亲也。夫今樊将军，秦王购之金千斤，邑万家。诚能得樊将军首，与燕督亢〔2〕之地图献秦王，秦王必说见臣，臣乃得有以报太子。”太子曰：“樊将军以穷困来归丹，丹不忍以己之私，而伤长者之意，愿足下更虑之。”

【注释】

〔1〕虏赵王：公元前228年，秦军攻破赵国，虏赵王迁。

〔2〕督亢：燕地，在今河北涿州、固安、新城一带，是燕国富饶之地。

【译文】

过了很久，荆轲也没有动身的意思。秦国大将王翦攻破赵国，俘虏了赵王迁，完全收取了赵国土地，又向北攻占土地，打到了燕国南部边界。太子丹很害怕，于是向荆轲请求说：“秦军很快就要渡过易水了，那时，即使我想要长久地侍奉您，又怎能做到呢!”荆轲说:“即使您不说,我也打算拜见您。如今前往秦国而没有能取得秦王信任的东西,那就未必能接近秦王。现在秦王悬赏黄金千斤、封邑万户来要樊将军的头。如果能得到樊将军的首级和燕国督亢的地图献给秦王,秦王一定会高兴地接见我,我才能有机会报答太子。”太子丹说:“樊将军在走投无路时来投靠我,我不忍心因为自己的私心而伤害忠厚之士的心,请您再作考虑。”

荆轲知太子不忍,乃遂私见樊於期曰:“秦之遇将军,可谓深矣。父母宗族,皆为戮没。今闻购将军之首,金千斤,邑万家,将奈何?”樊将军仰天太息流涕曰:“吾每念,常痛于骨髓,顾〔1〕计不知所出耳。”轲曰:“今有一言,可以解燕国之患,而报将军之仇者,何如?”樊於期乃前曰:“为之奈何?”荆轲曰:“愿得将军之首以献秦,秦王必喜而善见臣,臣左手把其袖,而右手揕抗〔2〕其胸,然则将军之仇报,而燕国见陵之耻除矣。将军岂有意乎?”樊於期偏袒扼腕〔3〕而进曰:“此臣日夜切齿拊心〔4〕也,乃今得闻教。”遂自刎。太子闻之,驰往,伏尸而哭,极哀。既已,无可奈何,乃遂收盛樊於期之首,函封之。

【注释】

〔1〕顾:但是,只是。 〔2〕揕抗:揕(zhèn),刺。抗,深击。〔3〕偏袒扼腕:露出一只胳膊,左手握住右腕,表示激愤。 〔4〕切齿拊心:咬牙切齿,捶胸顿足。

【译文】

荆轲知道太子不忍心，于是就私下拜见樊於期说："秦王对待将军您，可以说是太残忍了。您的父母和族人都被他杀害。如今听说悬赏黄金千斤、封邑万户来要您的头颅，您打算怎么办呢？"樊将军仰天长叹，流着泪说："我每次想到这里，常常痛彻骨髓，只是不知道该怎么办啊。"荆轲说："如今我有一计，可以解除燕国的隐患，并且能为您报仇，您看怎么样？"樊於期于是上前说："该怎么做？"荆轲说："希望得到将军您的首级去献给秦王，秦王一定很高兴，会热情接见我，我就左手抓住他的衣袖，右手拿匕首猛刺他胸膛，那么将军大仇得报，燕国被欺凌的耻辱也消除了。将军您意下如何？"樊於期袒露一只膀臂，左手紧握右腕，上前说："这是我日日夜夜咬牙切齿、捶胸顿足想做的事，今天才得到您的指教。"于是自刎而死。太子丹听说了这件事，驰车前往，趴在樊将军的尸体上痛哭，哀伤至极。事既至此，已无可奈何，于是就把樊於期的首级收起，用匣子封藏。

于是，太子预求天下之利匕首，得赵人徐夫人[1]之匕首，取之百金，使工以药淬之，以试人，血濡缕，人无不立死者，乃为装遣荆轲。燕国有勇士秦武阳，年十二，杀人，人不敢与忤视[2]。乃令秦武阳为副。荆轲有所待，欲与俱，其人居远未来，而为留待。顷之未发，太子迟之，疑其有改悔，乃复请之曰："日以尽矣，荆卿岂无意哉？丹请先遣秦武阳。"荆轲怒，叱太子曰："今日往而不反者，竖子也[3]！今提一匕首入不测之强秦，仆所以留者，待吾客与俱。今太子迟之，请辞决矣！”遂发。

【注释】

〔1〕徐夫人：姓徐，名夫人。 〔2〕忤视：对视。忤，逆。〔3〕竖子：犹称“小子”。

【译文】

于是，太子丹预先访求天下最锋利的匕首，得到赵国人徐夫人的匕首，用百斤黄金购得，让工匠用毒药淬炼在匕首之上，用人做试验，只要刺出一丝血，没有不立刻死掉的，于是打点行装送荆轲出发。燕国有个勇士叫秦武阳，十二岁那年就杀过人，没人敢跟他对视。于是令秦武阳做荆轲的副手。荆轲有个人要等，想和他一起去，那人住得远，还没赶来，于是荆轲暂不动身，等他到来。过了段时间荆轲还未出发，太子丹认为他在拖延，怀疑他想反悔，于是又前去请求说：“日子不多了，您是不是不想去了？我请先派秦武阳去吧。”荆轲发怒，斥责太子丹说：“今天前去而不能完成使命而回，那是愚笨的小子！如今拿着一把匕首，进入吉凶难测的秦国，我之所以延留的原因，是在等待我的朋友跟我同行。如今太子您认为我拖延，就请让我与您诀别吧！”于是出发。

太子及宾客知其事者，皆白衣冠以送之。至易水上，既祖〔1〕，取道。高渐离击筑〔2〕，荆轲和而歌，为变徵〔3〕之声，士皆垂泪涕泣。又前而为歌曰：“风萧萧兮易水寒，壮士一去兮不复还！”复为慷慨羽声〔4〕，士皆瞋目，发尽上指冠。于是荆轲遂就车而去，终已不顾。

【注释】

〔1〕祖：为出行之人举行的祭祀路神仪式。 〔2〕筑：一种类似于琴的乐器。 〔3〕变徵（zhǐ）：古七音（宫、商、角、徵、羽、变宫、变徵）之一，其音凄凉悲切。 〔4〕羽声：五音之一，其音慷慨激昂。

【译文】

太子丹和知道此事的门客，都穿戴白色衣帽去送荆轲。到了易水旁边，祭祀完路神，选好了道路。高渐离击打着筑，荆轲和着节拍歌唱，唱的是变徵的悲凉曲调，人们都流泪哭泣。荆轲又上前唱道："风声萧萧啊，易水凉寒，壮士这一去啊，永不回还！"曲调又变为慷慨激昂的羽声，人们都双目圆睁，怒发冲冠。于是荆轲登车而去，始终没有回头看。

既至秦，持千金之资币物，厚遗秦王宠臣中庶子[1]蒙嘉。嘉为先言于秦王曰："燕王诚振畏慕大王之威，不敢兴兵以拒大王，愿举国为内臣，比诸侯之列，给贡职如郡县，而得奉守先王之宗庙。恐惧不敢自陈，谨斩樊於期头，及献燕之督亢之地图，函封，燕王拜送于庭，使使以闻大王。唯大王命之。"

【注释】

〔1〕中庶子：左右侍御之臣。

【译文】

荆轲到了秦国，用价值千金的礼物厚赠秦王的宠臣中庶子蒙嘉。蒙嘉为荆轲先对秦王说："燕王实在畏惧仰慕大王的威名，不敢发兵抗拒大王，愿意献上整个燕国做秦国的内臣，与其他臣服的诸侯同列，像秦国的郡县一样进贡，只求能够尊奉先王的宗庙。燕王恐惧不敢自己前来表明心迹，特地砍下樊於期的首级，并献上燕国督亢地区的地图，用匣子封起来。燕王在王庭之上以礼拜送，派使节前来使大王得知。请大王指示。"

秦王闻之，大喜。乃朝服，设九宾[1]，见燕使者咸阳宫。荆轲奉樊於期头函，而秦武阳奉地图匣，以次进至陛下。秦武阳色变振恐，群臣怪之，荆轲顾笑武阳，前为谢曰："北蛮夷之鄙人，未尝见天子，故振慑[2]，愿大王少假借[3]之，使毕使于前。"秦王为轲曰："起，取武阳所持图。"轲既取图奉之，发图，图穷而匕首见。因左手把秦王之袖，而右手持匕首揕抗之。未至身，秦王惊，自引而起，绝袖。拔剑，剑长，掺[4]其室[5]。时（怨）[6]【恐】急，剑坚，故不可立拔。荆轲逐秦王，秦王还[7]柱而走。群臣惊愕，卒[8]起不意，尽失其度。而秦法，群臣侍殿上者，不得持尺兵。诸郎中[9]执兵，皆陈殿下，非有诏不得上。方急时，不及召下兵，以故荆轲逐秦王，而卒惶急无以击轲，而乃以手共搏之。是时侍医夏无且，以其所奉药囊提[10]轲。秦王之方还柱走，卒惶急不知所为，左右乃曰："王负剑[11]！王负剑！"遂拔以击荆轲，断其左股。荆轲废，乃引其匕首提秦王，不中，中柱。秦王复击轲，被八创。轲自知事不就，倚柱而笑，箕踞[12]以骂曰："事所以不成者，乃欲以生劫之，必得约契[13]以报太子也。”左右既前斩荆轲，秦王目眩良久。而论功赏，群臣及当坐者，各有差。而赐夏无且黄金二百镒，曰：“无且爱我，乃以药囊提轲也。”

【注释】

〔1〕九宾：九位傧相。古代接见外国使节时由傧相传呼，九宾为最高礼节。 〔2〕振慑：变色惊恐。 〔3〕假借：宽容。 〔4〕掺(shǎn)：持。 〔5〕室：剑鞘。 〔6〕怨："恐"字之讹，惶恐。 〔7〕还：同"环"。 〔8〕卒：同"猝"，仓促，忽然。 〔9〕郎中：官名，掌宫中侍卫。 〔10〕提：投掷。 〔11〕负剑：把剑推到背上。古代剑长不易拔出，将剑鞘推至背后，便于拔出。 〔12〕箕踞：叉腿而坐，形同簸箕。 〔13〕约契：指返还各国土地的契约。

【译文】

秦王听说之后非常高兴。于是身着朝服，设置九宾之礼，在咸阳宫接见燕国使者。荆轲捧着装有樊於期首级的匣子，秦武阳捧着装地图的匣子，按次序来到秦王座位的台阶下。秦武阳害怕，脸色大变，群臣感到奇怪。荆轲回头对秦武阳笑了笑，上前对秦王致歉说："北方荒蛮地区的粗野之人，没有见过天子，所以心里害怕，希望大王对他稍加宽容，让他在您面前完成使命。"秦王对荆轲说："起来吧，拿秦武阳手里的地图来。"荆轲拿过地图献上，展开地图，展到尽头的时候匕首露了出来。于是荆轲左手抓住秦王的衣袖，右手拿着匕首猛地刺向秦王。还没有刺到身上，秦王大惊，纵身跳了起来，扯断了衣袖。秦王拔剑，剑太长，只抓住了剑鞘。当时惶恐紧急，剑在鞘里又插得很紧，所以没有马上拔出。荆轲追杀秦王，秦王绕着柱子跑。大臣们都惊呆了，事发突然，完全没有意料到，一时间都手足无措。而秦国法律规定：在大殿之上侍从大臣，身上不能带任何兵器。所有侍卫只许手持兵器在殿下站立，没有诏令不得进前。正在危急关头，秦王来不及召唤殿下的侍卫，因而荆轲得以追赶杀秦王，而大臣们在仓促惊慌之间也没有东西攻击荆轲，只能徒手与之搏斗。这时御医夏无且就用手里拿着的药袋子掷打荆轲。秦王正在绕着柱子跑，惊慌失措不知如何是好，左右大臣都喊："大王把剑推到背上！大王把剑推到背上！"于是秦王拔出了宝剑，刺向荆轲，砍断了他的左腿。荆轲残废了，于是举起手里的匕首掷向秦王，没有打中，钉在了柱子上。秦王又砍荆轲，荆轲身中八剑。荆轲知道事情失败，靠着柱子大笑，叉开两腿坐下，大骂道："今天之所以没有成功，是想要活捉了你，一定要得到返还土地的契约来报答太子。"左右侍卫上前，斩杀了荆轲。秦王头晕目眩了很长时间。事后论功封赏大臣，并惩处失职之人，各按轻重，奖惩不等。又赏赐夏无且黄金两百镒，说："无且最爱我，竟用药口袋去掷打荆轲。"

于是秦大怒燕，益发兵诣赵，诏王翦军以伐燕。十月[1]而拔燕蓟城[2]。燕王喜[3]、太子丹等，皆率其精兵东保于辽东。秦将李信追击燕王，王急，用代王嘉[4]计，杀太子丹，欲献之秦。秦复进兵攻之。五岁而卒灭燕国，而虏燕王喜。秦兼天下。

【注释】

〔1〕十月：指秦王嬴政二十一年（前 226 年）十月。　〔2〕蓟

城：燕都，在今北京市。　〔3〕燕王喜：燕国末代之君，太子丹之父，公元前254—222年在位。　〔4〕代王嘉：赵国公子。秦灭赵后，公子嘉率宗族百人逃至代，自立为代王。

【译文】

于是秦国更加恼恨燕国，增兵到赵国，下令王翦的军队攻打燕国。秦王嬴政二十一年十月，攻下燕都城蓟。燕王喜和燕太子丹等人，都率领精兵退守辽东。秦将李信追击燕王，燕王喜急了，采用了代王嘉的计策，杀了太子丹，打算献给秦王。不料秦国再次发兵进攻。五年之后最终灭了燕国，俘虏了燕王喜。秦国吞并了天下。

其后荆轲客高渐离以击筑见秦皇帝，而以筑击秦皇帝，为燕报仇，不中而死。

【译文】

后来，荆轲的朋友高渐离借击筑的机会见到秦始皇，用筑去砸秦始皇，来为燕国报仇，没有砸中，被杀。

卷三十二　宋　卫

公输般为楚设机

公输般[1]为楚设机[2]，将以攻宋。墨子[3]闻之，百舍重茧[4]，往见公输般，谓之曰："吾自宋闻子。吾欲藉子杀王。"公输般曰："吾义固不杀王。"墨子曰："闻公为云梯，将以攻宋。宋何罪之有？义不杀王而攻国，是不杀少而杀众。敢问攻宋何义也？"公输般服焉，请见之王。

【注释】

〔1〕公输般：春秋战国之际鲁国人，姓公输，名般，又称鲁班。〔2〕机：指攻城机械。　〔3〕墨子：春秋战国之际思想家、政治家，墨家学派创始人，鲁国人，名翟（dí）。　〔4〕百舍重茧：百舍，走一百里才休息一次。重茧，磨出的茧层层相叠。

【译文】

公输般为楚国制造攻城的机械，准备来攻打宋国。墨子听说这件事，就长途跋涉，脚底磨起层层茧子，来见公输般，对他说："我在宋国就听到您的大名。我想要请您帮我杀掉国君。"鲁班说："我恪守道义，不杀国君。"墨子说："听说您制造云梯，准备用来攻打宋国。宋国有什么罪过呢？您恪守道义不杀国君，却攻打宋国，这是不杀少数人而杀多数人。请问您攻打宋国又有什么道义可言呢？"公输般被说服了，请墨子去拜见楚王。

墨子见楚王〔1〕曰："今有人于此，舍其文轩〔2〕，邻有弊舆而欲窃之；舍其锦绣，邻有短褐〔3〕而欲窃之；舍其梁〔4〕肉，邻有糟糠而欲窃之。此为何若人也？"王曰："必为有窃疾矣。"

【注释】

〔1〕楚王：楚惠王。　〔2〕文轩：雕饰有花纹的大车子。〔3〕短褐：粗布短衣。　〔4〕梁：通"粱"，好米。

【译文】

墨子拜见楚王说："如今有这么一个人，放着自己雕饰精美的大车子不乘，却想去偷邻居的破车；抛弃华丽的衣服不穿，却想去偷邻居的粗布短衣；放着精米肥肉不吃，却想去偷邻居的糟糠。这是个什么样的人呢？"楚王说："他一定是有偷窃的毛病。"

墨子曰："荆之地方五千里，宋方五百里，此犹文轩之与弊舆也。荆有云梦，犀兕麋鹿盈之，江、汉鱼鳖鼋鼍〔1〕为天下饶，宋所谓无雉兔鲋鱼者也，此犹梁肉之与糟糠也。

荆有长松、文梓、楩、楠、豫樟，宋无长木，此犹锦绣之与短褐也。恶以王吏之攻宋？为与此同类也。”王曰：“善哉！请无攻宋。”

【注释】

〔1〕鼋鼍（tuó）：鼋，鳖类。鼍，鳄鱼。

【译文】

墨子说：“楚国方圆五千里，宋国方圆五百里，这就像雕饰精美的大车和破车一样。楚国有云梦泽，犀牛、野牛、麋鹿到处可见，长江、汉水的鱼类、鳖、鼋、鳄鱼数量为天下最多，宋国是人们所说的没有野鸡、兔子和鲫鱼的地方，这就像精米肥肉和糟糠一样。楚国有高大的松树、花纹斑斓的梓树、楩木、楠木、樟树，宋国连高一点的树都没有，这就像华丽的衣服和粗布短衣一样。为什么大王的臣子要攻打宋国呢？这跟那个有偷窃毛病的人一样啊。”楚王说：“您说得好啊！我不攻打宋国了。”

宋康王之时有雀生䲭

宋康王〔1〕之时，有雀生䲭〔2〕于城之陬〔3〕，使史〔4〕占之，曰：“小而生巨，必霸天下。”康王大喜。于是灭滕、伐薛，取淮北之地，乃愈自信，欲霸之亟成，故射天笞地，斩社稷而焚灭之，曰：“威服天下鬼神。”骂国老谏（曰）〔5〕【者】，为无颜之冠[6]，以示勇，剖伛之背，锲[7]朝涉之胫，而国人大骇。齐闻而伐之，民散，城不守。王乃逃倪侯之馆，遂得而死。见祥而不为祥，反为祸。

【注释】

〔1〕宋康王：名偃，又称宋王偃，公元前329—前286年在位。〔2〕鸇：大鹏鸟。〔3〕陬：角落。〔4〕史：史官，亦掌占卜。〔5〕曰："者"字之讹。〔6〕无颜之冠：遮不住额头的帽子。〔7〕锲：刻。

【译文】

宋康王在位的时候，有麻雀在城墙角落里生了一只大鹏鸟，宋康王让史官占卜这件事，史官说："小鸟生了大鸟，预示着您一定能称霸天下。"宋康王十分高兴。于是灭掉了滕国，攻打薛国，取得了淮北地区，于是更加自信，想要早点成就霸业，所以用箭射向苍天，用鞭子抽打大地，劈砍并焚烧了社稷的神像，说："我的威名使得天下鬼神都归服。"他斥骂进谏的国家元老，制作了遮不住额头的帽子，来显示勇猛，劈开了驼背者的脊梁，砍断了清晨涉水过河之人的小腿骨，宋国百姓惊慌失措。齐国听说了这件事于是攻打宋国，百姓一哄而散，城池守卫不住。宋康王于是逃到了倪侯的家中，最终被齐军抓到并杀死了。看到祥瑞的征兆，却不做祥瑞之事，反而是祸患。

智伯欲伐卫

智伯欲伐卫，遗卫君野马四百[1]，白璧一。卫君大悦，群臣皆贺，南文子[2]有忧色。卫君曰："大国大欢，而子有忧色何？"文子曰："无功之赏，无力之礼，不可不察也。野马四，百[3]璧一，此小国之礼也，而大国致之，君其图之。"卫君以其言告边境。智伯果起兵而袭卫，至境而反[4]曰："卫有贤人，先知吾谋也。"

【注释】

〔1〕百：衍文。　〔2〕南文子：又称宁文子、公孙弥牟，卫国执政之臣。　〔3〕百："白"字之误。　〔4〕反：同"返"。

【译文】

智伯想攻打卫国，先送给卫君野马四匹，白璧一只。卫君非常高兴，大臣们都来庆贺，只有南文子面带忧色。卫君说："大国与我们交好，但是您却面带忧色，为什么呢？"南文子说："没有功劳却得到奖赏，没有出力却收到礼物，不能不弄清楚原因。野马四匹，白璧一只，这是小国送给大国的礼物，但是大国却送给我们，您还是考虑一下吧。"卫君把文子的话告诉了边境守军。智伯果然兴兵偷袭卫国，到了边境又返回了，说："卫国有能人，预先知道了我的计谋。"

智伯欲袭卫

智伯欲袭卫，乃佯亡其太子，使奔卫。南文子曰："太子颜为君子也，甚爱而有宠，非有大罪而亡，必有故。"使人迎之于境曰："车过五乘，慎勿纳也。"智伯闻之，乃止。

【译文】

智伯想偷袭卫国，于是让太子假装逃亡，让他投奔卫国。南文子说："太子颜是智伯的儿子，智伯非常喜爱他，对他恩宠有加，如今没有大的罪过而逃亡，一定有其它的原因。"派人去边境迎接太子，说："随行车子超过五辆，千万不要接纳。"智伯听说这件事，就停止了袭卫的行动。

卫嗣君时胥靡逃之魏

卫嗣君〔1〕时，胥靡〔2〕逃之魏，卫赎之百金，不与，乃请以左氏〔3〕。群臣谏曰："以百金之地，赎一胥靡，无乃不可乎？"君曰："治无小，乱无大。教化喻于民，三百之城，足以为治；民无廉耻，虽有十左氏，将何以用之？"

【注释】

〔1〕卫嗣君：卫平侯之子，公元前337—前296年在位，立五年，卫由侯贬号称君。 〔2〕胥靡：刑徒。 〔3〕左氏：卫地，在今山东曹县西北。

【译文】

卫嗣君的时候，有个刑徒逃到了魏国，卫国用百斤黄金赎他，魏国不给，于是请求用左氏之地来赎取。卫国大臣们进谏说："用百斤黄金与左氏之地去赎一个刑徒，是不是有点不值得？"卫君说："国家治理好就不算是小国，国家动荡不安就不算是大国。教化深入民心，即使是三百户人家的小城也可以秩序井然。如果百姓不知廉耻，即使有十个左氏之地，又有什么用呢？”

卫人迎新妇

卫人迎新妇，妇上车，问：“骖马[1]，谁马也？”御曰：“借之。”新妇谓仆曰：“拊[2]骖，无笞服。”车至门，扶，教送母[3]：“灭灶，将失火。”入室见臼，曰：“徙之牖下，妨往来者。”主人笑之。此三言者，皆要言也，然而不免为笑者，蚤[4]晚之时失也。

【注释】

〔1〕骖马：古代一车驾四马，两旁的马称“骖”，中间两匹称“服”。 〔2〕拊：击打。 〔3〕送母：送新妇之妇。 〔4〕蚤：通“早”。

【译文】

卫国有人迎娶新娘，新娘上车之后，问：“两旁的马，是谁的？”赶车的人说：“借来的。”新娘对仆人说：“打两旁的马，不要鞭打中间的马。”车子到了门口，扶新娘下车，新娘告诉送她的妇人说：“把灶中的火灭掉，不然会失火。”进到屋里，看见石臼，新娘又对人说：“把石臼搬到窗下，以免妨碍来往的人。”主人感到她很可笑。这三句话，都说中了要害了，但是不免被人笑话，是因为没有选对说话的时间。

卷三十三　中　山

犀首立五王

犀首[1]立五王，而中山后持。齐谓赵、魏曰："寡人羞与中山并为王，愿与大国伐之，以废其王。"中山闻之，大恐。召张登[2]而告之曰："寡人且王，齐谓赵、魏曰，羞与寡人并为王，而欲伐寡人。恐亡其国，不在索王[3]。非子莫能吾救。"登对曰："君为臣多车重币，臣请见田婴[4]。"中山之君遣之齐，见婴子曰："臣闻君欲废中山之王，将与赵、魏伐之，过矣。以中山之小，而三国伐之，中山虽益废王，犹且听也。且中山恐，必为赵、魏废其王而务附焉。是君为赵、魏驱羊也，非齐之利也。岂若中山废其王而事齐哉？"

【注释】

〔1〕犀首：魏国阴晋人，公孙氏，名衍，号犀首，曾仕秦为大良造，后入魏为相，发起韩、赵、魏、燕、中山五国相王，以抗秦、齐、楚三强国。　〔2〕张登：中山大臣。　〔3〕索王：要求称王。

〔4〕田婴：齐威王少子，任齐相，封于薛，号靖郭君。

【译文】

犀首发起韩、赵、魏、燕、中山五国称王，而中山国最后建立王号。齐王对赵王、魏王说：“我耻于和中山君一起称王，想和你们一起攻打他，废除他的王号。”中山君听此事，非常害怕。召见张登，告诉他说：“我将要称王，齐王对赵王、魏王说，耻于和我一起称王，而想讨伐我。我担心的是国家会灭亡，不在于称王。除了您，没有人能救我了。”张登回答说：“您为我多准备车辆礼品，我请求去拜见齐相田婴。”中山君派他到了齐国，张登见到田婴说：“我听说您打算废掉中山的王号，将要和赵国、魏国一起攻打中山，这样做就不对了。像中山这样的小国，三个国家攻打他，即使是比废除王号更严重的条件，中山也会听命的。况且中山害怕了，一定会为了赵国、魏国废除王号而依附他们。这是您就把中山赶到赵、魏那边去了，这对齐国没有好处。这哪里比得上中山国废除王号来依附于齐国呢？”

田婴曰：“奈何？”张登曰：“今君召中山，与之遇而许之王，中山必喜而绝赵、魏。赵、魏怒而攻中山，中山急而为君难其王，则中山必恐，为君废王事齐。彼患亡其国，是君废其王而亡〔1〕【立】其国，贤于为赵、魏驱羊也。”田婴曰：“诺。”张丑曰：“不可。臣闻之，同欲者相憎，同忧者相亲。今五国相与王也，负海〔2〕不与焉。此是欲皆在为王，而忧在负海。今召中山，与之遇而许之王，是夺五国〔3〕而益负海也。致中山而塞四国，四国寒心。必先与之王而故亲之，是君临中山而失四国也。且张登之为人也，善以微计荐中山之君久矣，难信以为利。”

【注释】

〔1〕亡：当依别本作“立”。　〔2〕负海：背靠大海的国家，指齐国。　〔3〕五国：当依别本作“四国”。

【译文】

田婴说：“该怎么办呢？”张登说：“现在您召见中山君，与他会面并且允许他称王，中山君一定很高兴，而与赵国、魏国断绝关系。赵国、魏国生气，会攻打中山，中山感到危急而您再阻止他称王，中山一定会害怕，就会为您废除王号，来依附齐国。中山君害怕亡国，您就可以让他废除王号从而保全他的国家，这远胜于把他赶到赵国、魏国那边。”田婴说：“好。”张丑说：“不可以。我听说，有同样欲望的人互相憎恨，有同样忧患的人互相亲近。如今五国互相称王，齐国没参与。这是他们都想称王，而担心齐国不同意。如今召见中山君，与他会面并且允许他称王，是抢了五国的利益来使齐国得利。得到了中山却阻塞了与其他四国的交往，四国会感到心寒。他们就一定会先同意中山称王并亲近他，这样您就会控制了中山却失去了其它四国。况且张登的为人，长期以来善于为中山君进献阴谋诡计，很难相信他会使齐国得利。”

田婴不听，果召中山君而许之王。张登因谓赵、魏曰：“齐欲伐河东〔1〕。何以知之？齐羞与中山之〔2〕为王甚矣，今召中山，与之遇而许之王，是欲用其兵也。岂若令大国先与[3]之王，以止其遇哉?”赵、魏许诺，果与中山王而亲之。中山果绝齐而从赵、魏。

【注释】

〔1〕河东：赵、魏之地。〔2〕之：当依别本作“并”。〔3〕与：许也。

【译文】

田婴不听劝告，果然召见中山君并同意他称王。张登于是对赵王、魏王说：“齐国想要攻打河东。怎么知道的呢？齐国非常羞于和中山一起称王，如今召见中山君，与他会面并同意他称王，这是想用中山的兵力啊。怎能比得上你们先同意中山称王，来阻止他们的会面呢?”赵国、魏国答应了，果然与中山君一起称王并亲近他。中山也果然与齐国断交，转而依附于赵、魏。

阴姬与江姬争为后

阴姬[1]与江姬争为后。司马憙[2]谓阴姬公[3]曰：“事成，则有土子民；不成，则恐无身。欲成之，何不见臣乎?”阴姬公稽首曰：“诚如君言，事何可豫道[4]者。”司马憙即奏书中山王曰：“臣闻弱赵强中山。”中山王悦而见之曰：“愿闻弱赵强中山之说。”司马憙曰：“臣愿之赵，观其地形险阻，人民贫富，君臣贤不肖，商敌[5]为资，未可豫陈也。”中山王遣之。

【注释】

〔1〕阴姬：与江姬均为中山王姬妾。〔2〕司马憙：又作司马喜，中山大臣。〔3〕阴姬公：阴姬之父。〔4〕豫道：预先说明。〔5〕商敌：敌为“敲”字之误。商敲亦即商榷。

【译文】

阴姬与江姬争夺中山王后的位子。司马憙对阴姬的父亲说：“事情成功了，您就能拥有土地，统治百姓；事情不成功，恐怕连命都保不住了。您想要使事情成功，为什么不来见我呢？”阴姬的父亲叩头说：“如果像您说的那样，自有重谢，不必先说。”司马憙于是上书中山王说：“我有削弱赵国强大中山的办法。”中山王很高兴，召见司马憙说：“想听听您削弱赵国强大中山的办法。”司马憙说：“我愿意到赵国去，观察它的地势形貌，人民的贫富，君臣是贤人还是庸才，据此商讨以作参考，不能事先说出。”中山王于是派他前往赵国。

见赵王曰：“臣闻赵，天下善为音，佳丽人之所出也。今者，臣来至境，入都邑，观人民谣俗[1]，容貌颜色，殊无佳丽好美者。以臣所行多矣，周流无所不通，未尝见人如中山阴姬者也。不知者，特以为神，（力言不能及也）[2]。其容貌颜色，固已过绝人矣。若乃其眉目准頞权衡[3]，犀角偃月[4]，彼乃帝王之后，非诸侯之姬也。”赵王意移，大悦曰：“吾愿请之，何如？”司马憙曰：“臣窃见其佳丽，口不能无道尔。即欲请之，是非臣所敢议，愿王无泄也。”

【注释】

〔1〕谣俗：风俗，民谣可见其俗，故称谣俗。 〔2〕力言不能及也："力"为"也"字之误，属上读。其下五字乃误入之注文。〔3〕准頞（è）权衡：准，鼻头；頞，鼻梁；权，同"颧"；衡，眉。〔4〕犀角偃月：额角与额头。

【译文】

司马憙拜见赵王，说："我听说赵国是天下最擅长音乐、美女最多的国家。如今我来到赵国，进入大城小邑，观察人民的风俗，也没有容貌特别漂亮的女子。凭我去过那么多地方，周游各地无所不至，没有见过有人像中山国的阴姬那样漂亮的，不知道的人还以为是仙女下凡呢。她的面容姿色本来已经超过常人了，如果看她的鼻子、脸蛋、眉目、额头，那就是帝王之后，而不是诸侯姬妾。"赵王动了心，非常高兴地说："我想把她要来，怎么样？"司马憙说："我私下里认为她美艳非凡，不知不觉就说出来了。如果您打算要她，这不是我敢言语的，希望大王不要把我的话说出去。"

司马憙辞去，归报中山王曰："赵王非贤王也。不好道德，而好声色；不好仁义，而好勇力。臣闻其乃欲请所谓阴姬者。"中山王作色不悦。司马憙曰："赵强国也，其请之必矣。王如不与，即社稷危矣；与之，即为诸侯笑。"中山王曰："为将奈何？"司马憙曰："王立为后，以绝赵王之意。世无请后者。虽欲得请之，邻国不与也。"中山王遂立以为后，赵王亦无请言也。

【译文】

司马憙告辞离去，回国报告中山王说："赵王不是贤明的君主。不爱好道德，却爱好声色；不爱好仁义，却爱好武力。我听说他竟然打算索要一个叫阴姬的女子。"中山王变了脸色，很不高兴。司马憙说："赵国是强国，赵王一定会索要阴姬的。大王如果不给他，国家就危险了；给他，就会被诸侯耻笑。"中山王说："该怎么办呢?"司马憙说："大王把她立为王后，以此绝了赵王的念头。世上没有索要王后的道理。即使赵王想索要，别的国家也不支持。"中山王于是把阴姬立为王后，赵王也没有再说索要的话。

主父欲伐中山

主父[1]欲伐中山，使李疵[2]观之。李疵曰："可伐也。君弗攻，恐后天下。"主父曰："何以?"对曰："中山之君，所倾盖与车[3]而朝穷闾隘巷之士者，七十家。"主父曰："是贤君也，安可伐?"李疵曰："不然。举士，则民务名不存本[4]；朝贤，则耕者惰而战士懦。若此不亡者，未之有也。"

【注释】

〔1〕主父：赵武灵王。〔2〕李疵：赵国大臣。〔3〕倾盖与车：舍弃车辆。盖，车顶。〔4〕本：农业。

【译文】

赵武灵王想攻打中山，派李疵去侦察。李疵回来报告说："可以攻打。您不攻打，恐怕会落到别国后面。"赵武灵王问："为什么呢?"李疵回答说："中山君舍弃车子去拜访那些住在穷街陋巷里的士人，多达七十家。"赵武灵王说："这是贤明的君主啊，怎么可以攻打呢?"李疵说："不是这样的。国君推重士人，那么百姓就会追逐虚名而放弃农耕；拜访贤者，那么农民就会懒惰而战士就会懦弱。像这样还不亡国的，从未有过。"

中山君飨都士大夫

中山君飨都士，大夫司马子期在焉。羊羹[1]不遍，司马子期怒而走于楚，说楚王伐中山。中山君亡。有二人挈[2]戈而随其后者，中山君顾谓二人："子奚为者也?"二人对曰："臣有父，尝饿且死，君下壶飡[3]饵[4]之。臣父且死，曰：'中山有事，汝必死之。'故来死君也。"中山君喟然而仰叹曰："与不期众少，其于当厄[5]；怨不期深浅，其于伤心，吾以一杯羊羹亡国，以一壶飡得士二人。"

【注释】

〔1〕羊羹：羊肉熬制的冻状食品。　〔2〕挈（qiè）：提着。〔3〕飡：同"餐"，饭。　〔4〕饵：吃。　〔5〕厄：灾难。

【译文】

中山君招待国都里的士，大夫司马子期也在座。羊羹没有分给他，司马子期很生气，投奔了楚国，劝说楚王攻打中山。中山君逃亡，有两个人提着戈跟在他后面，中山君回头对这两人说："你们为什么跟着我呢?"两个人回答说："我们的父亲曾经饿得快要死，您给了他一壶食物吃了。父亲临终时说：'中山君如果有难，你们一定要为他效死。'所以我们来为您效死。"中山君喟然长叹说："给人东西不在于多少，在于是否救人于急难；别人对你的怨愤不在于深浅，在于是否伤了人心。我因为一杯羊羹使国家灭亡，因为一壶食物得到了两个死士。"